本书系全国教育科学规划课题教育部青年专项课题"高校教育服务满意度研究——大学生学习自由权的视角"（课题号：EFA100421）的研究成果。本书系广东外语外贸大学出版资助"我国高校学生的学习自由研究"（立项号：11C07）的研究成果。

LEARNING FREEDOM
AND CHOICE

学习自由与选择

我国研究型大学本科阶段学生的学习自由研究

余 芳 / 著

社会科学文献出版社
SOCIAL SCIENCES ACADEMIC PRESS (CHINA)

摘　要

近年来，在高等教育领域，大学生需求的多样化与权利意识的提升引发了社会的普遍关注，其中，学习自由权作为大学生应当享有的重要权利自然倍受关注。大学生的学习自由是其受教育权和学习权的重要组成部分，是大学学术自由的应有之意，是大学生作为学习者个人意愿的行为表达，也是其个人需求和利益的外在表现。学习自由不仅有着丰富的内涵，而且它所辐射的范围涵盖了高等学校教学和管理的多个重要方面。梳理并分析我国研究型大学本科阶段学生的学习自由状况并探讨其保障策略是本书的研究主旨。

大学生学习自由的内容主要包括大学生在选择学校、选择教师、选择课程、选择教学进度等几个方面的权利。学习自由的制约因素既包括来自外部的国家、政府、学校和教师的限制，也有源于学习者自身成熟度不足的限制，因此，在行使学习自由权的时候要处理好选择与接受、自由与秩序、权利与责任等几对矛盾关系。

学习自由的思想对西方大学的教学管理和学生管理有着深远的影响。学习自由思想产生于19世纪的德国大学，之后美国的大学接受了该理念，并首创选修制和学分制，使学习自由在实践中制度化，这标志着大学在对待学习自由问题上由主要应对外在干预转变为关注大学内部的教学实践。

经过多年的积累，当前我国研究型大学的教学资源能量储备相对充足，三十多年来的学分制和教学管理改革作为管理制度层面的准备，使得学习自由具备了一定的现实基础。本书通过文本分析和调查与访谈，认为我国研究型大学本科阶段学生学习自由的阻碍因素主要有四个方面，一是高校与大学生的法律关系不明确，这影响了学习自由作为一种权利在法律和法理学上获得支撑；二是大学生过早确定专业且转专业困难，这是阻碍学生学习自由的重要因素；三是大学的课程资源仍不够丰富，选修课的比例偏低；四是大学生在学习选择能力、责任意识和学术指导等方面仍显欠缺。

美国研究型大学本科阶段学生的学习自由主要通过制度、物质和理念几个方面的保障来实现，其中制度保障包括到位的学分制和选课制、弹性化学制、较为自由的学分转换制度和学业导师制；理念保障指的是教学自由与学习自由相呼应的理念，学生对学习自由的追求和责任理念。

提升我国研究型大学本科阶段学生学习自由的路径有：①规范高校与学生的法律关系，包括：扬弃和改造特别权力关系理论，使用法律保留原则，参考共同福利理念，避免学习自由权利的泛化。②改革大学的课程与教学管理制度，包括：构建大专业平台，实现延迟选择；调整课程结构，达到合理比例；完善选课制和学分制，实现充分选择。③推动大学和师生的观念转变，包括：大学是教育服务的提供者、教师是学生学习的"促进者"、学生是学习内容的"选择者"等观念的确立。

全书由七个部分组成，第一章为绪论，介绍了研究的背景、意义、问题和方法以及学习自由的文献综述；第二章是对学习自由的概述，探讨学习自由的含义、内容，必要性与可行性，制约因素和基本矛盾；第三章是介绍大学生学习自由的发展历程；第四章是对我国高校学生学习自由的现状审视，包括了我国学生在学校选择自由、专业选择自由、课程选择自由和其他学习自由权方面的践行情况和制度保障情况，并以复旦大学为例作出具体说明；第五章是对我国研究型大学学生学习自由进行调查和访谈，并得出分析结论；

第六章介绍和分析了美国研究型大学学生学习自由的状况和制度，并以美国得克萨斯大学奥斯丁分校为个案展开具体介绍；第七章在前文现状分析和比较研究的基础上，提出了提升我国研究型大学学生学习自由的路径。

关键词： 学习自由　课程选择　专业选择、选修制

Abstract

In recent years, students' diversified needs and raised consciousness in the field of higher education have aroused universal concern of the society. Learning freedom is an important right that university students shall enjoy. It is an integral part of university students' rights to receive education and study. Meanwhile, learning freedom implies academic freedom, by which university students can convey their personal willingness by behaviors. In addition, it is an outward manifestation of these students' personal demands and interest. Learning freedom not only has comparatively more abundant connotation, but also covers multiple significant aspects of senior high schools' teaching and management. This paper aims to summarize and analyze undergraduates' learning freedom in our country's research universities and protection of such freedom.

University students' learning freedom mainly includes selection of schools, teachers, courses and teaching schedules, etc. The learning freedom is not only restricted by external government, society, universities and teachers, but also constrained by learners' immaturity. Thus, the relationships between selection and acceptance, freedom and order, as well as right and responsibility shall be well handled at the time of exercising the right of learning freedom.

The thoughts and practices of learning freedom have far-reaching influence upon Western universities' management of teaching and students. Learning freedom derived from German universities in the 19th century. Afterwards, this idea was accepted by American universities which firstly applied elective and credit systems to institutionalize the learning freedom. This signified that universities transferred from dealing with external intervention to paying attention to internal teaching practices in terms of learning freedom.

After years of accumulation, available resources have been relatively more sufficient in our country's research universities. Over the past thirty years, reforms of credit system and teaching management have made preparations from the perspective of management system, while certain realistic foundations have been laid for the learning freedom. After analysis, survey and interview, this paper concludes that there are some primary factors hindering the learning freedom of students in our country's research universities as follows. The unclear legal relation between senior higher schools and university students affects the learning freedom to gain support from laws and jurisprudence as a right. Secondly, universities' over early determination of majors and difficulties in transforming majors significantly restrict students' learning freedom. Finally, universities' curricular resources are still not abundant enough and the proportion of elective courses is low, while there still exist shortcomings in university students' selection capability in learning, consciousness of responsibility and academic advising.

Undergraduates' learning freedom is mainly safeguarded and realized through institutions, materials and concepts in American research universities. Among which, institutional security involves proper credit and elective system, flexible educational system as well as relatively more free credit transfer system and academic tutorial system. Moreover, the guarantee of concept refers to the correspondence of teaching freedom to learning freedom and students' pursuit as well as responsibility of learning freedom.

Approaches to promote undergraduates' learning freedom in our country's research universities are as follows. At first, the legal relationship between senior high schools and students shall be specified, including abandoning and reforming the theory of special power relation, appropriately applying legal reservation principles, referring to the concept of "common welfare" and preventing the generalization of the learning freedom. Secondly, the curricula and teaching management system need to be reformed in universities, namely to construct "large professional platform", realize "delayed selection", adjust the curricular structure to attain a proper proportion and perfect elective and credit system to realize full selection. Thirdly, efforts shall be made to transform the thoughts of universities, teachers and students, including establishment of universities' concept as "servers", transformation of teachers' role as "promoters" and students' rise of consciousness as "selectors".

This article was comprised of seven chapters. Chapter 1 is the introduction part, including the research background, the problematic issues, the pedagogy and literature reviews about the freedom of study. Chapter 2 made the overall statement about the connotations, contents of the freedom study, the logical basis and several contradictory points. Chapter 3 introduced the development of freedom of study, and the necessity and feasibility of current university students to enjoy the freedom of study in China. Chapter 4 focused on the status quo of the student's study freedom in colleges and universities in current Chinese society, which included the freedom of options in schools, majors, and courses, etc. in addition, the practical actions in other kind of free study and the institutional guarantees. Chapter 5 will offer some results analysis about the investigations and interviews on the student's freedom of study in the current Chinese universities. In chapter 6 the comparison were made mainly between universities in US and China in order to introduce the developed western educational systems concerning the freedom of study. The last part, chapter 7 concentrated in the guaranteed strategies for the freedom of study which included Standard of university and student legal relationship, innovation of university curriculum and teaching management system, and promoting the perceptions change of the teachers' and students'.

Key Words: learning freedom; curriculum selection; selection of major; elective system.

序

学习的自由，是人类的梦想，因为它意味着不受拘束地学习，意味着快乐地学习，意味着最大程度地满足人的求知欲。学习是人的一种本性需求，也是人的成长必要。而对于大学生的学习自由来说，它首先是一种权利，是大学生作为学习者个人意愿的行为表达，也是个人需求和利益的外在表现。大学生的学习自由不仅有着丰富的理论内涵，而且从实践层面包括大学专业、课程和管理等诸多方面，当前我国大学正在进行的专业和课程改革，以及选课制、学分制、弹性学制、双学位制等教学管理改革，一个重要旨趣就在于保障大学生的学习自由。

余芳副教授的著作《学习自由与选择——我国研究型大学本科阶段学生的学习自由研究》是在她的博士论文基础上修改而成的。本书将学习自由概念从学术自由含义中抽取出来，对大学生的学习自由进行了较为系统的整理和深入的分析。本书表达了一个重要思想，就是学习自由不是一种机械化的口号式观念、社会活动和教育实践，而是一种学习信念和教育理念，指向高等教育的真诚美好和学习者的自由、解放、全面发展。当一个大学生以主体身份进行此种学习自由体验，他就会逐渐获得一种新的学习习惯和自我意识，他会发现自己可能就是文化的创造者，是生活的创造者，从而他整个学习会变得充满创造性。特别是本书对当前我国大学生学习自由缺失困境进行了深刻反思。而且，本书除了表达对大学生学习自由的期许外，更从改革大学教学管理制度，创新人才培养模式，乃至提升大学生对大学教育服务的满意度的角度，提出了许多富有建设性的认识。在作者看来，学习自由不仅是一种法律规范或者教育思想，更应该研究它在教育实践中的演变和发展方向。

学习自由是一个非常复杂的理论与实践问题，也是一个时代命题。对于这一时代命题，我们可以从多角度去审视它。本书提供了诠释学习自由和大学的学习自由情境并帮助人们实现它的一种新视角，当然，我们还可以从其他视角去深入探讨这一问题。应当说，对于这一时代命题的任何探讨都体现了学人的一种理论自觉和社会责任。希望作者始终保持这种理论自觉和社会责任，在教学和科研工作中不断取得新成果。

二〇一三年二月

目 录

第一章 绪论 …………………………………………………………… 001
  第一节 研究的背景、意义、思路、问题和方法 …………… 001
  第二节 文献综述 ……………………………………………… 007
  本章小结 ………………………………………………………… 020

第二章 大学生学习自由概述 ………………………………………… 021
  第一节 大学生学习自由的含义与内容 ……………………… 021
  第二节 大学生学习自由的必要性与可行性、制约因素
        与基本矛盾 …………………………………………… 036
  第三节 学习自由的法理学分析 ……………………………… 053
  本章小结 ………………………………………………………… 065

第三章 大学生学习自由的发展历程 ………………………………… 066
  第一节 大学生学习自由的发展历程 ………………………… 066
  第二节 学习自由在中国的发展历程 ………………………… 078
  本章小结 ………………………………………………………… 087

第四章 我国研究型大学本科阶段学生学习自由现状审视 ……… 088
  第一节 我国研究型大学学生学习自由的现状 ……………… 088

第二节　我国研究型大学本科阶段学生学习自由的
　　　　　　主要障碍 …………………………………………… 115
　　本章小结 ……………………………………………………… 126

第五章　我国研究型大学学生学习自由的调查和访谈 ………… 127
　　第一节　大学生学习自由现状的调查研究 ………………… 127
　　第二节　大学生学习自由状况的访谈研究 ………………… 149
　　本章小结 ……………………………………………………… 160

第六章　美国研究型大学学生学习自由的现状及分析 ………… 162
　　第一节　美国研究型大学学生学习自由的现状 …………… 162
　　第二节　美国研究型大学学生学习自由保障的启示 ……… 193
　　本章小结 ……………………………………………………… 198

第七章　提升我国研究型大学本科阶段学生学习自由的路径 …… 200
　　第一节　规范高校与学生的法律关系 ……………………… 201
　　第二节　改革大学的课程与教学管理制度 ………………… 208
　　第三节　推动大学和师生的观念转变 ……………………… 219
　　本章小结 ……………………………………………………… 227

结　语 ……………………………………………………………… 229

参考文献 …………………………………………………………… 232

附　录 ……………………………………………………………… 249

致　谢 ……………………………………………………………… 255

第一章
绪 论

第一节 研究的背景、意义、思路、问题和方法

一 研究背景

20世纪90年代以来，我国高等教育关系格局的重构导致原有的国家与教育的单边关系向国家、市场与教育的多边关系发展演变。高等教育资源的重新分配涉及对高校的公益性与市场性、效率与公平的重新认识和对国家教育职能、大学生学习权利的重新定位。当前我国正处于社会转型期，在社会经济发展对高等教育投以更多期待的目光之时，高等教育本身更应该与现实情况保持必要的张力，更多地关注大学生个体生长和发展的需要。由于我国地域辽阔，各个大学的历史背景和文化传统有较大差别，我国高等教育的水平也参差不齐，这就意味着我们不能用一个计划、一套模式来满足所有大学生的学习需求。随着社会价值的多元化、社会控制方式的开放化和个性化，关注学生的利益和选择自由，是现代高等教育理论研究中无法回避的话题。大学生在接受教育过程中的学习自由在教育的理论和实践中早已是炙手可热的话题。所以，以保障大学生学习自由为突破口，推动高校教学管理领域改革走向深化，非常具有现实意义。

"随着高等教育大众化的到来，我国形成了世界上最为庞大的本科教育体系。研究型大学的本科生是未来社会的精英，他们应该具有引领未

来社会发展所必需的思维品质和创新能力"①，但实际的情况让人有所担忧。作为高深知识和先进技术的学习者和重要承载者，长期以来，我国高校本科阶段的学生一直被预设的专业、确定的知识标准和课程系统较为严格地规范和限定着，其学习自由没有得到充分的保障。三十多年以来，伴随着学分制的广泛实施、弹性学制在多所高校的试行和本科生课程管理制度的一系列改革，在一定程度上，大学正逐步满足学生学习自由的意愿和需要，但是整体看来，我国大学本科阶段的学生的学习自由权利还是缺乏足够的保障。目前，在我国现有的任何一部法律条文中，都还没有关于"学习权"和"学习自由"的专门法律定义或者解释。也就是说，"学习权"和"学习自由"还不是我国法律法规明确规定的，我国大学生可以享有的法律权利。同时，在高校的教学管理和学生管理层面，在学生的学习过程中，有关学习自由和学生选择的实践问题已经层出不穷了。我们忍不住要思考：在法理层面，大学生作为学习者，是否能够被赋予学习自由权利？学习自由的理论基础是什么？高校学生的学习自由包含哪些内容，在实践中践行的状况如何？高校学生的学习自由和高校的教育管理权力、教师的教育教学权利是怎样的关系？能否构建一种学校管理制度和法律保障体系，来明确地规定和保障学生学习自由？

关注学习自由这个选题来源于我在硕士期间对教育法学课程学习时的思考，大学生作为高校最大数量的重要群体，其接受教育的权利的概念也是不断发展的。日本学者在阐释大学生的受教育权时，从权利性质的角度提出"学习权"说②，"学习权是受教育权的本质和核心逐渐得到认可"③，学习权的提出意味着学生的"受教育权利保障

---

① 刘念才、周玲：《面向创新型国家的研究型大学建设研究》，中国人民大学出版社，2007，第6页。
② "学习权说"是在受教育权基础上提出的，认为受教育权利是一种要求完善和发展人格的权利，其实质是个人与生俱有的，要求发展成长的权利。它区别于受教育权的被动接受，学习权强调主动的学习和权利意识。下文中详述。
③ 〔日〕兼子仁：《教育权理论》，劲草书房，昭和51年，第216~218页。

不局限于现代国家中其他社会权的宪法保障意义，而是个人与生俱有的、要求通过学习来发展和完善人格的权利"[1]，在此逻辑关系下，"教育中的自由"就由教育主体本位（学校）的权力转换成为学习主体本位（学生）的权利。也就是说，该权利从依照国家法律规定而被动接受教育的权利转变为公民或者学生以自由人的身份行使自己学习和成长的权利。且该权利强调学习主体积极努力地争取学习条件、获得自身自由发展的意义。多样化的学习条件和机会是行使学习自由权利的前位概念。学习权在实质上包含了两方面的内容，"一是接受教育的权利，二是选择教育的权利"[2]，"接受教育的权利"代表的是一种无需努力争取就能够享有的权利状态，指的主要是我国的各项教育类法律法规中所规定的各项具体权利，包括：学生参与教育活动、获得公正教育评价等项权利。而"选择教育的权利"是指学习主体充分认识该权利并且努力运用它的权利状态，它还包含了保障这种权利状态的相关制度环境，这才是本书所关注和探讨的"学习自由"。

　　本书之所以把我国研究型大学本科阶段的学生作为研究对象，主要出于以下几点考虑：①从大学的分类上看，根据研究型大学、科研教学型大学、教学科研型大学、教学型大学的分类方法，不同类型的大学在教学资源、学生学习、教学管理上都存在差异，整体地研究处于大学本科阶段的学生学习自由情况过于笼统，而以研究型大学为对象进行研究比较具有可行性；②研究型大学的学生往往具有较强的学习能力，研究型大学在课程资源的丰富程度上和管理制度的先进性方面往往具备较高水平；③研究型大学在为社会服务与响应社会公众需求方面往往比较敏感和积极；④社会和公众对研究型大学的本科教育有着更高的要求。

---

[1] 陈恩伦：《论学习权》，西南师范大学博士论文，2003，第18页。
[2] 章林：《现代学生教育选择权的法理学探讨》，《中国教育管理评论（第三卷）》，教育科学出版社，2005，第418页。

近些年来，在我国的高等教育领域，大学生学习需求的多样化和大学生权利意识的提升已经引起了高校和社会公众的普遍关注，在大学多年的工作经历使笔者更加意识到赋予大学生学习自由的重要性以及作为学习自由物质载体的各种教学管理制度改革的重大意义。同时，在查阅文献的过程中，笔者也深刻感受到学习自由的思想对欧美国家大学的教学管理和学校管理的深远影响。对于我国的大学来说，学习自由主要是西方的"舶来品"。由于中国现代大学在发展过程中所经历的特殊进程和政治背景，学习自由在我国并没有很深的根基和比较完善的制度保障。基于大学生学习自由的正当性和易受侵犯性，需要加强对学生学习自由的理论与保障策略的研究。

二 研究意义

威廉·维尔斯曼说过，无论何种类型的研究，都应该为拓展该领域的知识作出贡献。[①] 就学术价值而言，研究应该在其方向、方法、论证逻辑体系或者基本结论上，对已有的学术研究活动进行补充或者修正。基于以上理解，本研究主要是分析研究型大学本科阶段学生在读期间的学习自由这一理论与实践问题，为我国高等教育领域学生的学习权、受教育权、学习自由权的理论和实践问题的提供解决参考。

一方面，本研究进一步延伸和拓展了教育法学领域的受教育权和学习权理论范畴。

"权利是法律主体为追求或维护某种利益而进行行为选择，并因社会承认为正当而受国家承认并保护的行为自由"[②]。"受教育权作为"公民受教育过程中所享有的权利"，是一个包含诸多子权利的权利

[①] 威廉·维尔斯曼著《教育研究方法导论》，袁振国主译，教育科学出版社，1997，第490页。

[②] 张恒山：《义务先定论》，山东人民出版社，1999，第85页。

体系，其本质属性是一项以权利为本位的、不可放弃的权利性规范。"受教育权是宪法、教育法和人权研究的基本范畴"①，学习自由与受教育权中所包含"教育选择自由权"之意紧密相连。研究学习自由，实质上是在维护公民的受教育权。因为，受教育权的实现离不开个体自身的积极行为，即便国家、学校、家庭等为其提供良好的教育条件，倘若个体不产生"主动学习行为"，那么，受教育权依然只是法定的而非现实的。尤其在受教育权的内涵发展至学习权的今天，从学习权强调个体积极主动学习的意义上看，学习权更是一种主动行为权。大学生学习自由概念的提出和研究，正是对受教育权和学习权理论的拓展和延伸。

另一方面，学习自由的研究对于高等教育领域现实问题的解决有参考作用。

大学生的学习自由是一种权利，是大学生作为学习者个人意愿的行为表达，也是大学生个人需求和利益的外在表现。学习自由不仅有着较为丰富的内涵，而且它所辐射和涵盖的范围也包括了高等学校教学和管理的多个重要方面。因此，不能仅仅把学习自由看成是一种法律权利或者教育思想来研究，更应该研究它在教育实践中的演变和发展方向。本研究对于学生学习自由的研究不局限于"应然"的解释，除了论述本体意义上的"学习自由"，还在操作层面上对学习自由的"实然"和"所以然"也有论述。大学生学习自由的保障举措投射到高校的实践层面，正体现在当前我国大学正在蓬勃进行的课程和专业改革上，并与选课制、学分制、弹性学制、双学位制等教学管理改革相辅相成。从这个角度上看，研究大学生的学习自由，对于改革我国高校的教学管理制度，创新大学的人才培养方式，乃至提升大学生对高校教育服务的满意度，都具有较强的现实指导意义。

---

① John Daniel, Nigel Hartley, *Academic Freedom*, World University Service, 1995, p.6.

三 研究思路

本研究的主要思路是：首先结合大学生学习自由的已有研究进行文献综述，在理论上对学习自由进行系统研究，探讨学习自由的含义、内容、必要性与可行性、制约因素和基本矛盾；其次，梳理大学生学习自由理念和实践的发展历程；再次，从当前的各种文本资料中总结我国研究型大学学生学习自由的现状，并通过问卷调查统计和访谈分析的方法进一步补充信息，深化、拓展和验证当前我国研究型大学学生学习自由的情况；然后描述美国研究型大学学生学习自由的现状并作出简要分析；最后提出提升我国研究型大学本科阶段学生学习自由的路径。

四 研究问题与方法

（一）研究的问题

本研究试图回答以下几个问题：

1. 高校学生学习自由的含义和内容是什么？

2. 我国研究型大学本科阶段学生学习自由的实际状况如何？存在哪些障碍？

3. 学习自由的载体是高校的教学管理制度，那么学习自由理念对我国高等教育领域的教学管理和课程管理改革有何启示？

（二）研究方法

本研究运用的研究方法主要包括：文献分析法、比较研究法、历史分析法、案例法、调查法和访谈法。

文献分析法。研究主要通过对文献、网上电子资源的检索和对注释、参考文献的追踪检索，将国内外涉及大学生学习自由问题的有关专著、论文、法律文本、案例、网站资料进行综合研究和梳理，搜集到了国内外有关学习自由研究的相关文献。文献研究不仅有利于掌握本研究所需的有关材料和已有的成果，更为本研究的开展提供了理论准备。

比较研究法。比较研究法是一种跨国、跨文化的研究。本书通过比较中国和美国研究型大学学生的学习自由状况，寻找我国研究型大学学生学习自由的保障策略。本书不仅比较分析了美国研究型大学学生学习自由的理论和实践发展历程与现状，还探讨了这些表象背后深层的制度原因。

历史分析法。研究中运用历史分析法，通过研究学习自由发生、发展的过程，探索其本质和规律，从而发现学习自由的基本原则和保障策略，本研究对学习自由的发展历史给予深入分析，为实现我国当代大学学习自由提供参考。

案例法。文章中列举了复旦大学和得克萨斯大学奥斯丁分校的个案，阐述和分析两校学生选择课程和专业的自由。

访谈法和调查法。本研究适当运用访谈法、调查法，对高校学生学习自由的现状、学习意愿进行访谈，以增强对学习自由实践情况的理性认识。

第二节 文献综述

大学生的学习自由是大学生在高等学校具有特定身份和完成在校特定任务时所需的自由，它不是一个单一的研究问题，更是一个研究范围。现有学者的研究主要从大学生学习自由的含义、内容、法律保障等几个方面进行论述，下面从国内外研究概况、学习自由内容的研究和学习自由法律来源三个方面总结现有的研究成果。

一 学习自由

（一）国内外研究概况

1. 国外研究概况

对于大学生的学习自由，国外的研究一般都把它作为学术自由的重要组成部分来考虑。"学习自由"这一术语最先由费希特在学术自由的概念中与"教的自由"一起并列提出,此后,"学习自由"蕴涵于学术自由之中这一观点也便逐渐得到大众的认可:如《简明不列颠百科全书》中把学术自由解释为:"教师和学生不受法律、学校各种规定的限制或公众压力的不合理干扰而进行讲课、学习,探求知识及研究的自由"[1]。《大美百科全书》把学术自由解释为:"教师的教学和学生的学习有不受不合理干扰的限制的权利。包括讲学自由、出版自由及宗教自由"[2]。美国学者麦基弗(Robert M. MaCiver)在《我们这个时代的学术自由》一书中提出:"学术自由是机构(学院或大学)的自由,但主要体现为机构内部智力活动的自由,学生及其学生组织的自由是重要的部分,只有作为机构内主要成员的学者、学生是自由的,才会有真正的学术自由"[3]。

学习自由源于人们对思想自由的追求,随着人本主义心理学的兴起而得到大力提倡。这种强调以人为中心、关注真实自我的教育理念,在实用主义和专业主义受到更多关注的今天,已经引起越来越多学者的关注。整体来看,国外单一论述学习自由的文章和著作较少,很多研究都是将学习自由与学术自由来一起论述的,国外的不少高等教育著作和论文中都蕴涵了丰富的学习自由理念:美国著名的教育家约翰·布鲁贝克在《高等教育哲学》中指出"大学生学习自由的具体内容包括学生选择学什么的自由,决定什么时候学和怎么学的自由,以及形成自己思想的自由"[4];雅斯贝尔斯在

---

[1] 《简明不列颠全书(第八卷)》,中国大百科全书出版社,1986,第726页。
[2] 《大美百科全书(第一卷)》,台湾光复书局,1990,第3页。
[3] Robert M. Maciver, *Academic Freedom in Our Time*, New York: Columbia University Press, 1955, pp. 1–16.
[4] 约翰·布鲁贝克:《高等教育哲学》,浙江教育出版社,2001,第58页。

《什么是教育》一书中提到："学生在大学里不仅要学习知识，而且要从教师的教诲中学习研究事物的态度，培养影响其一生的科学思维方式。大学生要具有自我负责的观念，并带着批判的精神从事学习，因而拥有学习自由"①；胡克在《学术自由与无政府主义》一书中，探讨了20世纪60年代美国学习自由观念下学生运动对学术自由的影响，以及学习自由与学生权利之间的关系②。博乃西·斯兰科（Beoice Schrank）的《对学术自由的反应》一文主要论述了大学学术自由在新时期所要应对的、来自高等教育和社会的挑战，其中也着重谈到学习自由受到的"激励与挑战"，成为学术自由的"新亮点"③。雷纳（Rainer）在《传播洪堡大学理想》中总结到：现代大学发展应基于以下四个方面："①教学和科研的整合，包括：有义务创造知识、传播知识、变革知识；②具备两个相互补充的原则：教的自由（Lehrfreiheit）和学习的自由（Lernfreiheit）；③在自发探求真理的路上对孤独和自由的要求；④把研讨班制度的引进作为师生群体的组成形式"④。凯普（Kemp）在《什么是学术自由？》中对学习自由理念的发展进行了梳理，认为：学习自由理念是由洪堡提出，由费希特系统化，然后由霍尔姆赫兹传播，再经美国的埃利奥特进行实践，经过多位教育家的倡导与传播，最终使得学习自由从理念走向了高等教育实践"⑤。上述具有代表性的著作和论文有的把"学习自由"作为大学本质的一种思考，有的把"学习自由"作为经典大学理念的构成部分，也有的从多角度阐述学习

---

① 〔德〕雅斯贝尔斯著《什么是教育》，邹进译，上海三联书店，1991，第3页。
② 张斌贤、李子江：《大学：自由》，《自治与控制》，北京师范大学出版社，2005，第3页。
③ Bernice Sehrank, "Responding to Academic Freedom", *Interchange*, Vol. 28/4, 1997, pp. 351-362.
④ Rainer Christoph Sehwinges, Exporting The Humboldtian University, Humboldt International. Der Export des deutsehen Universitatsmodells im 19. und 20. Jahrhundert, p. 503.
⑤ What is Academic Freedom? AF&CU, 15th November 2000, p. 34.

自由存在的价值，这些研究对当代大学的建设和发展具有深刻的启发意义。

2. 国内研究概况

国内的学者以往对于学术自由的研究很少关注到学生的学习自由部分，对于学习自由的单独研究起源于 21 世纪初，随后关于学习自由的研究逐渐递增，现有的研究虽然还不算丰富，但已经具备一定的研究基础。

国内的现有研究大多是对学习自由的理论探讨。李均的论文《论"学习自由"》在国内第一个提出了"学习自由"概念，并且在约翰·布鲁贝克定义的基础上概括出学习自由的定义。此后多数学者对学习自由的论述都引用了该定义，或以此种定义方式为范式进行操作层面上的定义扩张。陈卓在其硕士学位论文《论学生的学习自由》中从"人的自由"这一概念出发引出了"学习自由"的定义，指出学习自由的本质"体现在遵守人类基本价值观念的基础上，学生拥有自我发展、自我选择的自由，他可以凭借自己的理性去选择各种不同的思想观念、生活方式、价值取向，形成自己独立的人格和个性品质"[①]。陈贵的硕士论文《研究型大学人才培养的学习自由理念及实现策略研究》中以研究型大学的人才培养为研究视角，从学习自由和自由学习的区分入手，认为"学习自由"的定义不应只是在操作层面上对学习自由权利给予强调，更应该强调自由学习空间的提供和自由学习氛围的营造，强调对学生学习自由的引导和学生的科学思维能力的培养。[②] 此外，有些学者依据伯林把"自由"分为"积极的自由"和"消极的自由"的概念思路，提出了"积极的学习自由"和"消极的学习自由"。有不少学者对学习自由的限度进行了研究，如：

---

① 陈卓：《大学生学习自由的研究》，中南大学硕士论文，2003，第 7 页。
② 陈贵：《研究型大学人才培养的学习自由理念及实现策略研究》，中南大学硕士论文，2007，第 10 页。

陈刚的硕士论文《学习自由限度之研究》中认为学习自由的限度既来自高等教育本身，也来自于学生主体本身；万力维在《学习自由：涵义、限度与可能》一文中对学习自由的含义、实现的限制因素进行了推理分析。① 一些学者鉴于"学习自由"产生的渊源，对"学习自由"与"学术自由"、教师的"教学自由"之间的理论关系进行论述，如：陈平的《论大学生的学习自由》、原霞的《论学习自由思想及其教育现实意义》等。

还有学者主要从法理学的角度出发，探讨学习自由作为一种权利的法学依据和司法救济，例如：周光礼的《学习自由的法学透视》、陈志霞的硕士论文《论高等教育中学生学习自由权的保障》、马印普的硕士论文《大学生学习自由权利保障研究》，陈恩伦在其博士论文《论学习权》中也把学习自由作为学习权内容的重要组成部分进行了论述。台湾学者周志宏等人也从教育法学的角度，把学习自由作为一种学习权利进行研究，他认为学习自由是"接受学术成果的自由，获得理解的自由、公平地批判的自由以及他们对于提供给自己的素材加以思考而组成自己决定的自由"②。

另外还有一些研究，是研究以学习自由思想为指导所开展的高等教育的实践探索。比如：黄爱华的《论学习自由与弹性教学管理》、马志红的《高等教育中的学习自由和创新能力》、郭冬生的《大学保护还是限制了学习的自由？——我国大学本科教学管理制度的调查分析》、高桂娟的《论学习自由与研究性学习》、荆磊的《学习自由与研究型大学高素质人才培养》、李光的《大学学习自由与创新人才培养》、马廷奇、张应强的《学习自由的实现及其制度建构——兼论创新人才的培养》等，他们把学习自由与实践相结合，一方面对学

---

① 万力维：《学习自由：涵义、限度与可能》，《黑龙江高教研究》2004年第5期，第10页。
② 周志宏：《学术自由与高等教育法制》，台北：高等教育文化事业有限公司，2002，第70页。

自由的必要性和价值性进行了理论探索，另一方面通过调查问卷等方式积极探索其实现策略，对高校当前的教育实践具有一定的指导意义。

（二）对学习自由内容的研究

多数学者对大学生学习自由的内容，在观点上比较统一，主要集中于大学生选择学校、选择专业、选择课程和选择教师的自由几个方面。另有学者提出，大学生学习自由还应该包括学生决定上课与否的权利以及学生选择自己学习年限进度的权利。台湾教育法学者董保城先生将学生学习自由概括为四个方面的内容："入学的自由、选课的自由、上课及旁听的自由，还有学生积极参与讨论和表达意见的自由"[①]。整体看来，现有研究成果主要集中于学生选择学校、专业和课程的自由三个方面，其他方面的研究较为零散。

1. 学生选择学校的自由

现有研究中，关于学生选择学校即入学问题的研究比较多，但多数研究集中关注基础教育阶段的中小学生及其家长的择校问题。因为这种选题会较多地涉及公民受教育机会均等的问题，所以无论是在国内外，这种选题都属于有争议性的热点话题。在高等教育阶段，从理论上看，现有研究普遍认可"公民拥有依法选择高等学校，并且获得高等教育服务的权利"，世界上几乎所有国家的教育法律法规和政策都会认可和保障该项权利。

2. 学生选择专业的自由

近些年，学生进入高校后再次选择专业或调整专业的自由受到关注和研究，学者们普遍认为大学生选择专业的自由是和大学生的学习权以及就业权联系在一起的。大学生选择专业自由这方面的研究有几种主要模式：

---

① 董保城：《教育法与学术自由》，台北：元照出版公司，1997，第194页。

(1) 讨论大学生选择专业自由的现状和原因[1]

现有研究比较多是对我国学生专业选择自由情况进行调查，特别是对高校学生在就读期间转专业的原因和利弊进行分析，并对相应的教学管理制度进行评价和建议。学者们普遍对大学生转专业需求给予了理论层面的认可，支撑自由地转系、选择专业的理论基础是现代教育的一个重要的价值观——学习自由。所以，"选择什么专业是大学生的权利，它保证的是一种学生的学术兴趣，因为只有获得该项保证，学生才能有较高质量的学习和研究"[2]。还有学者提出赋予高校学生在读期间选择专业权利的原因在于以下几个方面："①学生在入学前选择专业时具有'他主性'或者'盲目性'；②就业体制对学生的影响，市场导向施加的作用；③高校专业设置不当、教学内容陈旧；④高校招生就业制度的改革与学生自主意识的增强"[3]。

(2) 进行大学生专业选择的国际比较研究[4]

在现有研究中，比较研究的数量也不少，主要是介绍和比较一些国家或地区大学生在本科阶段选择专业的情况以及相应的学分制和教学管理制度。如对中美大学生专业转换制度进行比较研究，介绍美国大学的专业设置方式、专业选择和转专业制度，分析我国大学的专业选择制度与高考志愿填报及录取制度的关系，探讨大学在资源条件有限的情况下，如何构建高校转专业制度和转专业反馈机制，保障大

---

[1] 这里主要参考文献有：雷树祥：《我国高校转专业体系的构建》，肖珍教：《上海地区高校本科生转专业的现状研究》，《论大学生专业选择权》，金顶兵：《中国制度环境下本科学生自主选择专业的探索与实践——北京大学元培计划实验班的案例分析》，樊明成、陈小伟：《中国大学生专业选择调查之基本分析》，方惠圻、郭宇：《高校转专业政策制定的理性思考》等文章。
[2] 大学の质の保证にかかる新たなシステムの构，www.mext.go.jp/meun/soshiki。
[3] 刘慧娟、肖珍教：《当前高校本科新生转专业的意向调查与分析》，《中国高教研究》2006年第6期，第35页。
[4] 这里主要参考文献有：金顶兵：《美国七所世界一流大学本科生专业选择的比较分析》，王莉华、顾建民：《美国高校专业管理制度和运行机制》，宋鑫、卢晓东：《美国高校辅修制度述评》等文章。

生适度的专业选择权利。

(3) 从教育经济学角度探讨大学生的专业选择①

有学者从人力资本投资和人力资源开发的角度进行学生的专业选择研究,认为"作为人力资本投资的一种形式,大学生的专业选择影响了花费在本专业的学业投资数量,专业投资形成的专业专用性人力资本又决定了职业专用性人力资本的基本存量,后者势必影响大学毕业生的职业选择领域和范围。"② 专业选择过程表明,教育的生产职能由一般人力资本培训进入专用性(职业专用)人力资本培训,于是专业选择就限定了后续的专业投资和职业选择。此种观点认为,如果把专业选择看作是教育投资,学生在专业上选择的结果限定了未来可能的职业选择和职业流动方向,因此,大学生应该有充分的教育消费选择权利。

(4) 与大学生的专业选择相关的教学管理成果总结和汇报

与大学生的专业选择自由相关的文献还包括部分大学实行主辅修制度、双专业(学位)制度、按大类招生制度的规章文件、实践报告和成果总结论文,这些规章制度和成果报告总结了一些大学的管理经验、制度建设成果和不足之处。③

3. 学生选择课程的自由

在学生选择课程自由方面,现有研究成果比较丰富,主要包括学生课程选择权的定义、选课制和学分制的关系、影响学生课程选择权

---

① 这里主要参考文献有:李西营、张大均:《专业限选和自由选择专业大学生职业决策困难对比研究》,孟大虎:《拥有专业选择权对大学生就业质量的影响》,翟丽静:《个人教育选择问题研究》等文章。

② 孟大虎:《拥有专业选择权对大学生就业质量的影响》,《现代大学教育》2005年第5期,第94页。

③ 这里主要参考文献有:郭冬生:《大学教学管理制度》,高等教育出版社,2005,尉健慧:《推行主辅修制和双学位制的实践》,刘香珍:《试行主辅修双学位制的实践》,朱红:《本科辅修、双学位教育模式的探索与实践》,陈学敏等:《双学位本科教育研究》,以及多所大学网站教务处文件。

的因素、课程选择权的理念矛盾以及选课的"自由度"等方面。其中对选课制和学分制的研究最为充足,相关的研究有两类①,一类旨在介绍和分析美国的选课制和学分制的形成和发展过程,另一类多是介绍美国高校学分制度现状及与我国大学的比较研究。不过现有对学分制和选课制的研究往往主要是对学分制或者选课制本身的探讨,只是会涉及学习自由问题。

由上可见,大学生的学习自由包含了较为丰富的内容,伴随着社会文明的进步和高等教育的快速发展,大学生学习自由的范畴、限制和实现方式不断发展变化,并没有统一的简单标准或者实践模式。而且,从以上文献分析我们可以看出,现有对于高校学生学习自由内容体系的研究,主要的不足是:研究文献数量上不够充足,不同部分的研究非常不均衡,而且不少研究还停留在介绍西方的经验、现状和框架的层面上,是西方学分制、选课制的迁移性研究。

(三)对学习自由法律来源的理解

学习自由作为一项独立的权利,对于其来源和法律基础主要有三种观点:

第一种观点认为,学习自由是学术自由的独立构成部分,受宪法学术自由的保护。原因是:宪法规定学术自由权利是所有公民的基本权利,它保障任何从事或欲从事学术、研究和教学活动的人免于遭受国家公权力的不法侵害或影响。英国《简明不列颠百科全书》释义的学术自由为:"学术自由是指教师和学生的不受法律、学校各种规定的限制或公众压力的不合理干扰而进行讲课、学习,

---

① 这里主要参考文献有:黎学平:《美国高校选修制的早期发展》,陈向明:《美国哈佛大学本科课程体系的四次改革浪潮》,戴文静:《中美高校学分制教学管理比较研究》,王刚、李志祥:《美国本科教学改革模式对中国的启示》,别敦荣:《美国大学本科教学的经验和启示》,吴云鹏:《美国大学学分制及其对二十世纪中国高校学分制的历史影响》,旋天颖:《美国大学的课程与专业管理及思考》,叶信治:《美国大学的课程纲要简介》,等文章。

探求自由及研究的自由。"学术自由概念包括了两个层面的含义,即教师层面的教学和研究的自由和学生层面的学习自由。因此,大学生只要是自我负责任地从事学术活动,就是学术自由的权利主体。根据这种观点,学习自由的主体"仅限于大学内学生之学习自由,而不包括其他学生之学习自由"[1],中小学的学生的学习自由是比较受限制的。

第二种观点认为,学术自由的法理基础不是来源于宪法学术自由条款,而是来自于宪法的受教育权条款。原因是:学习与学术不同,学习与教学在本质上也不同。因此,即使有部分学生有兴趣于独立研究或自己从事学习活动,但他们不是大学中研究与教学的主体,一般将学术自由视作教师的基本权利。因此,学习自由无法视为学术自由的组成部分。学生的学习自由来源于受教育权中的教育选择自由权。

第三种观点认为,"对于中小学生来说,学习自由的法理基础是宪法中的受教育权条款;学习自由主要来源于宪法中的受教育权中的教育选择自由权。对于大学生来说,学习自由既源于宪法中的受教育权条款,又源于宪法中的学术自由条款……教师的教学自由与学生的学习自由是互为边界的"[2]。这种观点也得到了马廷奇、张应强教授的支持[3]。

纵观以上三种观点,第一种观点认为学习自由是学术自由的独立构成部分,学习自由源于宪法学术自由条款。学术自由是大学发展的主题之一,教师和学者追求教学和研究自由,学生追求学习自由,在

---

[1] 周志宏:《学术自由与高等教育法制》,台北:高等教育文化事业有限公司,2002,第14页。
[2] 周光礼:《学习自由的法学透视》,《高等工程教育研究》2005年第5期,第28页。
[3] 参见马廷奇、张应强《学习自由的实现及其制度建构——兼论创新人才的培养》,《教育研究》2011年第8期,第50页。

这里，学习自由是作为学术自由的一个组成部分得到法律的认可和保障的。这是被许多学者认可的一种观点，该观点在美国的影响较大。第二种观点在大陆法系的国家以及部分英美法系国家得到较多的认可。这些国家的教育法中对宪法中受教育权条款涵盖的学习自由有明确规定。例如，在法律中规定了学习自由的德国《大学基准法》(1976)第3条第4项规定，"在不妨碍学习规则与考试规则之情形下，大学生之学习自由，尤其是选课自由，包含得在本系之范围内依自己之选择决定学习重心，以及表达学术上与艺术上意见上之权利"①。

第三种观点合理地区分了不同层次学生的学习自由的性质和适用法律条款。为了说明学习自由与学术自由条款的密切关系，该观点特别强调学习自由与教师的教学自由具有事实上的关联性，甚至学习自由被视为教学自由的"倒影"。即，学习自由必须立足于现存的学习和教育资源的基础上，学习自由不得逾越宪法保障教学自由的范围。但是，为实现受教育权利，达成学习目的，避免学校的"制度剥夺"和教师"不当教学"，学生与作为教学关系的一方主体，对学校的教学管理制度，教师的教学内容、方法、形式等的决定具有"参决权"，因此，学生学习自由的法理基础主要是来源于宪法学术自由条款，同时和宪法受教育权条款也有较大的关联。

二　研究型大学

（一）研究型大学的起源

研究型大学的形成始于19世纪初德国大学的改革，洪堡的主张引发了中世纪以来的第一次学术革命，并把研究引入了大学。与传统大学不同的是，以洪堡创建的柏林大学为首的德国新大学"摆脱了

---

① 董保城：《教育法与学术自由》，台北：月旦出版社，1997，第205页。

中古学术传统，标举大学新理念，以大学为'研究中心'，教师的首要任务是自由地从事'创造性的学问'，大学注重'发展知识'，而不在传授知识"①。这是世界研究型大学的发端。由此，"教学与研究的统一"成为研究型大学的重要原则，在研究型大学中，"大学教授的主要任务并不是'教'，大学学生的任务也并不只是学；大学学生需要独立地自己去从事'研究'，至于教授的工作则在诱导学生'研究'的兴趣，再进一步指导并帮助学生做'研究'工作。"②德国研究型大学的发展迅速引起了世界各国大学的兴趣，研究型大学具有以研究和创造新知识为主要任务的特征，能够超越同行成为高水平大学的代表，西方很多国家都在效仿德国研究型大学的基础上，结合自身传统发展起了自己的研究型大学。

（二）美国研究型大学的界定

在美国，1970年起判断研究型大学的标准确定为美国卡内基教学促进会提出的两个量化指标：一是博士学位授予数，二是大学获得科研经费的数量。1994年，卡内基教学促进会进一步把美国研究型大学划分为研究Ⅰ类与研究Ⅱ类两类。在2000年的卡内基分类中，美国研究型大学被分为两类：①"博士生/研究型大学——广泛领域型"，这一类的研究型大学能够提供广泛领域的学士计划项目，承担研究生教育，包含博士生的培养。这一类的大学能够至少在5个学科每年共授予50个以上的博士学位；②"博士生/研究型大学——集中领域型"，这一类的研究型大学至少能够在3个以上学科领域每年授予10个以上博士学位，或者总共每年至少培养20个博士。在2005年版的卡内基分类中，对研究型大学的分类是累加能够衡量大学科研活动的7项指标的得分，计算师均得分，根据

---

① 王雁：《创业型大学：美国研究型大学模式变革的研究》，浙江大学博士论文，2006，第29页。

② 冯增俊：《现代研究生教育研究》，广东高等教育出版社，1993，第22页。

大学在总得分和师均得分上的综合表现,将研究型大学分为三类。[①]尽管学界对于卡内基分类还有一些争议,但它是被广泛接受并应用的一种研究型大学分类方法,很多"高等学校将它视为衡量其办学水平的一个标准"[②]。

(三) 我国的研究型大学的界定

潘懋元先生认为可以参考卡内基教学促进会的美国高等学校分类和联合国教科文的国际教育分类,将我国的高等学校分为三大类:一类是少量的综合性、研究型大学;另一类是大量的专业性、应用型的大学或学院;还有一类是更大量的职业性、技能型的高职院校。[③]

武书连等人从2002年起,开始确定新的研究型大学分类标准,即:由学科比例和科研规模两部分组成新的大学分类标准。研究型大学是"将全国所有大学的科研得分降序排列,并从大到小依次相加,至得分累计超过全国大学科研得分的61.8%为止;各个被加大学是研究型大学"。按照这一标准,在2002年统计的586所普通本科大学中,有40所研究型大学,"在2003年统计的591所普通本科大学中,研究型大学减少到37所"[④]。

张振刚教授借助美国卡内基的分类法,以二级学科博士点的数量、年授予博士学位数量以及大学的科研经费作为中国研究型大学的判定依据,即:"拥有15个以上二级学科博士点、年授予博士学位数为50个以上的大学作为研究型大学"[⑤]。杨林、刘念才在此基础

---

① 刘少雪、刘念才:《我国普通高校的分类标准与分类管理》,《高等教育研究》2005年第7期,第40页。
② 刘宝存、李慧清:《2005年卡内基高等学校分类法述评》,《比较教育研究》2006年第12期,第45页。
③ 潘懋元:《大众化阶段的精英教育》,《高等教育研究》2003年第6期,第1~5页。
④ 武书连:《2003中国大学评价》,《科学学与科学技术管理》2003年第2期,第12页。
⑤ 张振刚:《中国研究型大学知识创新的战略研究》,高等教育出版社,2003,第56页。

上，把我国研究型大学分为四类:"世界知名大学、国内著名大学、学科/区域特色大学和一般研究型大学"①，本书采用此界定方法。

本章小结

大学生的学习自由是一个在理念和实践层面都需要进一步探究、深化的命题。本章作为绪论，开篇交代了本研究的时代背景、研究的意义所在、主要的研究思路和方法，以及本研究试图解决的问题。同时对大学生学习自由的研究概况及研究型大学的界定进行了文献综述，梳理和总结了学者们现有研究成果和主要观点，为下一章对大学生学习自由理论基础的分析起到了开启和铺垫作用。

---

① 杨林、刘念才:《中国研究型大学的分类与定位研究》，《高等教育研究》2008年第11期，第27页。

第二章
大学生学习自由概述

第一节 大学生学习自由的含义与内容

一 大学生学习自由的含义

(一) 学习自由与学术自由的关系

1988年联合国发表的《关于高等教育机构学术自由和自治的利马宣言》指出,"学术自由是指学术共同体的成员,无论个人或集体,在通过探查、研究、探讨、记录、生产、创造、教学、讲演及写作,来追求、发展、传授知识的自由"。[1] 在1990年版的美国《大美百科全书》中,学术自由被阐释为"高等教育机构中,教师的教学和学生的学习自由,这是一种不受不合理干扰或者限制的权利"[2]。英国的《简明不列颠百科全书》中把学术自由解释为"教师和学生进行授课、学习、探究知识的自由,这种自由不会受到法律、学校规定的限制或公众压力等不合理的干扰"。从上述定义可以得到,学术自由的内容包括以下几种:"研究自由、讲学自由、学习自由、国家的学术促进义务以及大学自治"[3]。理解学术自由和

---

[1] 徐小洲:《博克的学术自由与大学自治观》,《浙江大学学报(人文社科版)》2002年第6期,第124页。
[2] 陈列:《关于西方学术自由的历史演进》,《世界历史》1994年第6期,第62页。
[3] 许育典:《宪法》,台北:元照出版公司,2006,第224页。

学习自由的关系时，要考虑两个方面：一是学术自由的主体是谁，是否包括大学的学生？二是学术自由可以保障学生自由地做哪些事情？

对于学生能否成为学术自由的主体，多数学者支持把学生纳入学习主体的范围内，把大学生作为学术自由的主体之一，认为完整的学术自由包括研究自由、教学自由和学习自由三个方面。学术活动的主体主要是学术研究人员，一般是在学术机构中从事学术研究工作的人员，主要是大学中承担教学及科研任务的教师，同时也包括处于学习状态中的大学生和研究生们。因为"学术自由保障大学教师的讲学自由，反面而言，学术自由也必须保障大学生的学习自由。因为宪法既然保障大学教师可以在课堂上自由讲授其研究成果，也必须保护大学生可以自由决定去选择学习哪一个大学教师所提供的讲学内容。否则，两者之间岂不失衡。"① 那么学术自由可以保障学生自由地做哪些事情呢？一般认为，学术自由应该可以保证学生拥有选择何时学习，如何学习和学习什么的自由。在实践中，这些自由主要是通过学分制、选课制获得坚实保障。

学术自由思想最开始出现在 19 世纪初的德国大学，柏林大学的创建者们认为"学术自由不仅包括教师的教学和研究自由，还包括学生的学习自由"②。在 1968 年法国的学潮运动"五月风暴"中，学生提出了"平等化"的响亮口号，要求赋予学生更多的自由权利。这一运动迅速蔓延发展，很快波及几乎整个西方社会，"三者同权"理念随之产生，即"大学的自治不能由教授独揽权利，应该由包括教师群体、行政人员群体以及学生群体一起共同讨论决定"③。同年，西德大学校长会议提出决议："作为教学者与学

---

① 许育典：《宪法》，台北：元照出版公司，2006，第 225 页。
② 李均：《论"学习自由"》，《高等教育研究》2000 年第 3 期，第 15 页。
③ 周光礼：《学习自由的法学透视》，《高等工程教育研究》2005 年第 5 期，第 24 页。

习者所共组之团体，大学之事项在原则上应由其所有之成员共同讨论与决定"①。学生的学习自由作为一项独立的权利终于获得正式的认可。在1969年，美国大学教授协会出版《大学生的学术自由与市民自由》一书，并且联合"全美学生同盟"共同发表《关于学生权利与自由的共同声明》，宣称"教师的教学自由和学生的学习自由是大学学术自由不可分离的两面"②。这样，学习自由不再是一种可有可无、似有似无的东西，学习自由成为大学生存的重要基础——"学术自由"原则的重要组成部分。不过，这里学生的学习自由和教师学术自由的关系不是同等的、并行的，比如，布鲁贝克在其著作中虽然承认学术自由包括教师的教学自由和学生的学习自由，但也强调他认为学生还是初学者，所以他更多地关注教师的学术自由。

（二）学习自由的含义

在教育史上，柏林大学的校长费希特于十九世纪初首先对"学习自由"作出了阐述，他认为学习自由是"学生在教授的正确方法指导下，在专业学习上拥有的探讨、怀疑、不赞同和向权威提出批评的自由"③，因此"学生有选择教师和学习什么的权利"以及"在教育管理上参与评议的权利……"④。在这之后，罗素、约翰·布鲁贝克、赫斯特等很多学者都界定过学习自由的概念。罗素说过，"学习自由应该包括'学与不学的自由'、'学什么的自由'及'观点的自由'"，因此，要向大学生们"提供结构性的课程"，并且需要约束"学生选择那些对于他们的发展和整个社会发展毫无意义的内容"⑤。在《高等教育哲学》一书中，约翰·布鲁贝克首次从认识论的角度

---

① 董保城：《教育法与学术自由（初版）》，台北：月旦出版社，1997，第183页。
② David Fellman, *Academic Freedom*, Philip P. Wienered, *Dictionary of the History of Ideas*, Vol. 1. Charles Scribner's Sons, 1973, p. 11.
③ 张宝昆：《人的因素对大学发展的影响》，《外国教育动态》1988年第1期，第38页。
④ 张宝昆：《人的因素对大学发展的影响》，《外国教育动态》1988年第1期，第38页。
⑤ 〔英〕罗素著《自由之路（上）》，许峰等译，文化艺术出版社，1998，第232页。

提出大学生学习自由的依据，他认为"学习自由的内容应该包括学生选择学什么的自由、学生决定什么时间学和学生怎样学的自由，以及学生形成自己思想的自由"①。赫斯特提出，"如果学生所从事的是自由的学习，那么这种学习一定不能是狭窄的、专业化的学习。因为这样的学习会限制人的心智发展，并使人不能参与对幸福的生活具有同等价值及重要性的其他事务"②。德国的一位学者 H·Maack 则认为，"学习自由是指大学生们根据自己的意愿来选择课程和教师的自由，以及经由学习而自由地参与学术。学习自由的内容应该包括选择学习的内容、学习方式与学习场所的自由，另外也包含转换学习场所的自由"③。

我国的《教育大辞典》中定义学习自由是"近现代德国的大学办学基本原则之一，是学术自由的一个组成部分。学习自由形成于19世纪初柏林大学建立的前后，洪堡对这一原则正式形成及实施起着决定性的作用。学习自由的主要含义是：大学生享有的组织并安排自己的学业、确定学习的重点，以及选择教师、课程和学习地点，等等权利。学习自由是德国近代大学基本特征之一，具有较重大的国际影响。在德国，学习自由权利受到宪法和《高等学校总纲法》以及其他有关法律的保护。学习自由的具体内容是：大学生在不违反高校有关学业和考试的基本规定的前提下，有权自由地选修课程，自由选择学习计划的重点以及自由地整理和表达自己的学术见解。大学生在行使这一权利的时候，必须顾及他人的权利，遵守并维持学校的正常秩序和规定。高校内部有关学习的所有规定只限于对高校正常的教学

---

① 〔美〕约翰·布鲁贝克：《高等教育哲学》，浙江教育出版社，2001，第58页。
② Hirst. P. Liberal Education, in Deighton, L. C (ed.) The Encyclopedia of Education, 1971, pp. 505–506.
③ H. Maack, Grundlagen des studentischen Disziplinarrenchts, 1956, S. 37, 转引自周志宏《学术自由与高等教育法制》，台北：高等教育文化事业有限公司，2002，第201页。

与学习活动的组织安排,以及保证学生的学业符合要求,而不能侵犯大学生们的上述权利"①。

在我国的《高等教育辞典》中将学习自由阐释为"高等学校的学生们的权利之一。具体指学生拥有决定其学习内容、学习方式和学习时间的自由,以及形成自己思想的自由"。学习自由是德国哈勒大学(the university of Halle)在18世纪时所颁布的"教学与学习自由原则"的一个组成部分。19世纪初,德国教育部长洪堡以学习自由为办学口号,遂成为高校自治的内容之一②。台湾的教育法学研究者周志宏教授认为,学习自由是大学生"因应其学习任务而接受各类学术成果的自由,还有获得理解的自由、公平批判的自由,以及大学生们将提供给自己的素材处理思考,最终组成自己决定的自由"③。

李均博士在其论文中提出:"大学生的学习自由是大学学术自由的重要组成部分。大学生学习自由的具体内容,既包括学生选择学习什么的自由、学生自行决定什么时间学和自身怎样进行学习的自由,以及学生形成自己思想的自由,还应该包括学生选择教师的自由和大学生们转换专业、转学的自由,等等。而在这些自由中,大学生选择学习什么的自由,即选择哪些课程的自由,是居于核心地位的。"④

周光礼教授在他的论文《学习自由的法学透视》一文中,从法理学的视角对学习自由的含义进行了解读,他提出:"学习自由是主要来源于宪法中所规定的学生的受教育权,在受教育权中包含有学生的教育选择自由权,学习自由包括学生选择学校自由、学生选择专业

---

① 顾明远:《教育大辞典(三)》,新疆人民出版社,2002,第15页。
② 朱九思、姚启和:《高等教育辞典》,湖北教育出版社,1993,第287页。
③ 周志宏:《学术自由与高等教育法制》,台北:高等教育文化事业有限公司,2002,第70页。
④ 李均:《论"学习自由"》,《高等教育研究》2000年第3期,第15页。

自由、学生选课自由、学生上课自由，以及学生参与讨论和表达意见自由几个方面……对于大学生来说，学习自由既源于宪法中的受教育权条款，又源于宪法中的学术自由条款。"①

法学博士倪洪涛在著作《大学生学习权及其救济研究》中，直接把学习自由与学习权视为等同，他认为"大学生的学习自由即学习权，这是大学的学术自由的有机组成部分"②，他同时认可学生在学习方面的自由还体现为大学生们对"系院所和教师课程的选择"③。

石中英教授在其论文《论学生的学习自由》中提出"学生的学习自由是人类自由精神体现在学生的学习活动中的表现，是一种在教师的指导或帮助下自愿、自觉、自主学习的状态或者权利。学习自由包括十项具体的内容：①学与不学或者说是继续或中止学生自身学习生涯的自由；②学生选择适合自身发展倾向的学校及教师的自由；③学生选择所学的课程内容的自由；④学生在具体的学习过程中，进行独自地思考、理解和表达，避免成为'灌输'、'训练'或者'宣传'的被动对象的自由；⑤学生发布自己具有独特性或者不完善性的见解，可以避免受到精神和肉体上的处罚，或者其他不公正评价的自由；⑥学生能够质疑授课教授的观点或教材观点的自由；⑦学生作为教学环节中平等的一员，参与课堂教学过程并受到公平对待的自由；⑧在无论何种情况下，学生基本的学习权利不能被剥夺的自由；⑨在当前终身教育的年代，学生可以根据自己所处境况，在不同的教育形式之间较为自由地流动的权利；⑩学生能够参与讨论或参与决策所有和自己的学习相关的事务（例如，入学、转学、获得评价、得到奖惩、课程和教学改革等）的自由"④。该观点尤为详尽，最有实

---

① 周光礼：《学习自由的法学透视》，《高等工程教育研究》2005 年第 5 期，第 24~28 页。
② 倪洪涛：《大学生学习权及其救济研究》，法律出版社，2010，第 53 页。
③ 倪洪涛：《大学生学习权及其救济研究》，法律出版社，2010，第 53 页。
④ 石中英：《论学生的学习自由》，《教育研究与实验》2002 年第 4 期，第 7 页。

际操作性。

由上可见，学者们对学习自由的理解是不断丰富发展的，从开始认为学习自由包含有学生选择学习的内容、时间、方式的自由，到后来增加了学生选择某种教育机关，获得某种教育训练以及学生发表意见的自由。这样，学习自由的教育理念逐步形成并日趋丰富。根据上文的论述，我们可以发现，学习自由虽然是一种非常重要的教育上的自由，不过与"学术自由"和"教学自由"的概念相比，"学习自由"是一个较少获得系统、明确阐释的概念。从词源上讲，学习自由是"学习"和"自由"两词语组成的。其中，自由是一种权利状态，学习是人通过阅读、听课、研究或者实践获得知识技能的活动。组合起来，学习自由可以理解为人在上述学习活动中的一种权利状态，能够免于被不合理的理由控制或压抑。从哲学角度看，自由和限制是一对辩证统一体，自由既要摆脱限制，但又无法脱离限制，在一定意义上，没有限制就没有自由。所以学习自由不是学生的随心所欲，而是通过一定的合理限制"帮助学生实现权利与义务、自由与责任的统一，是学生在教师的帮助下，可以自觉、自愿、自我指导的学习状态和权利"[①]。

对学习自由的含义的理解，可以得到以下结论。

（1）似乎难以给学习自由一个特别系统和明确的阐释，因为学习自由的边界和内容仍然显得比较模糊，不容易仅从概念阐释出发，就找到实现学习自由的范围和行动方向。或者说，如果从学习自由理念批判和对立的方面来分析学习自由的含义，可能比从正面直接阐释学习自由更能有助于把握学习自由的意思。因此，学者们对学习自由含义的研究中，很多研究是从当时具体的历史背景出发，在分析现实的教育状态、批判现实的教育问题时，提出学习自由的理念及其应用

---

① 石中英：《教育哲学导论》，北京师范大学出版社，2002，第284页。

价值，希望在学习自由与现实的矛盾中探寻它的实质内涵。

（2）学习自由作为一种理念，要在世界范围内得到推行，在大学的管理层面得以体现，需要有一个操作性很强的解释。因此，从费希特开始，学者们对学习自由的多种解释，都是在尝试使学习自由的内容更加明确化，继而不但把学习自由推向实践层面，把学生的学习自由和高校的教学管理制度、教师的教学实践以及大学的课程体系建设联系起来，最终使学习自由得到实体性的实施。

（3）关于学习自由的研究成果虽然观点和表述方式各不相同，但在理念上并没有明显的矛盾，学习自由的本质是坚持以学生为本，强调学生的主体地位，让大学生的学习过程变得比较宽松、自由，使学生获得个性上的充足发展。目前对学习自由比较趋向一致的认识是：学习自由是学术自由的重要组成部分。学习自由包含了恰当地选择学习单位、专业、课程、教师、时间和学习方式的自由权利，其目的在于使学生在原有基础上达到充分发展的理想状态；学习自由也是一种受纪律约束的、有限度的自由。

（4）在学生的学习自由中，学生有选择学什么的自由，即，教育者允许学习者拥有自己的观点和思想的自由是学习自由的根本。学习自由的主体是学生，关键内涵在于"自我的选择"。学习自由的本质应该是，作为学习者的学生，在尊重社会主要价值观念的基础上，拥有自我选择、自我发展的自由，学生可以理性地选择各种不同的思想观念、价值取向、个性品质和生活方式。

（5）在我国现有法律法规中，至今还没有关于"学习自由"的专门规定和解释。也就说，学习自由在我国还不是一个正式的法律概念。在法理上，教育法学界有学者把学习自由和学习权视为等同概念，也有学者把学习自由作为学习权的组成部分。这说明，从法理学的角度进行学习自由的研究时，必须要首先对学习权的概念及其与学习自由的关系进行分析。不过法定权利只是权利的一种存在形式，

"应有权利"比"法定权利"要丰富得多。应有权利是公民基于特定的社会物质生活条件而相应产生的权利要求。在研究中我们不需要拘泥于法定权利的框架范围,应该把学习自由放到体现其关系范畴的权利运行过程中进行考察,由此寻找到学习自由成为法定权利的合理依据。当然,我国的法律能否赋予大学生充分的学习自由权,要根据它所调节对象的变化来确定,这也是一个法律上的价值取舍问题。

二 大学生学习自由的内容

基于高校学生学习权利的自由价值,大学生参与学习就有了自主选择性。因此,学生的学习自由意味着:学习者可以选择是否参与学习活动;学习者可以根据自身的身心发展、兴趣爱好选择适合自己的学习方式;学习者可以选择符合自己需要的学习内容。由于现代人类社会生活越来越复杂,社会实践活动随之复杂化,各种社会实践活动的更新分化了相应的研究学科,丰富了相应学科领域的知识,学科知识的发展反过来又拓展和深化了自身的学科领域。现代社会没有百科全书式的人,学习者通常只能在自己的专业领域有所专长,这样,实践和学科知识不断丰富分化的趋势与学习者的知识和能力相对有限便产生了矛盾。在这种情况下,"学习者就面临着对自己的学习领域进行再选择的问题。法律必须确立和保障学习者享有根据自己的知识水平以及个人的特殊兴趣而进行自主选择的权利"[①]。大学生的学习自由包括如下几个方面的内容。

(一) 学生选择学校的自由

学生选择学校的自由即入学的自由,是指学生获得该校学生的身份,在此学校享有学习自由的前提。扩大高等教育层面的学生选择学校的权利,是教育发展的一个重要趋势。不过由于入学权和高校的招

[①] 〔意〕奥莱利欧·佩切依:《人类的素质》,中国展望出版社,1988,第183页。

生制度联系紧密，不同国家之间差别较大，研究相对受限。目前世界范围内有两种不同高校招生和录取制度——"证书制和高考制"，它们对应产生的是两种不同的大学入学方式，即"证书制对应的是中等教育终了的资格认定，高考制对应的是大学的统一考试"①。

从理论上说，"大学生可以选择公立的高校就读，也可以选择私立的高校就读；可以选择本科院校就读，也可以选择专科院校就读；可以选择本地区的高校就读，也可以选择其他地区的高校就读"②。不过出于对大学容量的考虑，当出现某大学或者某专业学生拥挤争读现象的时候，为了保证大学的教学质量水平，需要限制招生人数。德国联邦宪法法院在"限额案"判决说："上大学之权利应得以法律或基于法律限制，申请者的入学许可限制唯有在已经完全利用现有之教育资源，且未逾越绝对必要性的界限时存在。同时，申请者的选拔与分配已依照正常的标准为之，即每一个具备申请资格的入学申请者拥有获得入学许可的同等机会，且个人所选择的教育种类已尽可能完整地受到斟酌时，该绝对之入学限制始为合宪"③。也就是说，学生有选择高等学校、享受高等教育服务的自由，但是在优质教育资源和学位有限的情况下，为了维护更高层级的社会利益和社会公正，需要遵循平等原则和比例原则，通过合理方式考察和筛选，限制入学申请者择校的自由。

另外，学生选择学校的自由还包括大学生从高校退学或转校的权利。大学生在入学前或者报到后，有权充分了解学校的学习条件、办学水平、教学质量和学习风气，以决定是否就读、退学或转学，学校无权借故阻拦。当然，转校的首要条件是学生的条件符合其后来选择的高校的招生条件。

---

① 陈敏：《中外高校招生制度比较研究》，《教育发展研究》2004年第12期，第62页。
② 赵雄辉：《论大学生的选择权》，《辽宁教育研究》2007年第1期，第10页。
③ 罗春伟：《学术自由权的法理阐释》，苏州大学硕士学位论文，2008，第29页。

（二）学生选择专业的自由

要培养学生严谨的思维方式和解决问题的能力，需要让他们深入钻研某一复杂学科——不仅要会分析问题，还要能合理地解释解决问题的过程。"大学要求学生选择专业的最初目的，是让他们深入探究某一学科。专业课上训练的思维和问题解决能力，是任何其他课程无法比拟的"[1]。也就是说，大学生入学以后，有权对所学专业的内容和培养目标进一步了解，对自己的兴趣专长和职业定向进一步明确，对毕业生供求关系的变化基本了解，若不符合自己的需求，有权提出转专业申请，学校应当最大限度地满足大学生们的学习要求。

学生选择专业的自由是指学生们对希望就读的专业进行选择的自由。大学生一般通过两种方式选定专业：一是在入学前通过填报志愿来确定专业，二是在进入大学学习了一段时间后再选择或调整专业。近年来，由于大学生选择专业的自由与大学生就业权的紧密联系，学者们开始更多地关注大学生进入高校后转专业的权利问题，学生"选择专业就是选择自己的发展方向，选择自身将来的生存道路，所以这种权利应由个体自主地决定"[2]。我国的《普通高等学校学生管理规定》从国家法定制度层面，明确规定了大学生选择专业的权利，"学生可以按学校的规定来申请转专业。学生转专业需要由所在学校批准"。

（三）学生选择课程的自由

在义务教育阶段，出于对教育公平的考量和学生基本知识结构的培养，学校少有选修课，学生的选课自由被比较严格地限制着。对大学生而言，选择课程的权利几乎是其享有的学习自由中最重要的组成

---

[1]〔美〕德雷克·博克：《回归大学之道：对美国大学本科教育的反思与展望》，华东师范大学出版社，第82页。

[2] 胡启萍等：《大学生自主选择专业在高校改革中的意义》，《黑龙江科技信息》2007年第11期，第141页。

部分。

1. 选课自由的含义和影响因素

"不同的学生有着不同的学习方式,而选修课给予了学生自由选择课程的权利,使他们得到最大限度的发展,这也是该课程模式受欢迎的另一大原因。例如,有些学生的认知能力能够在音乐课中得到充分发展;而有学生的认知能力则能够在经济课或数学课中得到充分发展"①,倘若要求所有的学生都修读同样的课程,其结果可能不尽如人意。明智的做法是给予学生充分的自主权,让他们根据自己的智力特点选择最适合自己的课程。

在理论上,大学生选择课程的自由包含"对本系、本专业计划所开设课程的选择自由,以及在进行学分互换的学校之间的跨校课程选择;但课程选择本身不能说明大学生享有对某门课程开设的要求权"②,而且,"选课自由是指在一定的范围内,学生所具有的对课程进行选择的权利,这其中也包括对同一门课程的难易程度、深度、广度和上课时间进行选择的权利"③。

学生选择课程的权利得以实现的保障因素主要有三个方面:一是丰富的课程设置是提供给学生充足选择的首要条件,"学校要能开设足够的、可供选择的课程"④。二是,"学生的选择意识和选择心理直接影响着学生在课程上的选择"⑤。第三,校方对学生在课程选择方面的学业指导也很关键。如果缺失了这一环节,可能出现学生为凑足学分,以容易过关为选择课程的标准的情况,出现"在杂乱众多的

---

① Elizabeth A. Jones, "Is a Core Curriculum Best for Everybody?" in *80 New Directions for Higher Education* (1992), p. 37.
② 赵雄辉:《论大学生的选择权》,《辽宁教育研究》2007 年第 1 期,第 11 页。
③ 吴刚、陈兰芳、游宗君:《新世纪应具有的人才培养方案价值观》,《现代教育科学》,2003,第 196 页。
④ 赵雄辉:《论大学生的选择权》,《辽宁教育研究》2007 年第 1 期,第 11 页。
⑤ Elisha Babad, " Students' Course Selection: Differential Consideration for First and Last Course", *Research in Higher Education*, 2001 (4), p. 469.

科目中专门选择最容易的课程，从而破坏了教学计划的完整性和科学性"的情况①。

选课自由和学分制关系非常密切。从历史发展的进程看，大学的学分制是在选修制发展到一定阶段时的产物，选课是学分制的核心。不过要实行选修制却不一定要实行学分制，因为学年制也可以采用选修制。但是一般会将学分制和选课制结合起来采用，因为"学分制管理模式就是以选课制为核心，这里选课有三个层面的含义：即可以选择不同的课程，同一课程可以选择不同层次（难度）的授课，同一层次可以选择不同的授课教师。"②

2. 选课的"自由度"

把好课程选择中的"自由度"是行使课程选择权的关键问题。选课的规定性和选择性之间存在着矛盾，这就涉及课程选择的自由程度问题。归纳起来，课程选择的自由度主要参考三个方面的因素：一是符合社会的需求。从哈佛大学选课制度的发展历程可以发现，虽然校方以教育自由思想作为理论基础，但是在不同的历史时期，校方对选修的自由度的把握也不同，这反映了在社会和教育发展的不同时期具体的社会需求情况。二是构建合理的知识结构。大学的学习规则中常常包括对各种类型知识的要求，并要求"限定选课的条件，如必须先具备某些基础课程能力之后才可以选修高级课程"③。已故的卡内基教学促进基金会主席博耶甚至认为"今天，我们学校的几乎所有学生都能获得必要的卡内基学分，领到一张文凭。可是在我们支离破碎的学术世界里，他们没有得到的是更为贯通的知识观，更为综合、更为真实的生活观。对许许多多的学生来讲，学习已经成为追求

---

① 郑文：《当代美国教育问题透视》，中山大学出版社，2002，第 162 页。
② 姜国平：《论大学生的教育选择权及其实现状况——兼谈我国学分制的改革》，《内蒙古师范大学学报（教育科学版）》2005 年第 5 期，第 57 页。
③ 罗春伟：《学术自由权的法理阐释》，苏州大学硕士学位论文，2008，第 30 页。

旁枝末节学问的一种操练"①。从应然的角度讲，选课制的理念是合理的知识结构和人自由发展的和谐统一。从教育目的的角度看，让学生构建合理的知识结构和实现人的自由发展是教育目的的重要组成部分，所以学生选课也要受到教育体系的制度化制约。在实践中，学校和教育部门对大学课程中的必修课、限选课和任选课这几种类型课程所占比例的划分，也是为了保持学习自由理念在"度"上的平衡。

（四）学生选择教师的自由

高校教师工作的专业性和长期性对教师提出了较高标准的要求，大学教师在进行教育教学的工作中，需要具备高深的专业知识，懂得适当的教学方法，并具有良好的教育服务态度。大学生们自然期望有选择好老师的权利。学生选择教师的权利是指，高校根据其教学民主化、双向性的要求，让"学生根据教师的学术背景、教学经验、教学能力和授课特点，结合前届学生的评价，以及自己的学习习惯等因素来选择适合自己的授课教师"②。学生行使选择教师的权利有三个前提条件：有多位教师教授同一门课程或者相似可以替代的课程；学生对供选择的教师有较为充分的了解；允许学生对所作出的选择有一次反悔。

学生选择教师的权利体现为三次机会：第一次选择机会是在课程开始授课之前对教师的选择。高校的教学管理部门会事先通过网络或者其他途径公告下一学期即将开设的课程，并把相应的任课教师情况向学生进行宣传介绍这时学生们有第一次选择机会。第二次选择机会是在课程开始后的选听，在开始授课的前两个星期，学校

---

① 荆磊：《大众化背景下我国大学生学习自由问题》，《医学教育探索》2004年第3期，第12页。

② 姜国平：《论大学生的教育选择权及其实现状况——兼谈我国学分制的改革》，《内蒙古师范大学学报（教育科学版）》2005年第5期，第57页。

鼓励学生在自己的兴趣范围内自由流动听课,学生经过两个星期对课程的亲身感受和对老师的比较,基本能够对授课教师建立起较为直接、客观和真实的了解,这时学生有第二次选择教师的机会;第三次选择机会是在这之后的上课过程中大学生对授课教师的选择。不过由于学生已经有过两次选择机会,出于学生对自己选择负责的原因和学校保证教学进程的连续性和统一的目的,这时的选择是一种受到严格限制的选择权。"但不能完全排除在特殊情况下学生第三次行使选择权的可能性,比如任课教师严重地不负责任,师生关系严重恶化等等"①。

(五) 其他学习自由

大学生的学习自由还包括学生选择是否上课的自由、在课堂上发表意见的自由和学生自主安排学习进度的自由。

1. 学生选择是否上课的自由

学生上课的学习过程是一种学术活动,学生应当给予优先重视。但是大学生也有"逃课"的自由。因为"即便是根据自己的意愿所选的课程,也无法推出我们必须受自我选择的拘束"②。而且,"成绩的好坏虽与上课密切相关,但如果为获取好的成绩,而非出于自愿或积极学习之心态而出席课堂,恰违背了学习自由,使其一变而为上课之义务"③。从理论上说,大学生有选择上课与否的权利。

2. 学生在课堂上发表意见的自由

作为成人学习者,大学生有表达个人认同或不认同他人意见的权利,也就是说大学生学习者有权不认同高校或教师的观点和思想,有

---

① 王让新:《略论学生在高等教育教学过程中的自主权》,《高等工程教育研究》2003年第1期,第35页。
② 罗春伟:《学术自由权的法理阐释》,苏州大学硕士学位论文,2008,第29页。
③ 罗春伟:《学术自由权的法理阐释》,苏州大学硕士学位论文,2008,第30页。

权不完全认同和遵循传统习俗和道德观念,有权不认同教师或专业权威为自己确立的学习目标,有权建立一套适合自己的学习与生活方式。而且,"在合法的范围内,学习者可以通过集会、结社以及举办讲演会等多种方式,自由地表达自己的思想,自由地交流和获取信息"①。大学生在课堂上积极讨论和发表自己的见解也可以看作是学习自由的内容。具体地说,学生可以在教学环节中陈述自己的学术见解,表达对某些学术观点的质疑,并对授课教师的教学方法提出建议。当然,学生在课堂上发表意见的自由要在课堂规定和学术礼仪的约束和规范内进行。

3. 自由选择学习进度的权利

大学生作为学习的主体,可以根据自己的能力、经济状况、身体状况等条件,自主决定学习的时间。学生有权在规定的学习年限内,根据其家庭经济的承受能力,自主决定是否分阶段完成学业。学校应尊重学生的选择,按规定办理休学、复学手续。

第二节 大学生学习自由的必要性与可行性、制约因素与基本矛盾

一 大学生学习自由的必要性与可行性

大学生的"学习自由"作为大学的一项基本原则,具有充分的必要性和可行性。

(一)学习自由的实现是保障大学生人权的体现

学习自由在法律层面上是一项基本人权,对学习自由的维护即是对人权的维护。正如西内·胡克(Siney Hook)教授所言:"学习自

---

① 陈露:《成人学习权研究》,华东师范大学硕士论文,2006,第60页。

由是一种人权，与生俱来，人们无需去获得它，它包括于民主作为一种生活方式的实行中"①。对于个体的发展而言，学习伴随着人的生命成长过程。在人的生命历程中，追求自由是人天性中最原始的一种动力和渴望。这种自由不仅是每个人都具有的自然自由意志或天赋自由权利，而且还是通过个体与环境进行不断地抗争而赢得的内在精神自由发展权利，其目的在于实现个体的独特性、独立性，以及突破环境限制条件的超越性和适应性。就学习者而言，他通过不断向世界开放自己，充分调动和展现自身内部潜能而展开尝试性的行动，通过环境的反馈性评价机制进一步认识和把握个体与世界的关联性，并不断进行个人性表达和适应性调节，逐渐改变自己的形象、态度和行为，从而实现自身的全面发展。

马克思认为，"个人之个性的自由发展、个人的社会关系的和谐发展、人之类特性的应有发展三者的有机结合便是个人的全面发展"②。其中自由个性的形成是人全面发展的最高成果。"自由个性是指人能作为个人且根据其意愿充分自由地表现和发挥其创造能力，可以自由地实现自己的个人生活和社会生活。其内容包括自律、自由性、自觉性、自主性和独创性。人的全面发展的最突出的标志是人主体性的不断发展和发达"③。可见"全面发展的关键在于自由个性的形成，在于主体性的获得与发挥，在于人对自己活动的自觉、自主和自控"④，因此，学习自由是人全面发展的基础和保障。学习自由允许人们在学习中有自由选择的机会，从而保证了个人意愿的实现和人的"充分"的发展。

在法理学上学习自由是任何人都应该享有的平等权利。《世界人

---

① Siney Hook, *Academic freedom and Academic Anarchy*, Cowleys, 1971, pp. 48 – 49.
② 黄楠森主编《人学原理》，广西人民出版社，2000，第 21 页。
③ 黄楠森主编《人学原理》，广西人民出版社，2000，第 99 页。
④ 黄楠森主编《人学原理》，广西人民出版社，2000，第 167 页。

权宣言》第26条第2款规定："教育的目的在于充分发展人的个性并加强对人权和基本自由的尊重。"联合国教科文组织一系列报告都要求保障学生学习自由的权利，如《学会生存》中指出的："现代教学，同传统的观念和实践相反，应该使它本身适应学习者，而学习者不应屈从于预先规定的教学规划"，所以对学习自由的研究也是一种人权研究，这对于保障公民的基本权利有积极意义。德国大学基本法第3条第4项规定了与"学习自由"相近的"研习自由"：在不违反高等学校有关学业和考试基本规定的前提下，学生有权自由选修课程，有权自己选择学习计划的专业重点及自由整理和表达其学术见解；高等学校内部有关学习问题的规定，只限于对正常教学和学习活动的组织安排的保障方面以及保证学生的学业符合有关要求的方面，不能侵犯学生的上述权利。我国宪法第46条规定中华人民共和国公民有受教育的权利。

（二）学习自由是大学学术自由的应有之义

大学这一综合体的中心思想是自由。自大学产生以后，追求学术自由就成为大学发展的主题之一。大学的教师和学者追求教学自由和研究自由，大学的学生则追求着学习自由。因此，"学习自由"也是"学术自由"应有之义。是否参与学术是大学生的学习与中小学生学习的最重要的不同点。大学教师课堂讲授的内容，不再是无太多疑问的基本常识和推论，许多内容没有固定、统一的答案，而是需要学生自己作出判断；甚至还有许多内容甚至没有现成的答案，需要学生自己去实验、思考和探索。大学生的学习中，自学占很大比例，研究应是他们学习的一个重要途径，在这个意义，"学术自由"也适用于他们的学习，也就是说，他们应像教师享受"学术自由"一样享受"学习自由"。大学生的研究性学习不仅是入职前的训练与准备，还包含了对高深理论问题的探讨，因此，大学生的学习是大学学术的重要组成部分，没有学习自由就不会有真正意义的学术自由，重视学习自由，才能更好地推动大学学术的繁荣。

在具体的教学实践中，没有"学习自由"，"教学自由"也是不充分的，教和学是一个相辅相成的过程。学习自由"充分体现在教授的教学自由中"[①]，教师自己研究的东西教授给学生，依据学生的批判与反应，一方面确定自己新的思考方法是否可通用；一方面探求哪些还有必要更深入地论证和发掘，进而使自己的思考方法和研究得以进步。教师与学生间无形的精神交流，乃成为大学生经营的重要内容。此一过程乃是一体的。教师拥有对知识探究的自由，同时学生也应该有学习的自由，这整个过程都应该是自由的，即"教学自由与学习自由是同质的"[②]。否则单有教师的自由，学生的思想和心灵受到禁锢，作为双向交流的教学过程，自然无法畅通。因此，学习自由是高等教育学术自由的必然要求。

因此，学习自由是高等教育的重要理念，与高等教育的本质特征相符。大学生学习自由在高等教育领域的合理性，是由高等教育的本质特征所决定的。在高等教育阶段，学生的知识体系已经趋于成熟，对事物能够凭自身的判断有所见的。高等教育的任务是培养具有创新和实践能力的专门人才，学生在学校中不仅是教师知识传授的客体，也是以独立自主的身份参与学术讨论的大学成员之一，是"学术的共同研究者"。虽然大学生参与表达的权利在一定程度上受限于课程的类型、主题和教师的教学方法，教师具有显著的学术优势地位，但并不意味着满足教师的利益就要放弃大学生发表意见和参与讨论的权利。事实上，大学学术研究的目的在于追求真理，需要师生对现存事物持怀疑与批判态度。只有教师自由地表达其学术上的研究见解，学生也积极地参与讨论、表达自己的意见，双方互相进行学术交流，才

[①]〔美〕约翰·布鲁贝克：《高等教育哲学》，王承绪译，浙江教育出版社，2001，第58页。
[②] 周志宏：《学术自由与高等教育法制》，台北：高等教育文化事业有限公司，2002，第237页。

能够形成良性互动的关系,才能实现教学相长。

(三) 学习自由符合社会主体的教育需求多元化的趋势

马克思恩格斯说:"人们每次都不是在他们关于人的理想所决定、所容许的范围内,而是在现有的生产力所决定和所容许的范围内取得自由的"①。社会发展对人有两方面的重大影响,一是市场经济作为一种经济体制不断深化发展,这使得自由经济的社会意识深入人心,影响着人们的生存方式和观念;二是人作为社会的主体,其特点、需求的多元化趋势显著增强。市场经济体制的确立和发展在本质上是一种自由经济。它需要经营者自负盈亏,它要求经营者是一个自主、独立、自由的人。市场经济的根本作用在于促进普遍独立、自由的个人的生成。知识经济、信息经济的发展,一方面带给人们生产效率的提高,也给人们带来了较多的自由时间来发展自己的一切;另一方面它也带来了生产方式、生活方式的巨大变革。社会生产力水平的发展要求教育领域提供与这种生产力水平相一致的学习自由并为学习自由提供了可能的物质条件,使得学习自由的内在自发和外在给予能够结合起来。

自由经济的社会需要不同类型的人才,作为社会主体的人,其需求也日趋多元化。社会发展至今,人们的价值取向和教育需求千差万别,大学生不再是清一色的同龄人,随着终身教育和可持续教育影响的扩大,大学校园里学生的年龄跨度增大,学生的情况差异加大。大学生情况的多样化将带来个体需求的多样化,学生们出于各种各样的目的而接受高等教育,把接受高等教育作为实现个性发展和追求高质量生活的一个重要方面,自然"要求有更多的自主权与选择权,在课程组合、安排方面由被动转为主动,要求有更加灵活的学习时间与空间"②。从学生需求的角度来看,高校所提供的教育服务应该符合

---

① 《马克思恩格斯选集(第3卷)》,人民出版社,1972,第154页。
② 荆磊:《大众化背景下我国大学生学习自由问题》,《医学教育探索》2004年第3期,第11页。

学生的个性化需要。什么是最好的教育服务呢？就是力求使每个学生的个性都能够得到充分培养。

《学会生存——教育世界的今天和明天》一书中指出"现代教学，同传统的观念与实践相反，应该使它本身适应学习者，而学习者不应屈从于预先规定的教学规范。"① 1998年世界高等教育会议《二十一世纪的高等教育：展望和行动宣言》中关于高等教育的使命和职责指出："为接受高等教育和终身教育提供多种机会，使学生有多种选择及入学和退学时间的灵活性，以及个人发展和社会流动的机会，以便从放眼世界的角度培养公民意识和促进学生积极参与社会生活，促进自身能力建设，本着公平原则加强人权、可持续发展、民主与和平。"可以发现，"传统教育的一个重要特征就是强调教育对受教育者的选择，受教育者是无权选择自己应接受什么样的教育，而现代教育的一个重要特征则是学生的主体性的极大张扬，它主张尊重受教育主体的主体性和个性，强化受教育者对教育的选择"②。因此，学校课程的数量、教学时间的安排、教学进度的快慢等等，就不能仅仅由大学管理者和教师简单地作出决定，必须根据学生的特殊情况作出安排；这些安排还要随学生情况的变化而不断作出相应的调整。否则，将会造成学生学习上的诸多不便，形成学习上的不自由性。可见，学习自由是"高等教育多样化和个性化的重要源泉，它使高等教育能更加适应多种多样的社会需要，有利于各种类型、层次人才的培养"③。

（四）学习自由的实现得到学生身心发展条件的支持

大学生多数年满18岁，属于法定的成年人，具备行使学习自由

---

① 联合国教科文组织国际教育发展委员会：《学会生存——教育世界的今天和明天》，华东师范大学比较教育研究所译，教育科学出版社，1996，第112页。
② 卢晓中：《当今世界高等教育理念及对中国的影响》，厦门大学博士论文，2001，第115页。
③ 陈卓：《大学生学习自由的研究》，中南大学硕士论文，2003，第17页。

的能力。且大学生的身心发展已趋成熟，其思维的抽象性、独立性与批判性已经发展到一个新的阶段，尤其思维能力和自我意识得到相当的发展，也具备了一定的自我控制能力，已具有较强的选择意愿和选择能力。国外学者宾特里奇（Pintrich）认为"自主学习活动在学生个体、环境和总体的成就中起中介作用"[1]，在整个大学学习生活的选择过程中，"独创性、自由性、自觉性和自律的获得将共同促成学生自由个性的形成，促成大学生的全面发展"[2]。正如雅斯贝尔斯描述的："他能主动地替自己订下学习目标，善于开动脑筋，带着批判的精神从事学习。他们有选择地去听课，聆听不同的看法、事实和建议，以便于形成自己的思想和决定。学生在大学里不仅要学习知识，而且要从教师的教诲中学习研究事物的态度，培养影响其一生的科学思维方式。大学生要具有自我负责的观念，并带着批判的精神从事学习，从而拥有学习的自由"[3]。

心理学研究表明，创新能力是每个人与生俱来的一种潜能。马斯洛也说："'自我实现'可以归入人对自我发挥和完成的欲望，也就是一种使他的潜力得以实现的倾向"[4]。大学的学习是一种探索性学习，即使他将来选择实用性的职业，在他的一生中也会保持科学的思维方式。所以，"原则上，大学生有学习的自由，他再也不是一个高中生，而是成熟的、高等学府中的一分子。如果要培养出科学人才和独立的人格，就要让年轻人勇于冒险"[5]。在一些国家，甚至把大学生法定为大学管理的"成员"之一，与大学教师和其他人员一起参与学校管理。

---

[1] Pintrich P R, The Role of Goal Orientation in Self-regulated Learning, in Boekaerts, M. et al. (ed.) *Handbook of self-regulation*, Academic Press, 2000, p. 435.
[2] 黄爱华、别敦荣：《论学习自由与弹性教学管理》，《高教探索》2001年第4期，第56页。
[3] 〔德〕雅斯贝尔斯著《什么是教育》，邹进译，上海三联书店，1991，第159页。
[4] 高玉祥：《个性心理学》，北京师范大学出版社，1989，第56页。
[5] 马印普：《大学生学习自由权利保障研究》，西南大学硕士论文，2008，第11页。

有学者很早就提出,"今天的学生比过去成熟多了,因此,把学生当作受监护的未成年人来看的做法已不复存在了"①。随着生产方式和生活方式的变革,人们的家庭观念和家长对孩子的教育方式也发生了一些变化,孩子和父母的关系趋向民主化。尤其很多学生从中学阶段就有选择学习和选择学校的体验,家长和学校又注意到培养学生的独立自主意识和能力,乐于让孩子自己决定自己的事情,只是从旁加以指导。家庭教育方式的变化与学校的教育改革是相辅相成的。在这种教育方式下成长起来的大学生,较为习惯承担自己决策的后果。同时,社会舆论和大众传媒也对学生的独立意识有引导作用,学生获得信息的渠道较多,影响学生的思想意识和行为方式的途径也增多,学生有较多机会了解各种不同观点,不再会对所接触到的问题轻易地给出唯一的或最后的结论,大学生能够比较理智地运用"学习自由"权利的可能性大大增加了。

二 大学生学习自由的制约因素

在对学术自由的探索过程中,学生获得学习自由经历了一个比较漫长和曲折的过程,"这是由于制约学生学习自由的因素更多且更复杂"②。

(一)外部因素:国家、政府、大学和教师对学生学习的限制

1. 国家、政府对学生学习自由的限制

从近代开始,世界各国陆续建立了由国家控制的、面向全体适龄青少年的国民教育体系。现代国家要为社会的全面协调发展负责,要为国民的各种利益负责,其中,教育已经普遍成为国家的事业,在这个过程中,教育也成为国家的重要职能之一。在现代社会中,教育成

---

① 〔美〕约翰·S.布鲁贝克:《高等教育哲学》,王承绪译,浙江教育出版社,2001,第38页。
② 李均:《论"学习自由"》,《高等教育研究》2000年第3期,第16页。

为一项集结了大量人财物力、组织结构复杂的、宏大系统的社会事业，只有国家政府才有能力为此项社会事业提供各种条件并进行决策和管理，实现教育平等和教育资源的充分利用。

福柯说，知识是话语提供的争夺、占有和利用机会的结果，与权力、意识形态等有密切的关联，知识的生产和传播都离不开社会权力的运作。所以，国家对教育权的控制也可能会带来一定的危险，教育是对知识的传播，其影响广泛而深远，教育控制和选择着传递给学生的知识内容，塑造着学生的思想、情感和行为方式。如果教育组织过于依附于某些政治集团，将失去或无法使用自己的独立判断能力，那么注定会在一定程度上限制学习者的学习自由。有人认为，"教育在本质上就是一种外在的且合法的社会控制系统，只是履行着重建社会支配性政治经济文化结构的职能"①。即使是教育过程中有"选课制"、"辩论式"等自由形式，实际上也包含着深刻的"非自由"的干预和控制元素。只要教育存在，来自国家、政府、社会和知识权力控制是不可避免的。

2. 学校和教师对学生学习自由的限制

学术自由反映的是大学与社会之间控制与反控制的关系，学习自由作为学术自由的应有之义，不但受宏观层面的大学与社会的矛盾关系影响，而且要受到教育系统内部、较为微观层面上的矛盾关系影响。高等教育是有其自身规定性的，它有严格的学术规范以及专业标准的限制，它倡导积极向上的思想和行为，必须符合其内在规定，才能促进高等教育的发展。高等教育是有一定的教育目标以及一系列制度化的措施保障。因此，大学作为一种特殊的"产业"，学校与学生的关系不是简单的企业与顾客的关系。高等学校不能只强调满足"顾客"的需要，也要根据国家的教育方针和各专业的教育教学目的

---

① 周浩波：《教育哲学》，人民教育出版社，1999，第 172~192 页。

教学和管理。也就是说，大学生既是高校教育服务的"客户"，但也要遵守学校的某些强制性的规定。"学生的学习自由必须要建立在遵守学校规定的前提之下"①，学生的自由选择必然会受到学校的规范和要求限制。

就教师和学生之间的关系而言，往往是先有教学和研究自由，才有学习自由，因此，"学习自由是受制于教学和研究自由的"②。师生关系虽然也是人与人的交往关系，却不完全是两个人之间的私人关系，而是两种社会角色之间的关系，代表着两个方面的利益主体的社会关系。教师作为学生学习活动的引导者，其任务是向学生传授知识，发展学生的能力。为了完成这一任务，教师常常习惯性地趋向于限制学生的自由，尤其是在传授知识的任务要受到知识数量的限制，教师必须完成教学大纲所规定的任务。学生能力的因素既可以在学生的学习"自由"中得以发展，也可以在教师限制学生学习"自由"的传递知识过程中得以发展。但不同的活动形式更有利于发展不同的能力。因此，实现学生的学习自由和追求高效率、高满足度的教学方式之间似乎总是存在一定的矛盾。这意味着在教学的实际运作过程中，似乎有一方需要付出一定的牺牲。

（二）内部因素：学习者成熟度不足对学习自由的限制

学习者往往不够成熟，他们的身心尚未完全成熟，其人生观、价值观也没有定型，他们可能还缺乏自我设计和选择的能力，他们可能没有过选择的机会和经验，这些都会对学习自由产生限制。因此，处于本科阶段的学生不可能得到完全充分的自由，布鲁贝克在其著作中论述到："由于学生仅是初学者，还不是足够成熟的学者，因此不能享有充分的学术自由。所以，在他们的学习期间，他们应该被看作是

---

① 万秀兰：《谈谈大学生"学习自由"》，《湖北大学学报（哲社版）》1998年第1期，第110页。

② 李均：《论"学习自由"》，《高等教育研究》2000年第3期，第17页。

正在发展自己的独立思考方法和习惯的学徒，或者是学术界的低级成员"①。而且，"如果学生在课程的计划、实施和评价方面享有与教师同等权利的话，他们就很有可能在成功地降低他们自己的学位质量"②。学生在学习过程中可能出现不会选择、惧怕选择、没有个性需求、不敢承担选择的责任、总认为自己的意见不成熟、习惯于家长或者教师的安排来进行学习等等情况，这些都是在本科阶段的学生成熟度不足的体现。因此，对于本科阶段的大学生而言，有限度的学习自由更为"合理"。如何确定学习自由的限度是个很复杂的问题，要"科学设立限制的原则，鼓励学习者的思想自由，支持学习者的过程自由；学习目标的设计和学习成果的鉴定和应用要作适度约束"③。

学习自由同教学自由、研究自由一样，是一种有限度的自由。学习自由不是自由的泛化，不是说学习者可以我行我素。对学习自由的误读会使学校管理者刻意回避学习自由。学习自由的限度既建立在对真理信仰、对社会负责的基础上，也建立在学习者可能不够成熟、不足以合理利用学习自由的现实基础上。对学习者学习自由的限制实际上也是一种导引，它能使学习者在探索知识的未来道路上获得更多的自由，而不至于让泛化的自由反过来危害学生的发展。

三 学习自由中的几个基本矛盾

与行使其他权利一样，大学生在行使学习自由时要严格遵守一定的法律规范和原则要求，大学生行使学习自由时要注意如下几个对立统一的矛盾关系。

（一）选择和接受

法学家拉斐尔将权利分为"接受权和行为权"，其中，接受权是

---

① 〔美〕约翰·布鲁贝克：《高等教育哲学》，王承绪等译，浙江教育出版社，2001，第58页。
② 〔美〕约翰·布鲁贝克：《高等教育哲学》，王承绪等译，浙江教育出版社，2001，第42页。
③ 李光：《大学学习自由与创新人才培养》，《理论导刊》2006年第8期，第87页。

指行为主体有资格接受某物或者以某种方式受到对待的权利,行为权是行为主体有资格去做某事或者用某种方式去做某事的权利。对于大学生的学习自由来说,它"同时具有接受权和行为权的性质"[①]。原因是,一方面,学习自由一定是行动权,大学生可以通过入学、退学、提建议和参与大学决策等形式表达自身意愿,并行使选择学校、选择教师、选择课程的权利,这种选择就是一种积极的行动付出和权利表达方式。另一方面,大学生的学习选择必须在可供选择的范围内进行,所以学习自由也表现为接受权,日本学者松井范惇认为大学生为顺利实现"选择的自由"必须要满足两个条件:"第一是有足够多的可能选择的项目;第二是选择者具有选择最佳项目的能力"[②]。也就是说,大学生的学习自由能在多大的范围和程度上进行,取决于选择的多样性和平行性。学习自由的程度取决于可供选择项目的多元化水平,可选项是否代表了不同的价值取向和收益水平,还取决于选择项之间有无明显的价值和利益差异。学生的学习选择只能在"现有的可接受的状况上渐次推进,不能无限超越,并且受现有教育条件的限制,还取决于政府、社会、高校能够在多大程度上履行各自的义务和责任"[③]。

从理论上讲,大学合理的教学管理制度和课程体系应该具备这样的功能:既给不同的学生提供适应自己发展所需要的较大选择空间,又能保证知识结构的合理与社会共同价值的传递。任何一种教学制度都不可能做到至善至美,但只要允许学生选择,选择取向的多样化是其必然的追求。在这种现实面前,大学要考虑的是如何构建一个尽量合理的教学管理制度和课程体系,并且根据时代的发展不断加以调整

[①] 陈恩伦:《论学习权》,西南师范大学博士论文,2003,第18页。
[②] 松井范惇:《自由教育在美国》,广东教育出版社,2009,第67页。
[③] 章林:《现代学生教育选择权的法理学探讨》,《中国教育管理评论(第三卷)》,教育科学出版社,2005,第411页。

和改进。

(二) 自由与秩序

柏拉图说,"在社会生活中,明显存在着一种秩序、一贯性和恒长性。如果不存在秩序、一贯性和恒长性的话,则任何人都不可能从事其事业,甚或不可能满足其最为基本的需求"①。即使是在关心自由的大学教学管理中和课堂教学中,秩序依然是重要的,这里所讲的秩序不是不自由的控制,是关怀学习自由的秩序,也是实现自由的保障。行为主义学家斯金纳曾对学习自由提出批评:"在教师不予指导的自由学习情境之下,学生将陷入另一种不自由的控制之中"②。从另一个意义上说,在大学课堂中大学教师们普遍的"宽容"、"大度"也是在自觉不自觉中维护着大学教学秩序之必不可少的自律、自觉、自我承担,不应被简单地视为"放任自流"③。学习自由理当优先于教学秩序,但学习自由须通过秩序良好的教学和管理才能实现,以自由为借口,扰乱教学秩序和教师引导的做法,实质上是对学生自由发展的侵害。所以,秩序不仅是对学习自由主体的约束,更是对主体自由行动能力的维护和支持。有研究者曾用"隐形的翅膀"来隐喻教学秩序的应然价值④,也就是说秩序虽看不见、摸不着(不同于有形的规则、制度),却是秩序主体赖以实现自由飞翔的羽翼,这个比喻恰如其分地表达了大学的教学管理秩序和学生学习自由之间的关系。

在高等教育发展史上,关于学生学习自由的争议一直未断。在美国高校推行选课制改革之初,《耶鲁报告》就提出反对,认为"大学

---

① 〔英〕弗里德利希·冯·哈耶克著《自由秩序原理(上)》,邓正来译,上海三联书店,1997,第 199~200 页。
② 吴艳茹:《以课堂秩序为中心的教师课堂管理行为研究》,天津师范大学硕士学位论文,2001,第 9 页。
③ 王丽琴:《为了学生的精神自由——教学秩序之思》,华东师范大学博士后工作研究报告,2008,第 4 页。
④ 该观点来自于王丽琴《为了学生的精神自由——教学秩序之思》,华东师范大学博士后工作研究报告,2008,第 20 页。

生在智力上不够成熟,因此不能给学生以选课自由"。埃利奥特在哈佛大学推行的自由选课制曾产生了不少问题,造成学校的课程几乎是"无止境的增加",而课程之间缺少连贯性与系统性。当时的调查还发现"部分学生在选课上较为盲目,甚至很多时候只选初级类的课程;这使大学的课程体系逐渐变得支离破碎,严重地影响了大学的教育质量"①。学生的实用主义选择倾向导致了学生知识结构和共同价值观培养的不完整。后来1909年洛厄尔(Abbott Lwrence Lowell)在出任哈佛大学校长期间对上述自由选修制进行了较大幅度的修正,改为"集中与分配"的选修制。"集中"指大学生必须从十六门可供选择的课程中选修本专业的六门专业课;"分配"指学生还要修另外六门课,这六门课则是从三个不同的知识领域中各选两门,主要是为了培养学生具备广泛的知识结构;余下的课程是让学生自由选择的。这之后,哈佛大学校方还通过1945年的"普通教育计划"和1981年的"核心课程"等制度来不断微调,希望能够在尊重大学生学习自由的同时,保证大学培养人才的质量和规格。当今美国高校明显进入"消费者时代",各大学内部和各大学之间崇尚"用户第一主义",学生具有很大的学习自由和选择机会,"可以在'国家高教系统'进行选择,甚至在最社会化的高等教育系统,学生具有某种独立自主表决的能力"②。但"大多数学院和大学学生在课程选择上的自由度,比在埃利奥特时代的哈佛大学要有限得多"③。大学设置导师制度,对学生选课进行指导,以避免"过度的自由"。美国大学对选课制的不断调整体现了学校对良好的教学秩序和教学质量的努力维护。

学习自由的理念赋予学生在学习过程中自由地表达自己的意愿的

---

① Faspers Karl, *The Idea of the University*, London: Peter Owen Ltd, 1965, p. 19.
② 陈学飞:《美国高等教育发展史》,四川大学出版社,1989,第99~100页。
③ 王伟廉:《对"高校实行彻底学分制"提法的辨析》,《教育研究》1995年第1期,第11页。

权利和自由地进行选择学校、选择课程和选择教师方面的权利；学习自由要求自由宽松的校园文化氛围、比较民主的师生关系和形式多样的教学方式。但同时也意味着学生的学习要以一定的学校秩序为前提，而这种秩序的维护又要通过遵守一定的规则来实现，这代表了学生个体利益与公共秩序之间的某种平衡，即"学生的教育选择必须遵循和维护一定的教育秩序，这一秩序就是选择者的个体利益与公共利益的相互制约与平衡"。① 如果只强调大学生的自由选择而不加以限制，大学教育的秩序难以稳定实现；而只强调学校制度秩序，也很难培养大学生的个性和创造性。更何况，严谨的教学秩序及教学管理与宽松的自由空间本身并不矛盾，在大学校园里，课程内容可以更多地由教师自主确定，教学方式也可以更多样化，但学习的过程永远是艰苦的，需要师生共同付出更多努力。如果以为只要放宽要求、随意教学不守秩序，就能带来人们期待的自由，那当然是对思想自由和学习自由的误解。

（三）权利与责任

学习自由不是一个绝对的概念，"自由和责任这两者被视为是一个硬币的两面：自由和责任，权利和义务，它们是交易关系"②。学习自由与受教育者的年龄和成熟度成正比。"选择意味着责任，既然作出选择，就要对自己的选择结果负责"③。学习自由是权利，更是责任，甚至风险。雅斯贝尔斯说过："要在一个理念丛生的世界上自由地生活，对于大学生来说，一眼就可以看出是一件险象环生的事情……他所有的外在指望都被打消，被迫回过头来仰仗自身的能量，

---

① 章林：《现代学生教育选择权的法理学探讨》，《中国教育管理评论（第三卷）》，教育科学出版社，2005，第411页。
② 〔美〕唐纳德·肯尼迪著《学术责任》，阎凤桥译，新华出版社，2002，第4页。
③ 陈宁军：《简论受教育者的教育选择》，《宁波大学学报（教育科学版）》2001年第4期，第17页。

因为这样一种自由的生活方式只有靠自己负责才会有前途。教师的传授是自由的，学生的学习也因而是自由的……没有权威，没有清规戒律，没有学业监督，所有这些在中学里面司空见惯的东西，在大学里面都被禁止出现，以免妨碍大学生的生活……大学生可以自由地'走向灭亡'……人们常说，如果你想看到一代成熟的人，你就必须让你的年轻人经历风险……确实有那么一处地方，在那里人们可以传授学业，可以从事狭义上的学习，可以实践学到的方法。但不管怎样，学生总是可以在不考虑老师利益的前提下，自由地地决定他可以在多大的范围内接受老师传授的东西，自由地选择他何时能够独立地阅读文献"[①]。

在现实中，也有许多学生表现出对学习自由的不全面理解和对学习自由的滥用，一味地要求获得自由权利，却不想承担责任。那么学习自由就会成为自由散漫的挡箭牌，无法起到促进知识学习和自身能力发展的作用。有人认为学习自由所提出的选课、上课的自由就是不受人管束，自己有选择是否上课的自由，学习自由便变成了逃课的借口。另有一些人把自身学习成就的失落一味归结为学习自由得不到保障，而不从自身主观方面找原因。

哈佛大学前校长德雷克·博克（Derek Bok）说过："不同学生有着不同的学习方式，每个学生都有最适合自己的课程，这看起来非常诱人。但现在的问题是，很少有学生知道究竟哪门课程最有利于发展自己的智力。因此给予学生自由选课的权利，并不意味着学生一定能找到最适合自己的课程，获得最大限度的发展。以往的经验表明，学生选择某些课程并非只是为了发展自己的心智技能或满足学术兴趣有些学生会选择简单的课程，以便有更多的时间从事其他活动；有些学生盲目跟风，只为与朋友一起上课；有些学生则带有一定的功利性，

---

① 〔德〕雅斯贝尔斯：《大学之理念》，邱立波译，上海人民出版社，2007，第86页。

学习自由与选择

希望为以后找工作或进入研究生院学习做准备（这种想法往往是错误的）"①。"回首一个世纪前，那时自由选修制正在大学如火如荼地推行，但是只有极少数学生真正根据自己的学术兴趣选择适合自己的课程，绝大多数学生避难就易，选择了简单的课程，以保证有更充足的时间参加各种课外活动，满足社会需要"②。当评估表明大多数学生享有较多的学习自由但又无法承担相应的责任时，大学需要通过管理制度降低学生学习的"自由度"。

学习自由的前提是"学习"，学生是学习责任的主体，需要对自己的学习事务负责任。大学生享有学习自由的前提是"为了实现学生更好地学习"。"自由不仅意味着个人拥有选择的机会，而且还意味着他必须承担其行为的后果，并接受他人对其行为的赞扬和谴责"③。如果学生仅仅是因为不想学习，就肆意提出一些无理的选择要求，这不仅会背离"学习自由"的本意，而且也不可能在学校制度层面获得支持和认可。"高等学府的本质在于，大学生的选择是以每个人对自己行动的负责为前提的，他所负的责任也包括了到头来一无所成、一无所能的冒险"④。因此，学习自由的提出不是为了放任学生，而是为了强化学生的学习责任。自由不仅意味着个人拥有选择的机会并承受选择的重负，而且还意味着他必须承担其行为的后果，接受对其行为的赞扬和谴责⑤。作为社会资源之一的大学学习资源是有限的，作为国家和政府，"希望能使这种有限资源的效益最大

---

① 德雷克·博克：《回归大学之道：对美国大学本科教育的反思与展望》，华东师范大学出版社，2008，第155页。
② Elizabeth A. Jones, "Is a Core Curriculum Best for Everybody?" 80 New Directions for Higher Education (1992), pp. 16 - 17.
③ 〔英〕弗里德利希·冯·哈耶克：《自由秩序原理（上）》，邓正来译，上海三联书店，1997，第83页。
④ 〔德〕雅斯贝尔斯：《什么是教育》，邹进译，上海三联书店，1991，第146页。
⑤ 〔英〕弗里德利希·冯·哈耶克：《自由秩序原理（上）》，邓正来译，上海三联书店，1997，第83页。

化，学生不学习，就是对教育资源的浪费，就是对他人学习机会的剥夺"①，所以法律要求每个学生认真学习。从理论上讲，大学给学生选择学习的自由，也让每个人具有形成自己习惯和指导自己行为的负责任的能力。

第三节 学习自由的法理学分析

一 高校与大学生的法律关系

我们身处一个权利的时代，一个权利备受关注和尊重的时代。民众要求权利和自由的呼声越来越高。法律关系是在法律规范调整社会关系的过程中所形成的人与人之间的权利和义务关系，在法理上，高校和学生的法律关系在很大程度上决定着大学生学习自由的程度。大学生学习自由权需要"以法制衡"，这里"以法制衡""既是对高校与大学生权力或权利的确认和保障，也是对高校与大学生权力、权利的规制、约束，是对权力与责任、权利与义务的平衡与规范"②。

（一）高校与学生法律关系的几种不同观点

明确高校与学生的法律关系是我们确立学生学习自由权利的前提。当前，关于高校的学生与学校的法律关系在理论界仍然存在学理之争，在实践层面的学校管理制度和司法操作上也有不同的相应做法。具体来说，高校和学生的法律关系在理论上有几种具有代表性的观点：

1. 内部行政法律关系论

这种观点认为，高校作为履行特定职能的特定主体，其对学生的

---

① 曾惠燕：《高校学生的权利与义务》，中国社会科学出版社，2006，第301页。
② 朱孟强：《我国高等学校与大学法律关系研究》，华中科技大学博士论文，2006，第76页。

教育管理为内部行政行为，因而排除了司法审查的介入。这种传统的理论在我国影响较大，在某种程度上被国家法律和司法实践所接受，并支配了我国高校的制度设计，《中华人民共和国教育法》、《中华人民共和国高等教育法》的部分条款隐含着对内部行政法律关系的某种默许和认可。内部行政法律关系论由于排除了司法审查的介入，实际上在大学内部形成了一个没有救济的空间，与现代立宪原则和人权思想不符，不利于对大学生合法权益的保护。

2. 外部行政法律关系论

这种观点认为，高校代表国家为社会提供公共教育，其对学生的管理是为了国家和社会的公共利益，因此高校所行使的管理权具有公法的性质，高校与学生在法律地位上具有明显的不平等性，大学与学生之间的关系可以看作是外部行政法律关系。外部行政法律关系论从普通高校教育管理活动的公务性质和其所行使权力的公权力性质出发，认识到了高校教育管理活动的部分公务性质，与高校管理法制化改革的一些理念相符，但是，大学的很多内部管理活动是不具备公务性质的，且很多情况下高校并非基于公权力而对学生进行管理。

3. 特别权力关系理论

特别权力关系理论始于19世纪末的德国，其主要内容是：国家和公共团体是行政主体，"基于维护行政之功能和目的以及国家或营造物的特别依存关系，个体在进入国家或营造物时就必须放弃其个人的自由权利，而特别权力关系由此而产生"[①]。即，在一定的范围内，国家和公共团体对相对人享有概括的命令强制权力，而相对人负有绝对服从的义务，在法律救济上，排除司法救济途径。这一理论为学校获得对学生概括的支配权力提供了依据，即学校是负有教育目的、提

[①] 蔡振荣：《行政法理论与基本人权之保障》，台北：台湾五南图书出版公司，1999，第9页。

供专门服务的行政机构,只要校方认为自己对学生的管理行为符合教育目的,就可以要求学生达到学校要求,而校方不必承担责任,不受行政一般原则的约束。与之相对应的,学生必须承担由此带来的义务并且无法获得司法的支持。在特别权力关系理论支配下,学校与学生之间的关系严重不平等,主要表现在:一是学生承担的各种义务具有不确定性,高校往往出于主观的评价为学生设定各种义务;二是学校可以内部规则的方式限制学生的基本权利。对这种限制学生只能承受,而无法获得司法救济。这样可能会给本已处于弱势地位的学生带来更大的不公。西方在二战后就逐渐抛弃了特别权力关系理论。但是该观点抓住了普通高校与学生法律地位的不平等特征,对我们的深入研究具有启示意义。

4. 民事法律关系论

日本公法学界以室井力教授为代表提出了"在学契约说",认为"高校与学生的法律关系是民法上的契约关系,教育应该完全摆脱'权力作用',高校与学生之间的地位完全平等,是基于双方意愿而缔结的、为实现教育法目的而订立的一种契约[①]。大学对学生的各种管理行为,命令、奖惩等等都是基于契约关系而产生的行为"。"在学契约说"在一定程度上有效防止了国家公权力介入大学自治。这一观点对高校和学生之间的教育服务关系作了很好的阐释。

但是这种观点没能全面、科学地概括大学和学生之间的法律关系,忽视了大学与学生的主体地位在事实上的不平等,学校的一些权力如违纪处分、学位授予等明显与民法中的契约原理相违背的,属于公权力行政。尤其在我国,由于大学入学考试由政府行政部门进行严格控制,招生计划的制定、报名、命题和组织考试及录取分数线都是统一划定的,体现的是行政权的单方性和强制性。在如今"高校负

[①] 马怀德:《公务法人问题研究》,《中国法学》2000年第4期,第48页。

责，招办监督"的招生体制下，大学统招生学生身份并非只是基于双方自由意志表达而产生的契约。另外，大学生所缴纳的学费也远低于其培养成本，不符合民事法律关系中的等价原则。也有学者认为，"教育契约"在我国的现实中只在私立学校中有部分意义，这份"契约"的根本内容"教育与被教育"是由国家教育法规定的，公立学校及其学生对"教育与受教育的自主意愿"不可能完全由民事契约解决或体现。

5. 教育法律关系

第五种观点教育法律关系说是在以上观点的基础上提出来的，尚未成为一种成熟的观点。教育法律关系说是在否定学校与学生之间是民事法律关系的基础上提出的，认为民事法律关系是民法调整平等主体之间财产与人身关系的产物，但是学校与学生之间的法律关系并不全是民事关系，学校与学生在教育活动中并不是处于完全平等的地位。学生的入学也常常不是完全自愿的选择。教育活动也并不是等价的有偿行为。既然学校与学生之间的社会关系并非民事关系，"调整学校与学生之间的法律问题也就不应适用民事法律规范"，而是由"教育法律规范对学校与学生之间的社会关系进行调整后的产物"，因此，学校与学生之间的法律关系是教育法律关系[①]。

另外，关于高校与大学生的法律关系，不但在法理学上有争论，而且在高校的管理制度和司法实践中，也存在不同的做法。从在社会上影响较大的一些案件中可以看出，主要的争议在于，一方面，高校作为法律授权的、能够行使一定行政职权的主体，与学生有行政法律关系；另一方面，为了大学的学术自由和发展，世界各国在实践中普遍赋予高校一定的办学自主权，即法律赋予学校为保证其机构目标实现而对于其内部事务进行处置的"自由裁量权"。高校和学生之间也

---

① 周彬：《论学校与学生之间的法律关系》，《教学与管理》2001年第10期，第37~40页。

存在着一定程度的民事法律关系。从理论上说，高校的办学自主权与学生的学习自由权有着重大干系，一般来说，高校具有较大的办学自主权有利于学生学习自由权的实现和保障。不同于义务教育阶段学校与学生法律关系的单一性，高校与大学生之间呈现了较为复杂的法律关系，对于大学生的学习权和学习自由具有较大的影响。

二 学习权与学习自由

（一）学习权的概念

学习权是受教育权概念的内涵和性质不断发展的产物，它强调学习的主动性和主体性，从法理学的角度而言，"受教育"与"权利"是无法完全和谐统一的，"二者之间必然存在着内在的价值冲突和逻辑张力，外力不可以强制和取代权利主体，成为学习的主导性和决定性力量"[1]。尤其对于成年人和大学生而言，在按学分收取学费和自主就业的情况下，虽然需要外力的指导和协助，但是学习的主体只能是学生自身。

1. 学习权概念的形成

对学习权的研究最早出现在日本，"学习权的提出正是对公众受教育权的实际情况反思的结果"[2]。二战后，随着社会民主和权利意识的发展，人们对国家垄断教育，剥夺公民在教育中的权利产生不满。尽管实行了义务教育制度，宪法也规定了公民受教育的权利，但这种权利是在国家权力单方面操控下的权利，更多体现的是强迫教育，受教育与其说是一项权利，不如说更是一种义务。日本教育法学家兼子仁在《教育权的理论》中认为，"把教育权理解为受教育者的学习和获得发展的权利，有着重大的意义"[3]。日本学者开始的研究

---

[1] 倪洪涛：《大学生学习权及其救济研究》，法律出版社，2010，第66页。
[2] 陈恩伦：《论学习权》，西南师范大学博士论文，2003，第4页。
[3] 兼子仁：《教育权的理论》，劲草书房，昭和51年，第216页。

主要集中于对受教育权和学习权关系的探讨，强调以主动的学习权利代替"义务"色彩浓厚的受教育权。而后，学习权理论被引入成人教育、终身教育和学习型社会等研究领域。"学习成为和每一个人的真实生活紧密相连的生活方式。学习者成为教育活动的中心，伴随学习者的成熟程度的增加，自由随之增加。"由他自己决定他要学习什么，他要如何学习以及在什么地方学习与受训"①。

伴随着学习权研究的深入，学习权的概念开始得到官方认可，出现在诸多教育文件中，1977年的世界教育大会形成了一个新的国际教育标准分类，认为"教育是能够导致学习的交流活动。教育应该变成学习，从单向的传输变为双向的学习交流"②。在1985年联合国教育科学文化组织的第四次国际成人教育会议上，大会发表了《学习权宣言》，学习权被国际社会确认为是个人的基本权利，该《宣言》提出"学习权乃是一种读与写的权利、持续的疑问与深入思考的权利……以及获得一切教育方法的权利……"③。周志宏认为，"学习权是人权的有机组成部分，学习权是阅读与写字、提出问题和思考问题、想象与创造……的权利"④。1988年的《日本教育白皮书》指出："有必要向社会提供多样的学习机会，在学校教育的基础上，让每个人根据自己的责任，自由的选择贯穿终身的、多样化的学习机会"⑤。1990年的《世界全民教育宣言》提出，要满足所有儿童、青年、成人的基本学习需要，而"基本学习需要的范围以及他们如何得到满足，因不同的国家和文化而不同，并必然随着时间的推移

---

① 德加·富尔：《学会生存——教育世界的今天和明天》，教育科学出版社，1996，第199页。
② 赵中建译《全球教育发展的历史轨迹：国际教育大会60年建议书1934~1996》，教育科学出版社，1999，第67页。
③ 巴黎成人教育宣言，http://mail2.ylc.edu.tw/gces.kentxchang/pipi/6155577.doc#-Toc35008683。
④ 周志宏、薛化元：《国民教育权的理论与实际》，台北：稻乡出版社，1995，第161页。
⑤ 方正淑、李协京译，崔相录校，《日本文部省1988年度教育白皮书：我国的文教政策》，《外国教育资料》1989年第5期，第8页。

而变化"①。

我国学者在20世纪90年代后期开始对学习权进行研究,开始的研究主要侧重于探讨学习权和受教育权的关系,如《"教育权"的下嫁和"学习权"的建立》②、《教育权与学习权简论》③ 等文章,将学习权的概念从受教育权中剥离出来,予以强调和重视。进入21世纪后,我国学者从终身教育、成人教育、建立学习型社会、师生关系变革和法理学等不同的角度对学习权进行研究,强调学习权是实现终身学习、建立学习型社会的重要保障。学生的学习权与教师的教学权、学校的管理权等权力(利)关系也发生了变化。近年来由于学习者主体地位的突显,教育有了前所未有的、非常鲜明的服务性质。教育"是为学习服务,为学习者服务的"④,学习权成为教育领域的一个备受关注的研究主题。

2. 学习权与受教育权的关系及学习权的含义

学习权的观念最早出现在卢梭、杜威、尼尔、罗杰士等教育学者所主张的尊重学习者需求和以儿童为中心的教育观点中,直到1985年联合国教科文组织在巴黎举办第四次国际成人教育会议发表《学习权宣言》后,学习权才被国际社会确认为个人的基本权利。受教育权和学习权是两个既有内在联系,又有区别的概念。探讨学习权的含义,就要从梳理二者的关系入手。

(1) 学习权是受教育权概念内涵和性质不断发展的产物。

纵观教育发展史,教育的阶级性、政治性可以从历朝历代的统治

---

① 世界全民教育宣言:满足基本学习需要,http://new.060s.com/article/2005/08/12/11099.htm。
② 欧阳克俭:《"教育权"的下嫁和"学习权"的建立》,《贵州师范大学学报(社会科学版)》1996年第1期,第86~88页。
③ 尹力、李玲:《教育权与学习权简论——兼与欧阳克俭先生商榷》,《辽宁教育研究》1998年第1期,第40~44页。
④ 陈建翔、王松涛:《新教育:为学习服务》,教育科学出版社,2002,第15页。

阶级为巩固、发展自己的统治而掌握教育，教育为政治、经济、文化服务等诸方面得以体现。最初，受教育权主要是作为国家政治和发展需要而提倡的。拿破仑在19世纪初提出："教育为其最重要之基础；因除非人民受有良好教育，与彼此有共同了解之诸种重要原则，国家殆无善治之可能"①，他把国民接受良好教育作为国家的善治的前提而加以提倡。而后欧美国家开始了一系列教育立法，从某种意义上看，教育立法发展演变的历史就是受教育权利发展演变的历史，因此，教育不再被认为只是个人、家庭的内在责任，而被视为"国家之富强进步，个人之安定康乐"②的前提条件。二战后，随着社会经济的快速发展和民众权利义务观念的更新，受教育权在性质上由公民的义务嬗变为公民的权利，受教育权不仅是群体人权，更有着个体性权利的意义。《世界人权宣言》第26条、《经济、社会、文化权利国际公约》第30条及许多国家的宪法都把受教育权确立为公民的一项基本权利。受教育权已经从"一种自然权利发展为法律权利；从一种不平等的特权发展成为普遍的平权；从一种义务性规范发展成为以权利为本位的、权利与义务统一的法律规范；从一种个人权利发展成为民族的，国家的乃至全人类的共同权利"③。

尽管人们对受教育权的理解不断深入，在目前的国际法中，"受教育权仍是最复杂的人权之一"④，受教育权理论从保障原因和权利的性质等角度来解释，存在着三种理论：⑤ 一是"公民权说"，认为受教育权是一种政治权利，其实质就是享有主权的国民为扩充其参政

---

① 曾繁康：《比较宪法》，台北：三民书局，1993，第136页。
② 林纪东：《比较宪法》，台北：五南图书出版公司，1980，第325页。
③ 劳凯声：《变革社会中的教育权与受教育权——教育法学基本问题研究》，教育科学出版社，2003，第233～234页。
④ 国际人权法教程项目组：《国际人权法教程（第一卷）》，中国政法大学出版社，2002，第56页。
⑤ 劳凯声：《变革社会中的教育权与受教育权——教育法学基本问题研究》，教育科学出版社，2003，第233～234页。

的能力而要求国家帮助创造文化教育条件的权利。这种观点把公共教育和民主政治直接联系起来,强调受教育权和国家的关系,指明接受教育在培养国家主权者(即公民)方面的政治性功能。这种观点具有一定的合理性,但是由于过多地从政治的角度分析,忽视了人的丰富性。二是"生存权说",认为受教育权利是一种经济收益权利,其实质就是为了获取更好的生存能力而要求国家从经济角度提供必要的文化教育条件和均等受教育机会的权利。这种观点过分强调从经济角度进行解释,被有的学者称为"不充分的"解释,没有把握受教育权的真正含义,忽视了受教育权中文化性的权利内容。三是"学习权说",认为受教育权利是一种要求完善和发展人格的权利,其实质是个人与生俱有的,要求发展成长的权利。这种观点克服了以上两种观点的狭隘之处,其学习权概念远远超出了"接受教育"的含义,被认为是当今世界教育法学理论的重要成果,是对受教育权利的重大发展和突破。

学习权是受教育权概念在内涵和性质不断发展的产物,随着受教育权概念不断发展,教育法学研究从以往强调受教育权的义务性质转向强调其权利性质,学习权的概念应运而生。受教育权不只是受教育者被动接受教育的权利,还是个人与生俱来的、选择教育进行完善和发展其人格的主动权利。[①] 日本法学家兼子仁等人认为,"以往对于受教育权的理解往往体现受教育者的被动地位,从教育学的角度看,应该把受教育权理解为学习权和发展权……教育是个人为完善和发展人格的与生俱来的成长权利"[②],应该强调受教育者在教育过程中的主体地位,并在法律关系中确立受教育者的主体地位。

"受教育权这个概念,是特定时代的产物……就是国家包办教

---

① 王玮:《学习权的法理研究》,苏州大学硕士论文,2005,第7页。
② 〔日〕兼子仁:《教育权理论》,劲草书房,昭和51年,第216~218页。

育，教育资源的支配，教育标准的制定，教育过程的实施，统统是国家垄断，公民没有选择权。教育的全部安排，都是为了把学习者培养成国家这个庞大机器中的某个标准件，实际上是把人当成了物"①。由此可见，学习权与受教育权的本质区别在于它不把人当成物，不把人制造成服务于巨大机器的标准件。学习权承认学习者是教育的主权者，因此教育就必然以学习者的学习需要为核心出发点，必然以提高学习者的学习质量为核心目的。"教育资源的支配，教育标准的制定，教育过程的实施等全部教育环节，必然围绕着学习者来展开。这样就通过还原学习权，最终还原了教育的人性"②。在教育理论上，学习权强调了受教育者在教育过程中的主体地位；在法学理论上"它强调了受教育权利主体在享有受教育权利时的主动、自由性"。③正如日本的一份实务判决书所说："由于儿童的本质在于未来具有可塑性，故自我学习、知晓事物，以使其人性能于未来得到充分成长，乃是儿童与生俱来的权利，为保障儿童此种学习权利而给予教育，乃是国民的课题。④"

（2）学习权与受教育权是公民在学习过程中的两个相互关联的权利，受教育权是学习权的下位概念。

"学习权是指个人在所处环境中充分发展阅读、思考、生活以及创造能力的一种基本权利"⑤，这种学习权的概念是一个狭义的概念，强调学习权是人权的有机组成部分。受教育权是学习权的下位概念。个人在成长过程中，须通过学习来吸收知识，健全和发展人格。"受教育权是以学习权为前提所形成的权利，为了使学习者能享有

---

① 陈敏：《还原"学习权"》，《中国改革》2004 年第 12 期，第 1 页。
② 陈敏：《还原"学习权"》，《中国改革》2004 年第 12 期，第 1 页。
③ 尹力、李玲：《教育权与学习权简论》，《辽宁高等教育研究》1998 年第 1 期，第 41 页。
④ 教科书事件杉本判决，东京地判，昭和 45 年 7 月 17 日，行集第 21 卷第 7 号（别册）：1。
⑤ 陈恩伦：《论学习权》，《中国教育学刊》2003 年第 2 期，第 26 页。

适宜的教育;学习权的实现要求国家、社会机构和父母负责提供尽量充足的教育条件。学习权是受教育权的本质,受教育权乃是为了实现每个人的学习权"①,所以,"受教育权是为达成学习权目标的手段或过程"②。

公民的学习权可以分为主动学习权和被协助学习权。其中,被协助学习权也叫受教育权,是指公民无法自己学习,或者虽然可以自己学习,但需要他人协助学习的权利。陈恩伦博士在其博士论文《论学习权》中认为,学习权是受教育权的价值来源和逻辑起点,受教育权来自于学习权。③"学习权的实现需要学习的条件及机会之提供,从而衍生出教师及家长的协助学习权,又称协助教育权"④。学习活动是人赖以生存和发展的基本方式,学习权是人的基本权利。在社会发展过程中,人们对学习权的认识逐渐深入。从权利的发展历程看,权利概念经历了"自由权—社会权—发展权"的过程,受教育权从性质上属于社会权,它意味着学习者接受教育需要国家、社会、家庭提供必要的帮助。学习活动既与学习主体有关,又与其他组织及个人对学习主体的保障有关,因此,学习权代表了一束权利,是与学习结合在一起的若干权利的集合,从法理上说,这个集合中的权利有着较大的相关性,所以称其为一束权利。从广义上讲,"学习权是由学习自由、以受教育权为核心的学习条件保障权、个体的发展权构成的统一体⑤"。学习权是指公民通过接受正规教育或运用其他方式进行学习活动时,拥有的私人权利空间,这个权利空间是教育权力和其他社

---

① 周志宏:《教育法与教育改革》,台北:高等教育文化事业有限公司,2003,第522页。
② 汤梅英:《落实教育基本法对学生学习权与受教育权的保障》,《(台湾)教育研究月刊》1990年第4期,第74页。
③ 陈恩伦:《论学习权》,西南师范大学博士论文,2003,第5页。
④ 范诚梅、陈恩伦:《建立学习权下的新型师生关系》,《教学与管理》2006年第10期,第42页。
⑤ 陈恩伦:《论学习权》,《中国教育学刊》2003年第2期,第26页。

会权力无权干涉的,比如与学习活动相关的自由想象、思考、创造的权利,选择学习的时间、地点、方式、内容的权利。"个人在此范围内行动自由,可以自我创造,自我实现,表现自己的个性,发展自己的能力"①。

归纳起来,理解学习权的含义要注意两个方面:一是从教育学的角度论述学习权,强调儿童自由发展和成长,把学生视为具有自主性和积极性的独特个体,强调师生关系的民主和平等,要求教师尊重学生的主体性、重视学生的个性和丰富性;二是从法学和权利角度论述学习权,认为学习权是个人自由进行知识探究权利的一种总括式的表现。

(二) 学习权与学习自由的关系

对于学习权与学习自由二者的关系,多数学者认为学习权和学习自由联系紧密,甚至有学者认为二者是同一事物的不同称谓,认为"大学生的学习自由即学习权"②。学者们普遍认为,学习权是一个权利束,学习自由是学习权的一个下位概念,或者说,学习自由是学习权的重要组成部分。比较有代表性的观点是台湾学者周志宏在其著作《教育法与教育改革》一书中,把学习自由列为学习权的下位概念③,以及陈恩伦博士提出的"学习权是由学习自由权、学习条件保障权和个体的发展权构成的统一体④"观点。之后的不少研究采用了该观点,也有学者稍作修改,把学习权总结为学习自由、学习社会权和学习相关权。笔者同意将学习权看作是一束权利,笔者认为:由于学习自由与学习活动直接相关,因此学习自由处于学习权的核心位置,学习自由的实现也是学习权得以保障的关键;学习条件保障权基本与学

---

① 陈恩伦:《论学习权》,西南师范大学博士论文,2003,第6页。
② 倪洪涛:《大学生学习权及其救济研究》,法律出版社,2010,第53页。
③ 周志宏:《教育法与教育改革》,高等教育出版社,2003,第78页。
④ 陈恩伦:《论学习权》,《中国教育学刊》2003年第2期,第26页。

习社会权意义等同，它涵盖的内容主要包括：教育设施的创设和使用请求权、社会救助请求权和就业指导请求权，学习条件保障权是学习自由的补充和发展；学习相关权是大学生在就读期间的财产、隐私、婚姻、信仰、表达等权利。

本章小结

本章主要对大学生学习自由的理论基础进行了一系列探讨。首先分析了大学生学习自由最基础的理论问题，包括学习自由的含义和内容。其次，进一步分析了大学生学习自由的一些重要的理论问题，包括学习自由的必要性与可行性、制约大学生学习自由的内、外部因素以及大学生学习自由中存在的几个基本矛盾。最后，从法理学的层面探讨了大学与学生的法律关系、学习权的含义及其与学习自由的关系问题。

本章重在对大学生学习自由的学理分析，为本研究奠定较为充分的理论基础，也指导和影响下文中对学习自由实践和现状的分析。下一章整理和探讨了大学生的学习自由在实践层面的发展历程，也是从实践和历史发展的角度来应和及印证本章的理论分析。

第三章
大学生学习自由的发展历程

第一节 大学生学习自由的发展历程

大学生学习自由的发展经历了一个从观念形成、发展到制度建立和完善的过程,这也是一个由学校外在给予,到学生内在自发的过程。从最初的观念确定,发展到政策和法律制度上的保障。

一 学习自由的萌芽阶段

在高等教育的发展史上,学习自由的思想渊源最早可追溯到古希腊,柏拉图创办的"阿卡德米"学园,亚里士多德创办的"吕克昂"学校,均以对话的方式进行学术的自由研究与讨论,呈现了学习自由思想的最初面貌。古希腊学习自由思想与实践随着封建社会的到来和基督教的产生宣告结束。

约在12世纪,欧洲诞生了中世纪大学。中世纪大学是学生和教师模仿行会组织自发组成的,以研究学问为主的"学者行会"。欧洲中世纪的大学利用教会和国家之间的矛盾冲突以及学者行会对城市发展的影响,争取到一定程度的自由和自治。在这个时期,虽然学习自由还没有被明确地提出过,但是在客观上,学习自由受到了一定的保护,具有一定实现的可能性。

在中世纪大学中,最早的学习自由萌芽于"学生大学"时期,这一时期学习自由的早期实践典型就是被西方史学家们称为中世纪

"母大学"的意大利博洛尼亚大学（University of Bologna）及其所代表的"学生大学"。这类学校的管理组织以学生为主，大学生享有高度权利，不仅拥有学习自由，还拥有学校的各项管理权力和教学组织权力，正如英国教育家阿什比教授所言："那时的大学恰是学生团体。大学和地方当局进行交涉，都由学生代表出面。教授的聘请和薪金的支付，也由学生负责。甚至教授缺课或讲课过于拖拉，他们还向教授追索罚金。为了防止教授中途为别校重金聘走，教授有时还须预付押金，由学生掌管"[1]。后来由于入学学生的年龄变小，学校管理事务日趋复杂，规章制度完善化，到18世纪末，"学生大学"彻底消亡，被"教师大学"所取代，学生不再直接参与学校行政管理工作，并最终形成了现代大学的运行模式。"'学生大学'被'教师大学'所取代，是高等教育发展的逻辑进程"[2]，但学生学习自由的权利不受影响。

"学生大学"的运行与发展在客观上、在一定程度上保护了学生的学习自由。在那个时代，大学的自由主张主要局限于教学和研究方面，是要以"教学和研究的自由原则取代僵化、生硬的教学"[3]。而且这个时期的学术自由主要表现为它的外部自由，主要是高等教育机构与社会关系的一种反映，体现的是大学与教会、世俗王权、政府之间控制与反控制的关系，基本上未涉及学校内部的学生学习自由。

在13世纪前，不同时期、不同地区的大学课程有很大不同。13世纪起，大学课程逐渐由大学规程或者教皇敕令固定下来。此时大学课程的显著特征是课程内容的高度统一，基本上是从古代继承下来的"七艺"和亚里士多德的逻辑学，所有课程的理论基础和最高标准是

---

[1] 阿什比：《科技发达时代的大学教育》，滕大春、滕大生译，人民教育出版社，1983，第64页。
[2] 陈刚：《学习自由限度之研究》，汕头大学硕士论文，2007，第16页。
[3] 黄福涛：《欧洲高等教育近代化》，厦门大学出版社，1998，第125页。

《圣经》、亚里士多德、托马斯·阿奎那的学说，学生的学习内容不能超出这个范围。一切有悖于基督教神学的言论、学说和科目，即使包含在"七艺"之中，也明文禁止开设。连中世纪大学最"自由"的教学形式——循环辩论课，也明确要求教师和学生必须承认辩论的前提是真理已经存在，辩论的目的只是为了进一步明晰真理，不允许怀疑和超越真理的"最高标准"。因此，在这个阶段，学生的学习自由极其有限。

二 学习自由的形成阶段

这样到了17世纪，欧洲大学的生气和活力一落千丈，著名科学家莱布尼茨甚至"以大学为耻辱，认为置身于这样的机构有损自己的尊严"[①]。学习自由的思想和实践的真正出现是在19世纪初的柏林大学。洪堡提出"孤独和自由是大学的支配性原则"[②]，认为学术自由包含了教学自由、研究自由和学习自由，这是在理论上首次把学生的学习自由放在与学术自由对等的地位上，并把"学习自由"和"教学自由"看作是"现代大学的两条基本原则"[③]，同时反对外来入侵和专制政府对大学的粗暴干预。柏林大学校长费希特提出"学术自由就是'教的自由'和'学的自由'。"学的自由指的是"大学生在教授的正确方法指导下，在专业学习中所拥有的探讨、怀疑、不赞同和向权威提出批评的自由，学生还有选择教师和学习内容的权力，及在教育管理上参与评议的权力"[④]。这是历史上第一次对学习自由的内涵作出比较具体的阐述，是在洪堡之后进一步地明确大学生学习

---

① 贺国庆：《德国和美国大学发达史》，人民教育出版社，1998，第19页。
② 陈洪捷：《什么是洪堡的大学思想？》，《中国大学教学》2003年第6期，第21页。
③ 原霞：《学习自由：历史发展与含义、必然与限制》，《教育与考试》2009年第1期，第71页。
④ 张宝昆：《人的因素对大学发展的影响——德、美、日三国大学发展与高等教育思想家》，《比较教育研究》1988年第1期，第38页。

自由的重要性。这说明，大学已经开始由关注大学外部自由，慢慢转向更多地关注每个内在成员（包括教师和学生）的自由。教学形式也发生了变化，在柏林大学的"习明纳"（Seminar）研讨中，研讨的内容不限于教师教授的传统权威学说和基督教义，师生相长，共同讨论，师生可以对各种理论进行独创性的怀疑和批判，学生可以充分发表自己的见解，"科学独立的精神被灌输"① 给学生，学生由过去被动的教育接受者成为学习过程中的积极参与者，较好地体现了学习自由精神。

受洪堡的思想和柏林大学模式的影响，19世纪的德国大学生有广泛的学习自由，他们可以选择课程，选择教师，甚至可以自由转学。例如，"马克思一年级在波恩大学，二年级在柏林大学，三年级在耶拿大学，最后在耶拿大学获得博士学位。当时的德国大学，没有教学大纲，也没有必修和选修之分，学生对什么感兴趣，就去学什么。这种流动性和学习项目的自由选择，使得大学生可以自由结合进行讨论，也可以独立工作，甚至有机会与本国最优秀的科学家讨论问题"②。由于19世纪的德国大学拥有真正意义上的学术自由，大学生拥有学习自由，使德国大学的模式成为当时的"理想大学"模式。

三 学习自由的蓬勃发展阶段

学习自由在美国的大学获得了真正的蓬勃发展。德国大学作为"欧洲大学的典范"③，受到欧美各国的迅速仿效。欧美多国以德国模式为蓝本完成了各自国家的高等教育近代化。学术自由这一大学

---

① Laurence R. Veysey, *The Emergence of the American University*, The University of Chicago Press 1965, p. 154.
② 李工真：《德意志大学与德意志现代化》，《中国大学人文启思录（1）》，华中理工大学出版社，1996，第 55~56 页。
③ Neohelieon, "The Humboldtian Idea of a university," *The Bond Between Philosophy and the Humanities in the Making of The Modern university*, 2001 (2), p. 33.

理念经大批留德学者的传播，在欧洲和美国产生巨大影响。当然，不同国家的接受方式是不同的。在英国，教学自由的思想受到欢迎，但并不欢迎学习自由，"洪堡关于学生独立和自由的观点从来未曾接受过"①。而在瑞典大学，"教授可以自由地探究知识，学生可以自由地选择学习科目，国家很少对研究、教学与学习的自由加以限制"②。在接受学术自由和学习自由思想的国家中，最有代表性并对后世的大学实践影响最大的是美国。19世纪的美国大学接受了教学自由和学习自由的理念，并延伸和发展了德国大学的"教与学的自由"原则，首创了选修制和学分制，加速了学习自由的制度化，也标志着大学在对待学习自由问题上由应对外在干预转变为关注大学内部的教学实践，之后，美国高等教育迅速崛起，成为世界的学术中心。

作为学习自由的重要体现方式，选修制在美国的确立经历了一个多次尝试、失败到初见成效，再到形成制度特色的过程。托马斯·杰弗逊（Thomas Jefferson）是最著名的选修课早期倡导者和课程改革领袖，他在1779年曾以威廉与玛丽学院视察员的身份提出过设立选修科目的方案③。威廉与玛丽学院和弗吉尼亚大学曾先后采用过选修课，后因争议较大，受保守分子和宗教人士的反对，丧失了推行选课制的良机。1825年，杰斐逊按照19世纪初德国哥廷根和海德堡大学的模式创建了弗吉尼亚大学，"该校规定学生只能在大学各学院设置的课程之间进行自由选择，在该大学修完特定学院课程的学生可以获得学位，这类学院课程被称为'平行课程'（parallel course）；但没

---

① 阿什比：《科技发达时代的大学教育》，滕大春、滕大生译，人民教育出版社，1983，第10页。
② 王承绪：《学术权力》，浙江教育出版社，1989，第67页。
③ R. F. Butts, *The Education of the West*, N. Y., Mc Graw Hill Book Company, 1973, pp. 419 - 422.

有兴趣拿学位的学生则可以自由选择自己喜欢的课程,这类课程被称为'部分课程'(partial course)"①,弗吉尼亚大学"打破传统学院中垂直安排全部必修课程计划的做法……允许学生在选择听课方面享有完全的自由,这是美国高等教育史上第一次把'学习自由'的口号付诸行动,部分体现了德国大学'学习自由'的学术理想"②。

这时也有不少反对的声音,最著名的是耶鲁学院在1828年发表的《关于自由教育课程的报告》(下称《耶鲁报告》),该报告宣称:"学院教育的目的不在于提供一种仅仅包括几门学科知识的部分教育;也不在于提供一种几乎包括了所有领域的零碎知识的肤浅的教育;更不在于传授任何专业领域的具体知识的专业教育或实用教育;而是在学生在校学习时间许可的限度内着手提供一种全面的基础教育"③。因此,以"详尽的古典语言的学习"为特征的必修课程,是唯一适当的课程体系。耶鲁报告反对学生选择课程,认为所有的古典学科都是"通向心灵的训练",并由此认为"德国式的教学自由和学习自由对美国大学是不合时宜的"。耶鲁报告的发表使得选修制在当时的美国大学一度搁浅。

不过,选修制的拥护者也一直在努力。耶鲁报告在问世两年后遭到了集体性批评。1830年10月,学者们在纽约召开的一次研讨会上强烈批评了耶鲁报告的内容。留德学者伍尔夫(J. L. Wolf)在论文中详细地解释德国大学的精神:"德国学生虽有一般性学习计划但有听课自由,学生也可以不听课;大学是激发参与严肃研究活动的场所,知识探索依赖于一种自发、主动的精神,强迫学习的方式有害于追求真理,崇尚'自由'是德国大学兴旺发达的主要原因"④。1837

---

① 黎学平:《美国高校选修制的早期发展》,《复旦教育论坛》2003年第3期,第73页。
② 郭德红:《美国大学课程思想的历史演进》,中央编译出版社,2007,第39页。
③ Melvin I. Urofsky, "Reforms and Response: The Yale Report of 1828", *History of Education Quarterly* 1995 (1), pp. 61–64.
④ Richard Hofstadter and Wilson Smith, *American Higher Education*, *A Documentary History*, Vol. I, the University of Chicago Press, 1968, p. 319.

年,哲学家拉尔夫·沃尔多·爱默森(Ralph Waldo Emerson)在哈佛大学强烈呼吁教育应适合个体的需要,主张"发展一种独特的美国文化,反对驯服地屈从于一种从其他国家和以往时代沿袭而来的必修课程"①。1841 年,哈佛校方正式批准引进"平行课程"制度,校长昆西(J. Quincy)的理由是:"文理学科数目繁多,学生不可能在四年内全部学完,应该允许选择"②。1850 年,布朗大学(Brown University)校长弗朗西斯·韦兰德(Francis Wayland)以辞职相威胁的方式逼迫校董事会采用了他提出的课程方案,他认为"每个学生可以学习他选择的课程,学习他选择的所有课程,而且只学习他选择的课程"③。亨利·菲利普·塔潘(Henry Philip Tappan)于 1855 年当选为密歇根大学(University of Michigan)校长后推进了该校课程改革和选修制的发展,他设立了"平行的"科学课程,并给修完科学课程的学生授予学士学位。

真正显示选修课的倡导和支持者的力量取得支配性地位的事件,是埃利奥特(Charles William Eliot)1869 年就任哈佛校长后,实施的"自由选课制"改革。埃利奥特坚决支持和推广选修制,提倡给予学生充分的学习自由,他曾经激烈抨击美国大学未充分考虑到学生个人的天赋、意愿和兴趣的现象,他说:"几年以前,从这个学院毕业的所有学生都必须完成学校统一的课程,按照同样的比例。每个学生都学习同样的课程,丝毫不考虑他们各自的意愿和兴趣。每个学生都没有机会自由选择老师或者学科。这种教育体制在美国的大学里还很盛行,也很普遍,甚至还可以找到有力的辩护,因为它具有简单化的特

---

① John S. Brubacher and Willis Rudy, *Higher Education in Transition*, *A history of American Colleges and Universities*, 1636－1976, N. Y., Harper & Row, Publishers, 1976, p. 105.

② John S. Brubacher and Willis Rudy, *Higher Education in Transition*, *A history of American Colleges and Universities*, 1636－1976, N. Y., Harper & Row, Publishers, 1976, p. 106.

③ John S. Brubacher and Willis Rudy, *Higher Education in Transition*, *A history of American Colleges and Universities*, 1636－1976, N. Y., Harper & Row, Publishers, 1976, pp. 106－107.

点……精心地选择一种符合众人需要的大众化课程让学生修习,在许多美国人看来,甚至在一些成年人看来,是一件非常恰当和自然的事情"①。在埃利奥特看来,"一个 19~20 岁的年轻人应该知道什么是自己的喜好,什么最适合自己。……即使他无所爱,至少也应该有所恶……对于一个人来说,专注并深入地发展自己的特殊才能是唯一的明智的选择"②。埃利奥特的这种观点和他早年在欧洲学习的经历有关,当年德国大学的教学自由和学习自由给他留下了深刻的印象。埃利奥特深信"教育中的自由"就是学习自由,他认为"大学应该给予学生三样东西:选择课程的自由;在一门课程或某个特殊的学科领域赢得学术荣誉的机会;使学生具有形成自己的习惯和指导自己行为的责任的训练"③。

在埃利奥特的领导下,哈佛大学陆续取消了各年级的必修课程,到 1897 年仅存 1 门修辞学必修课。与此同时,为了用统一的标准计量学生的学习进度,以便于进行教学管理,哈佛还采用了学分制,规定学生只要达到一定数量的学分就可以毕业获得学位,既可提前也可延迟"④,这使学生的学习自由有了制度保证。可以说,埃利奥特积极创议的选修课制旨在实现学习自由,学生可以根据自己的天赋和兴趣自由选择所要学习的课程,"它为学生自然倾向和天赋资质提供自由发挥的空间,并使学生对所选课程充满热情,同时也解除了教授与那些强制学习自己不感兴趣学科的学生打交道的负担"⑤。由于受德

---

① Richard Hofstadter &Wilson Smith, *American Higher Education*, The University of Chicago Press, 1961, p. 608.
② Richard Hofstadter &Wilson Smith, *American Higher Education*, The University of Chicago Press, 1961, pp. 608-609.
③ Richard Hofstadter &Wilson Smith, *American Higher Education*, The University of Chicago Press, 1961, p. 701.
④ 李均:《论"学习自由"》,《高等教育研究》2000 年第 3 期,第 15 页。
⑤ Richard Hofstadter &Wilson Smith, *American Higher Education*, The University of Chicago Press, 1961, pp. 609-610.

国大学学术自由思想的影响至深,埃利奥特在哈佛大学全面推行的"自由选课制"实际上是以一种激进的方式履行了学术自由中的教学自由和学习自由的原则。当时康奈尔大学(Cornell University)的校长安德鲁·怀特(Andrew White)也非常推崇学生自主选择,他说"培养心智必须方法得当,不能向学生的头脑灌输他不愿意学习的知识,这就如要补充营养也要方法得当,不能强迫人咽下不喜欢的食物……刻苦学习固然重要,但只有学习时充满热情和兴趣,心智锻炼的效果才最好"[1]。

埃利奥特所倡导的选修制和学分制经过他继任者的修正后,以其先进性和适应性在美国高校中赢得了市场,并于20世纪初在美国大学得到确立,很快为世界多国大学所借鉴和效仿。"1901年的一项调查证明了这一成就,在被调查的97所美国有代表性的院校中,选修课占全部课程70%以上者有34所,占50%~70%的有12所,占50%以下的有51所。就连对选课制反对最强烈的耶鲁大学,到1893年,三、四年级的必修课也已全部取消,二年级开始采用选课制"[2],"甚至最为保守的小型文理学院和耶稣会学院也采用了选修制[3]。这是学习自由理念在大学教育实践中的一次飞跃,"它为学生自然倾向和天赋资质提供自由发挥的空间,并使学生对所选课程充满热情,同时也解除了教授与那些强制学习自己不感兴趣学科的学生打交道的负担。它可以通过小而生动的课堂,讲授丰富多彩各具特色的课程,扩大教学范围"[4];选修课制在哈佛的推行以及后来在美国高校的推广,

---

[1] 转引自 Frederick Rudolph, Curriculum: A History of the American Course of Study Since 1636 (1977), p.120。
[2] 王廷芳:《美国高等教育史》,福建教育出版社,1995,第146页。
[3] John S. Brubacher and Willis Rudy, *Higher Education in Transition*, *A History of American Colleges and Universities*, 1636–1976, N.Y., Harper & Row, Publishers, 1976, p.114.
[4] Richard Hofstadter & Wilson Smith, *American Higher Education*, The University of Chicago Press, 1961, pp.609–610.

实际上是对学习自由观念的认同，即认同大学必须给学生在学习中选择的自由，必须让每个学生具有对自己的学习行为负责任的能力。因为，"大学是世界上最容不得独裁者的地方。学问总是共容的，只有偶像而无主人"①。

后来，选课制在推行的具体过程中仍然历经了数次改革和激烈的讨论。1909年洛厄尔（Abbott Lwrence Lowell）出任哈佛大学校长期间对自由选修制进行了较大幅度的课程制度修正，改为"集中与分配"的选修制。"集中"指大学生需要在主修领域学习一定数量的课程，即必须从十六门可供选择的课程中选修本专业的六门专业课；"分配"指大学生必须在人文科学、社会科学和自然科学等领域选修一定量的基础性课程，即学生还要修另外六门课，这六门课则是从上述三个不同的知识领域中各选两门，主要是为了培养学生具备广泛的知识结构；余下的课程是让学生自由选择的。1916年哈佛大学引进英国高校的导师制，加强对学生选课的指导，后来又进一步规定每个导师指导学生不超过6人。

20世纪20年代以后，美国实行学分制的大学，逐渐构建了由必修课、限制选修课和任意选修课构成的课程结构，学分制逐渐得以完善，并一直有微调。以哈佛大学为代表，哈佛大学校方在1945年实施"普通教育计划"中规定了必修课，使学生选课有了一定的中心；1981年博克校长在哈佛推动"核心课程"制度，为本科生的课程规范了一定的框架，使学生可以在这个框架里适当地使用他们自由选择的权利。美国大学不断调整选课制度，希望能够在尊重大学生学习自由的同时，保证大学培养人才的质量和规格。虽然在选修制和学分制的推行和发展过程中一直有议论和反对之声，但是选修制在实践中的

---

① Richard Hofstadter &Wilson Smith, *American Higher Education*, The University of Chicago Press, 1961, p.622.

确更受学生欢迎,因为它在唤醒学生意识和满足学生需求方面效果明显。"到20世纪70年代,美国50所一流大学(以获得联邦科学研究自主的数量来衡量),平均每所大学有4500多种不同的课程,其中本科生课程将近2400种,……其他大学平均开设1000到4000种课程"①。学分制和选课制目前在世界各地广泛分布。二次大战后,日本推行美国的高等教育学制,大学也全部实行学分制。法国大学采用美式的学分制,实行等值单元制。德国大学采用周学时制。应该说,以选课制为重要载体的学习自由的理念和学生学习权利的践行已经对美国为代表的多个国家的高等教育产生了非常深远和普遍的影响,它大大改变了世界高等教育的面貌,推动了世界高等教育发展。

20世纪60年代,大学生运动风靡全球,提高学生权利的呼声甚高。学生们认为学生"在大学教学中的主体参与地位受到极端漠视"②,甚至"学生的心灵被规训临检,被考试巡逻。他们的感受被权威冻结"③。1967年美国AAUP联合九个全国性的教育团体,发表了"关于学生权利和自由的联合声明",提出了学习自由六项重要内容:"接受高等教育的自由;在教室内言论表达的自由;学生记录免于不当公开的保障;在校结社的自由;在校外行使公民权的自由;对学生的惩戒应履行正当程序"④。此时,美国大学开始更多地关注大学生的权利,为学生"服务"取代了对学生"管理"。这种转变使得大学生成为社会关注的焦点,也促使高等教育的研究者对学生进行专门的研究,出现了高等教育中学生事务管理的新篇章,即,学生发展是学生事务工作的主要任务,学生服务应该把学生作为一个整体,充

---

① 〔美〕亚瑟·科恩:《美国高等教育通史》,李子江译,北京大学出版社,2010,第135页。
② 许建领:《大学参与性教学》,中国海洋大学出版社,2006,第18页。
③ 〔意〕安琪楼·夸特罗其:《法国1968:终结的开始》,上海三联书店,2001,第12页。
④ 周志宏:《学术自由与大学法》,台北:蔚理法律出版社,1989,第87页。

分考虑学生的需要,重视学生的自由学习权利,高校所提供给学生的教育服务应该充分考虑学生的个性化需要,学生进校后对所学的专业、课程设置、任课教师、教学资源等教学过程构成要素享有较为充足的选择权和决定权,这些实际上这些就是我们所说的学生学习自由保障问题。美国大学开始重新审视学生的学习自由原则。"美国大学教授协会"出版了《大学生的学术自由与市民自由》一书,并与"全美学生同盟"共同发表了《关于学生权利与自由的共同声明》,认为"教学的自由和学习的自由是学术自由不可分离的两面"[①],开始正视"教学自由"与"学习自由"的关系。"学习自由"不是可有可无的东西,而是作为大学生存基础——"学术自由"原则的一个重要部分。

20世纪90年代以来,英国大学在"教"与"学"方面最显著的发展,就是由"教师中心"向"学生中心"的转移。"英国高校倡导'基于行动的能力教育'(action based capability education)——让学生拥有学习的自主权,独立承担起学习的责任,培养和锻炼有利于其终生职业发展的能力"[②]。在美国,1998年博耶研究型大学本科教育委员会(the Boyer Commission on Educating Undergraduates in the Research University)在对美国研究型大学的本科教育进行调查后,发布了震惊全美的报告——《重构本科教育:美国研究型大学的蓝图》(Reinventing Undergraduate Education: A Blueprint for America's Research Universities,简称博耶报告),提出"现在所需要的是重建一个新的本科教育模式",报告提出研究型大学需要建立一种新的本科教育模式——确立以研究为基础的学习,"认为在研究型大学的本

---

① David Fellman, *Academic Freedom*, Philip P. Wienered, *Dictionary of the History of Ideas*, Vol. 1, Charles Scribner's Sons, 1973, p.11.
② 李子容:《英国高校"教"与"学"的新发展》,《全球教育展望》2002年第5期,第77页。

科教育中要重申杜威曾经强调的一点：学习是基于导师指导下的发现，而不是信息的传递。在研究型大学，要由那些既传递知识，又发现、创造、应用知识的人来教学生"①，"要将本科生从接受者转为探究者，每门课程都应给学生提供通过探索获得成功的机会"②。

纵观 20 世纪西方发达国家关于学习自由的改革实践，基本上都是围绕选修制和学分制来进行的，涉及学生选择课程、教师、学习方式和学习时间等重要的学习问题。从当前各国的高等教育改革趋势看，不同国家对待学习自由的态度有较大差异。某些原来给学生学习较多自由的国家，比较倾向于通过加强必修课程和考试制度等措施来"限制"学生的自由，如 1976 年的《联邦德国高等学校总法》中将"研究自由、教学自由和学习自由"定义为三大自由并为世界各国所效仿，该项法案中还规定：学习自由的前提是不违反学习和考试制度。③ 而原来实行大学专业教育式的国家，如俄罗斯、中国等开始实行选修制、学分制等，使学生获得相对多的学习自由。同时，21 世纪网络信息时代的到来也给大学学习自由实践带来了新的变革。

第二节　学习自由在中国的发展历程

一　中国古代社会的学习自由思想和实践

在中国悠久的教育历史中，整体看来，学生的学习自由显著缺乏。从早期的公子王孙接受"宫廷教育"即所谓的"学在官府"、

---

① 许建领：《大学参与性教学》，中国海洋大学出版社，2006，第 19 页。
② 〔美〕博耶本科教育委员会：《彻底变革大学本科教育：美国研究型大学的蓝图》，《全球教育展望》2001 年第 3 期，第 67 页。
③ 黄明东、冯惠敏：《学术自由制度构建与建设高等教育强国比较研究》，《中国高教研究》2010 年第 8 期，第 32 页。

"以吏为师"，到后来一般百姓"学而优则仕"，教师对于学生有绝对的权威，学生大多只能被动地接受教师的传授、灌输，而少有思考、质疑的余地，"重教轻学"的教育传统使得在我国教育史上，对学生的学习自由关注较少，因此，很多学者认为学习自由在我国是一个纯粹的舶来品。其实，学习自由作为一种文化现象在中国古代社会也早有存在。

（一）春秋战国时期

在中国历史上的春秋战国时期，学者有讲学的自由、言论的自由和一定的学术自由。孔子是这一时期集大成的教育家，他提出了"有教无类"的主张，打破了学校教育为少数贵族所垄断的局面，开了学习自由的先河。孔子强调学生积极主动地学习并贯彻因材施教的原则，对学生管理开明，"来者不拒，走而不追"[1]，非常有利于学生的学习自由与主动性培养。

到了战国时期自由风气甚浓，出现"百花齐放"、"百家争鸣"的思想繁荣景象。具有代表性的是战国时期位于齐国都城临淄的高等学府——稷下学宫，多元思想并立，各家平等共存，学术自由，相互争鸣，彼此吸收融合。稷下学宫对各派学者及学生实行"来者不拒，去者不止，复来欢迎"[2]的管理办法，"教师可以自由择徒、随处讲学，学生可以自由择师，随处求学"[3]，孟子曾两次往返于稷下学宫，齐宣王虽多方挽留，但最终都尊重孟子及学生的"自由"，允许他们自由决定去留。[4] 稷下学宫定期举行讲演、讨论、辩论之类的学术交流活动，允许学生"自由辩论"，并在此基础上形成和发展了一些新

---

[1] 周清明：《中国高校学分制研究——弹性学分制的理论与实践》，人民出版社，2008，第33页。
[2] 陈卓：《大学生学习自由的研究》，中南大学硕士论文，2003，第11页。
[3] 论稷下学宫的教育特色对当前高校人文教育的启示 http://www.daixie.org.cn/jiaoyu/gaodengjiaoyu/37638.html。
[4] 陈卓：《大学生学习自由的研究》，中南大学硕士论文，2003，第11页。

的学派。稷下学宫只有短短的150年，但正如郭沫若所说，稷下学宫"发展到能够以学术思想为自由研究的对象"，开创了百家争鸣的一代新风，是中国古代教育史上的一颗光彩夺目的流星。

（二）隋唐以后

隋唐以来的封建科举制度严重禁锢了思想自由，也限制了学习自由。不过还是有一些教育思想和教学实践体现了学习自由的精神。唐朝著名教育家韩愈在《师说》中确认了教师在教学中的主导地位，提出师生关系应该是教学相长、以能者为师，看到了道与师、道与业、师与生之间的既矛盾又统一的关系，包含了朴素辩证法的因素。他提出"弟子不必不如师，师不必贤于弟子，闻，道有先后，术业有专攻"的主张，有创见地把传统的师生关系推向了一个新的境界，对促进后世的学术自由、学习自由的发展具有一定的参考价值与启发意义。

宋朝的大教育家胡瑗创立了"苏湖教学法"，也称"分斋教学法"，"在学校中设经义斋和治事斋，根据学生专长和爱好分斋而教。经义斋学习《六经》；治事斋学习治兵、水利、算数等，使学生各择一专业再兼学一专业"[1]。他这种分斋教学，实行分科教学，创立了学科的必修以及选修制度，在世界教育史上是最早的。他尊重学生的学习自由，允许学生自由辩论，从而大大提高了学生学习的自觉性和积极性，学习效果良好。他用他所创造的这种教育制度和方法，在社会上引起了强烈的反响，"四方之士，云集受业"，各地学者不远千里前来求学，培养了许多有才能的学生。而后宋神宗时期，王安石在变法革新中、改革太学，在教学制度上采用积分法，这是后世学校积分法的创始。

---

[1] 王炳照、郭家齐、刘德华等：《简明中国教育史》，北京师范大学出版社，2003，第144页。

在明代出现了班级授课制，高等教育机构——太学分六堂授课，"分"成为成绩记载的单位，"岁内积八分者为及格，与出身，……如有广学超异者，奏请上裁。"①，即，总积分"八分"是毕业做官的最低标准，才学超异的人还可以报请批准提前毕业。

二 中国近现代的学习自由思想和实践

（一）新中国成立前的学习自由思想与实践

清末废除科举制度后，蔡元培于1917年开始推行"兼容并包"原则，成功地在北京大学进行改革，使饱受压抑的学习自由思想重新得到解放。在学生选课方面，中国是推行选课制较早的国家之一。20世纪初美国的学分制定型时就传入我国。以蔡元培和郭秉文为代表的先进知识分子最先在北京大学和东南大学开始了选课制实践，蔡元培先生本着"尚自然"、"展个性"的教育理念在北京大学全面实施选课制。

1919年，北京大学遵循德国的"洪堡传统"，改年级制为选课制。学校将课程分为必修和选修两类。蔡元培认为，所谓的选课制，"是学生只有相对的选择，无绝对的选择，除必修以外的学科，才有选择权"。②"新的选课制规定，本科学生学完80个单位（每周一学时，学完全年课程为一单位），预科学生学完40个单位即可毕业"③。后来，由于有的学生单凭兴趣，旁听课程不多，博而不精；有的学生专攻一门，忽视了基础知识、基本理论的学习。学校针对上述情况，"将课程分为必修、选修两类。本科学生80个单位，一半为必修课，一半为选修课，……选修课不仅可选本系课程，也可选外

---

① 张廷玉等：《明史（卷六十九）》，中华书局，1974；转引自周清明《中国高校学分制研究——弹性学分制的理论与实践》，人民出版社，2008，第33页。
② 孙培青：《中国教育史（修订版）》，华东师范大学出版社，2006，第371页。
③ 霍益萍：《近代中国的高等教育》，华东师范大学出版社，1999，第128页。

系课程。在学习年限上，把预科三年，本科三年，改为预科二年，本科四年"①。北京大学实行的选课制极大地推动了学分制在国内的实行。

1921年，东南大学校长郭秉文锐意改革，以美国大学为蓝本和模板，在国内率先采用学分制，首创主辅修制。当时东南大学从学制体系到系科设置，从办学形式到教学制度，几乎都是仿效美国大学的模式。学校规定，"修业年限是本科四年，预科一年。在国内首创主辅修制，学生除了主学本系全部课程之外，还必须选一辅系，修其一半课程。另外，还得选修其他科的若干课程。各系科教师所开课程须含四部分内容：本系必修课程、供辅系学生自学课程、供其他系科学生自选课程和研究课题"。②

1922年，北洋政府教育部在新学制中规定了"大学校用选课制"，推广了北京大学和东南大学（南京大学的前身）的经验。此后，几乎所有的国内大学都相继施行了学分制和选课制，推动了20世纪上半叶中国大学选课制改革的迅速发展。在当时，学生在报考大学时虽然需要明确选定报考的学院，但具体专业是到大学学习一段时间之后才确定的。例如，陈省身先生在20世纪20年代上南开大学时进的是理学院，"第二年才分系"。陈先生"入学时倾向于物理系"，也尝试过化学，但"读不下去"，后来选了数学系。③

1937年，浙江大学在竺可桢的领导下，根据英国剑桥、牛津大学的做法，推行导师制，对学生的学习自由的实现有很大支持作用。竺可桢指出："目前我国大学里有一种极坏的现象，就是教师到校上

---

① 霍益萍：《近代中国的高等教育》，华东师范大学出版社，1999，第128页。
② 金陵生：《我国推行学分制的历史经验》，《西南师范学院学报》1979年第3期，第21页。
③ 资料来源：陈省身：《九十初度说数学》，上海科学技术出版社，2001，第12~13页。

课，退了讲堂之后，就与学生分手不见面，这种教而不训的制度，急应改良"①。导师制在浙江大学推行了七、八年之久，对学分制和选课制的实施起了很大的推动作用②。

抗日战争时期由北京大学、清华大学和南开大学组成了西南联合大学，在三校完善的教学管理制度和强大的师资力量的基础上，西南联大的选课制趋于完善。1938年的《国立西南联合大学本科教务通则》中规定："大学采用学分制……课程除各系共同必修外，由各系分别规定为必修、选修两种"③。

（二）新中国成立后学习自由的发展历程

新中国成立之初，各大学继续沿用深受美国影响的学分制。1952年，中央教育部开始了大规模的院系和专业调整。随着院系调整的完成，高等学校"停止实行学分制，普遍实行学时制"④。学分制的废止一直持续到20世纪70年代末。随着"院系调整"和前苏联高等教育模式在我国的全面推广，大学采用统一招生计划、入学标准、教学内容、教学进度、分配的高度集中统一的管理体制。在这种计划经济体制社会资源被政府垄断的背景下，国家财政完全支付办学资金，大学生在免费学习同时需要服从国家强制性招生和毕业分配政策。即，大学根据专业人才需求计划进行招生，一旦学生被某大学某专业确定录取并入学之后，基本上没有专业调整的自由。大学基本上没有为学生了解自身和学科专业情况提供条件。这使得一方面，高等学校缺乏自主权，只能充当教育行政部门的下级执行机构，另一方面，也使学生只能按照学校统一的要求接受教育，难以体现个性化和创造

---

① 竺可桢：《竺可桢文集》，科学出版社，1979，第229页。
② 毛礼锐、沈灌群：《中国教育通史（第6卷）》，山东教育出版社，1989，第62页。
③ 北京大学、清华大学、南开大学、云南师范大学编《国立西南联合大学史料三·教学、科研卷》，云南教育出版社，1998，第265页。
④ 《中国教育年鉴（高等教育卷）》，河北教育出版社，1994，第3页。

性，学习自由无从谈起。

在教学管理方面，高校各个专业制定的教学目标和课程标准是完全一致的，选课制被废除，取而代之以学年学时制的教学管理模式，从而形成了长达25年的学分制断层期。这使得在很长一段时间内，我国高校的教学管理呈现的是刚性的对事不对人的管理态势。学校教学管理管的是与教学相关的一系列事务，如学生学籍、课程开设、教师教学、学生选课、教室安排、教学督导等工作。但是学生的学习兴趣、专业情结、选择学习内容等在教学管理的过程中往往被忽视。学生学习成绩不好，人们往往把原因归为学生自己学习不努力，而较为忽视其他关键因素，如学生的兴趣点，学生对所学的专业是否感兴趣等。而在具体的教学过程中，学生只是单纯的"听讲者"，课程内容、教学计划和教材等均由教师指定。教学以教师、课堂、课本为中心，漠视大学生个性化的不同需要，禁锢了学生的思维，限制了学生的自由发展。

20世纪80年代改革开放后随着中国经济体制的转型，高校专业招生计划已经失去了计划经济基础，学生的就业政策也不再是国家指令性的，而是自主择业双向选择。教育部提出可试行学分制后，很多大学陆陆续续恢复了学分制和选课制，"到1986年，实行学分制的高校达到了200余所，大多数重点院校实行了学分制"[①]。至1996年底，全国近三分之一的高校实行了学分制。目前，大多数高校采用的是学年学分制。近几年来，我国已有部分高校采用完全学分制。迄今为止，各高校根据现阶段我国的国情和各校的实际情况创造出不同类型的学分制模式，有完全学分制、学年学分制、计划学分制、复合型学分制、全面加权型学分制和特区式学分制等类型。学分制类型不同，其选课制情况也相应有所不同。随着学分制实施三十多年来经验

---

① 陈学飞：《中国高等教育研究50年（1949～1999）》，教育科学出版社，1999，第143页。

的积累和社会认可度的提高,选课制和导师制也在各高校逐步得到了推广和完善。在专业选择方面,学生体现了强烈的自主选择专业的愿望,要求高校为学生进行专业选择和再选择找到一种合适的机制,于是,转专业制度、按大类招生制度、双学位(专业)制度、辅修制度、弹性学制等教学管理制度开始在许多大学中推行实施。

自1997年实行高校并轨制以来,大学生需要"缴费上学",大学生维权意识不断增加,把受高等教育视为一种消费,将学校与学生的关系视作准契约关系。作为一定程度的"消费者",大学生自然对自己的自由和权利倍加维护,希望校方提供更好的教育服务。学生择师、择校、择专业、择入学的权利要求愈来愈强烈。近年来,随着高校间竞争的不断加剧和国际教育交流的频繁,"学生选择就读某一学校将直接影响学校的收入"①,以学生为本的大学理念已经在教师和行政管理人员中受到普遍认可,尤其随着高等教育市场化的不断增强,能否最大限度满足学生的需要,为学生的学习提供良好的设施和服务,几乎决定了大学的生存和发展。近几年来,随着我国高等教育理论研究进一步深入,"教学管理所提供的是一种教育服务"这一理念已逐步为高校教学管理者所认同。这一理念也给教学管理者在管理思路上带来了新的视点,他们在决策的过程中开始关注学生学习中的一些重要因素,即学习的兴趣和选择学习内容的适度权利等。

在法律关系上,由于学校投资主体发生了变化,当前高校的运行机制是"政府投资、学校筹资、社会助资和学生缴费",学校的办学经费不再是政府统包,高校的办学权利也不再由政府所有,而是应由政府、学校和学生三方来享有。因此,高校的权利主体发生了根本性

---

① 郑文:《20世纪90年代以来英国大学教学改革初探》,《国际高等教育研究》2004年第1期,第21页。

的变化。学生的地位发生了变化,学生不仅是一个受教育者,也是出资者,在某种意义上与学生是准民事法律关系;教师的法律地位也有明显变化,教师不再是由政府统发工资保障利益的政府工作人员,教师作为专业人员,其切身利益与学生和学校的发展息息相关。只是,目前我国对学生的法律保障还比较缺乏,《高等教育法》和《教师法》等法律主要用来保护高校和教师的权利,学生作为一种权利主体,至今还没有相应的《学生法》来保护其根本利益,所以大学生的学习权利和自由比较被动,容易被侵犯。

当前我国大学生的学习自由已经获得了一定的物质基础和主体性支持。虽然我国真正意义上的现代大学,只有一百多年的历史,但其发展速度惊人,"2010年我国高等教育毛入学率达26.5%,各种形式的高等教育在学总规模达到3105万人"[①]。更重要的是,每所高校在几十年的办学历史中,进行了各具特色的教育资源能量积累,学科建设、专业建设、课程建设的成果积累构成了高校办学的物质基础,不同的校园文化和管理体制构成了大学的特色文明。虽然与发达国家的大学横向比较的差距还比较明显,但我国高校学生学习自由的实现已经具备了一定的现实基础和物质条件,尤其在研究型大学,其学科建设、专业建设和课程建设都具有明显的资源优势,高等教育的资源能量储备相对充足。当前我国高校的学生多是20世纪90年代出生的人,虽然独生子女占了相当大的比重,也大量存在父母溺爱的现象,但是这一代人的成长处于改革开放的纵深发展的时期,其家庭和个人的人际交流圈比较大,因此在自我意识、独立自主性等方面都比前一代人群有较大提高,成为学生的自由选择最根本的主体性支持。

---

① 国家统计局:《中国高等教育规模突破3000万人》,http://news.xinhuanet.com/edu/2011-03/10/c_121172910.htm。

本章小结

在上一章学习自由理论的探讨基础上，本章梳理了大学生学习自由在高等教育实践中的发展历程，伴随着大学的发展和扩张，大学生的学习自由经历了从萌芽到形成，再到蓬勃发展的一个漫长过程。本章还对学习自由在中国古代到近现代的发展历程进行了论述，对我国来说，由于学习自由主要是一个舶来品，无论是在理论还是实践中，它在中国的发展历程都不是很长。这一部分主要是为下一章的现状研究做一个铺垫，即从历史发展和实践情况看，我国研究型大学本科阶段学生应该可以享有一定的学习自由，那么现实情况如何呢？下一章就尝试解答这个问题，对我国研究型大学本科阶段学生学习自由现状进行文本资料的总结和收集，并对其主要障碍进行分析。

第四章
我国研究型大学本科阶段学生学习自由现状审视

第一节 我国研究型大学学生学习自由的现状

一 我国研究型大学学生选择学校的自由

大学生选择学校的自由，也被称为大学生的入学自由。我国高等教育阶段的每个学生都有权依据自己的成绩选择具有相应入学要求的大学就读，这是无可厚非的。但由于招生的地域性限制、教育费用等多种因素制约，学生入学自由难以实现真正公平。我国高校资源比较稀缺，每个学校的招生都受到学校规模的影响，为保证教学质量，招生数量受到控制。所以，当学生在一所高校经过一段时间的学习，如果不满意该校，即使其考分等条件符合其他高校的入学标准条件，想选择到别的高校入学也几乎是不可能的，因为一般大学招生时就已经保证了自己的招生数量，招生计划是既定的，在招生期过后再想进入其他高校，难度非常之大。

我国大学生入学之后，除了参加短期（几周到一个学期）的校际交流，多数情况下必须在同一所学校里完成自己的学业，学校不允许学生转学，也没有愿意接受转学学生的学校。大学转校制度在我国的可操作性尚较低，所以本书暂不讨论。在我国现有的高考制度和高校录取制度下，学生通过填写自己的求学意愿选择学校和专业，各高

第四章 我国研究型大学本科阶段学生学习自由现状审视

校遵循国家招生制度的指导,根据学生的成绩水平进行公平、公开、公正的招录工作。在上述过程中,学生报考大学填写专业志愿,这被视为是学生学习自由在学校选择方面的重要体现方式。目前,我国部分省、直辖市开始试行平行志愿的高考学校选择模式①,这是在现有的高考制度格局下的改革尝试,这种模式增加了学生平行选择的多样性,是学生选择学校自由的一次进步举措。与传统顺序志愿相比,"平行志愿"相当于考生一次选择了若干个第一志愿,在一定程度上扩大了考生的选择范围,使考生拥有了更多的被录取机会,有效地提高考生的志愿满足率及录取率。当然,学生个人的学习水平和考试成绩对其入学选择自由度有着重要影响,所有形式的教育考试制度都是在甄别学生的学业素质,学生通过考试而反映出来的素质高低会影响到学生资源权利的大小,即学生的素质越高,其资源权利也越大,其带来的直接权益就是,选择学校的余地就越大。不过本书是对大学生学习自由的普遍性的考察,不是单个个体的差别性考察,所以在研究中暂且忽略对学生个别差异的考察。

虽然在我国仍然主要是高等教育卖方市场,特别对于数量有限的研究型大学来说,某些学生的选择与否,对学校的影响并不大。但是

---

① 多年来,我国高校招生录取实行的是顺序志愿投档模式。即在同一个录取批次设置的多个院校志愿有先后顺序,每个志愿顺序(或层级)只能填报一所院校,其表述方式为:第一志愿、第二志愿……例如一个第一志愿学校,一个第二志愿学校,计算机投档时将相同院校志愿的考生分别排队,然后根据分数从高到低向对应的院校投档。而"平行志愿"是指同一个录取批次设置的多个院校志愿均为并列志愿,因此也被称为"并列志愿",其表述方式一般是按字母顺序排列的多个志愿,如A志愿、B志愿、C志愿、D志愿……考生填报的几个院校志愿均为第一志愿。比如2010年广东省本科层次的平行志愿设置五个院校志愿,也就是考生的第一志愿可以填报A、B、C、D、E五所院校,这五所院校都是第一志愿。平行也好,并列也好,其实是相对于原来实施的顺序志愿(或分层志愿)设置和投档录取模式而言的。平行志愿的投档原则是"分数优先,遵循志愿"。计算机进行检索时,不分院校而是分文科、理科按考生成绩进行排位(总排序);然后按排位高低次序依次检索每个考生所填报的所有院校志愿,即遵循"分数优先"的原则。也就是说,平行的含意是,对招生院校而言,不管考生是被投到ABCD哪个院校,都是学校的第一志愿考生。从实质上讲,顺序志愿是"志愿优先,择优投档",而平行志愿是"分数优先,遵循志愿"。

如果学生不选择这所学校或逃离这所学校，从某种程度上讲，也是对学校的惩罚。本书主要以进入高等学校后本科阶段学生的学习自由为研究内容，对学生入学选择自由不多赘述。

二 我国研究型大学学生选择专业的自由

所谓专业，"是指高等学校根据科学领域或社会生产部门分工的需要所组成的学业门类，也指通过专业训练和工作经验获得的，从事某种职业或活动所必需的知识、技能和技巧的综合"[①]。学生自由选择专业背后重要的价值观就是学生的学习自由。选择什么专业是学生的权利，这里保证的是一种学习兴趣，只有这样才能有高质量的学习和研究。本研究所提及的专业选择自由权主要指的是大学生入学后的专业选择自由。

（一）我国研究型大学学生专业选择自由概况

2005年9月经修订正式实施的我国《普通高等学校学生管理规定》指出由高校自主决定学生专业的调整，国家对学生转专业不再做具体规定，这一制度赋予了高校在学生转专业问题上的高度自主权。高校拥有自主权是学生学习自由的重要前提条件。从此，高校有权决定学生能否享有专业上的选择权。

各高校在行使这一权力时存在不同的做法。其实在《普通高等学校学生管理规定》发布之前，一些研究型大学就已经有所行动了。2002年开学伊始，上海复旦大学打破国内大学长期以来的"转系（专业）难，难于上青天"的局面，有244名学生重新选择了专业，转系成功。[②] 2004年4月复旦再次实现了转专业政策的三大突破：一是将各院转入名额由10%扩大为15%；二是将转专业的对象从大一

[①] 韩延明：《大学教育现代化》，山东教育出版社，1999，第263页。
[②] 黄伟达：《我国高校本科生转专业动因调查研究》，《高教发展与评估》2005年第3期，第58页。

新生放宽到大一和大二学生；再就是彻底取消了申请转专业的成绩门槛，[①] 本着尊重学生的权利和对学生负责的原则，将判断学生是否具有专业发展潜能的权利交给各接受院系。复旦大学还规定不收任何名目的转系费用，即使是从全校最冷的专业转到最热门的专业也是如此。2002年华南理工大学在广东高校率先开始实行本科生转专业制度，允许本科生在二年级时从原入学专业转到另外的一个专业学习[②]；厦门大学在福建省高校中率先实行本科生转专业制度，2003年有100多名学生实现了转专业的愿望；中国科技大学每年1/4的学生可获得转专业机会[③]；华中科大从2003级和2004级本科生开始给予学生进校后两次转专业的机会，允许学生在进校后的第一和第四学期提出转专业申请……不需要交费、不考试[④]；西安交通大学2010年起，学生就读期间有三次转专业机会[⑤]。

可以看出，部分研究型大学根据学校自身的具体情况，率先开始了转专业制度的探索与实践。转专业制度体现了高等教育对学生爱好兴趣与自由选择的尊重，体现了对以学生为本位教育宗旨的回归，使得高等教育更具个性化。申请转专业的学生和转专业成功的学生人数逐年上升。在多项调查中都可以发现，大部分学生转专业是经过理性思考的，遵从自己的兴趣爱好，同时也对转入专业的课程设置、发展前景有一定的了解，所以转专业后大部分学生能较好地适应新专业的学习。

---

① 肖珍教：《上海地区高校本科生转专业的现状研究》，华东师范大学硕士论文，2004，第29页。
② 华南理工大学允许大二生转专业，http://news.xinhuanet.com/st/2002-03/26/content_331531.htm。
③ 中国科技大学：每年1/4学生可获得转专业机会，http://learning.sohu.com/20100413/n271480338.shtml。
④ 华中科技大学学子有两次转专业机会，http://news.china-b.com/jyxw/20090403/1278457_1.html。
⑤ 西安交通大学：学生有三次转专业机会，http://www.jyb.cn/gk/yxzx/201005/t20100504_357572.html。

（二）我国研究型大学学生转专业的原因分析

大学生要求转专业的原因并非只是兴趣爱好之类如此单一，而是有着诸多综合复杂的因素。具体来说，大学生转专业的原因可以概括为以下两点：

1. 入学前选择专业的不自由与盲目性

长期以来，我国本科生的专业是根据学生在填报大学志愿时的选择和高考分数，以及高校的招生计划确定的，由于高中生对大学的专业设置并不十分了解，学生入学前选择专业确实存在有"他主性"与"盲目性"。有许多学生在选择专业时，并非是出于"己愿"，而是迫于对高考分数的不满意，只能选择所谓的"冷门"专业，或是由于自身学业繁重，较少时间去冷静地思考自己适合读什么专业，及各个专业的特点及前景，更没有余力对自己进行详细的专业定位或专业设计与构想；有些学生是服从学校调剂成为调剂生；还有很多学生在专业选择上是听从家长或老师的意见与安排；更有一部分学生由于受所谓"热门"专业的影响，选择专业时"一拥而上"，入学后一段时间，才认识到所学专业并不真正适合自己。

北京大学陈向明教授带领的课题组对该校教师和2000届本科毕业生的调查发现，40.1%的被调查学生在4年中曾经有过换专业的念头，主要原因是"很多学生当时对专业不了解，选择时带有很大的盲目性，进入大学之后才发觉并不喜欢自己的专业"。本科生经过一段时间的学习后逐步了解自己的兴趣所在，能够理智地选择他们所感兴趣的专业就读，"对于现行的划分专业的方法（即录取时划分专业的做法）只有极少的教师和学生表示同意，分别为6.9%和5.3%。"[1]

另有调查显示[2]，在高考填报志愿时根据自己兴趣爱好填报的只

---

[1] 张永平、陈向明：《聆听来自学生的声音——北大本科生对课程与教学现状的看法》，北京大学未发表研究报告。
[2] 唐红妹：《试论大学生转专业的教学管理》，《山西财经大学学报》2009年第4期，第264页。

有35%,其他填报原因五花八门,一部分是因为招生时专业被调剂,有的是因为大家都说热门才填报,有的由父母、老师安排,还有2%的大学生是乱填的,80%的学生在填报志愿时对所填专业不是很了解,在选择专业上有很强的"他主性",如此高比例的学生学非所好,催生了大学生"转专业"潮的发生。

此外,现行高考和招生制度也有较大的约束性,各高校在各省招收的名额有预定计划和限制,各个专业的招生计划都有一定的限额,学生志愿的满足只能根据高考分数来决定,因此满足学生的专业志愿是每年高校招生工作的难点。这种专业选择模式易导致学生的个性与大学所学专业不匹配。学生只能从中作出相对满意的选择,即选择了满意的学校,不一定有满意的专业;有时所选专业已录满,只能上了调剂专业。所以入学后,学生容易产生转专业的意向。

2. 入学后学习兴趣转移或者能力限制

即使是成功地考入了自己所选择的专业,但在学习了一段时间后,发现自己所选的专业并非自己真正喜欢和适合的,自己的兴趣另有所在,这样的学生也为数不少,他们同样非常希望有至少一个再选择的机会。有这样一个典型的例子,北京大学教育学院硕士生李云对北大元培实验班2002级学生的专业选择进行了追踪调查,记录了6名学生选择专业的典型案例。比如,某省高考状元"周周",高中毕业时准备填报北大光华管理学院,学习"热门"的国际经济与贸易专业。但那时,她"根本不知道到底喜欢什么专业",后来她通过选课和导师指导,"对北大的各个院系也逐渐有了一些了解",发现"这些专业和你当初所理解的完全不一样",最后经过权衡、比较,选择了国际政治专业[①]。大学生就读的专业对其今后所从事的职业有很大的影响,但大学生专业的选择不是一下子就能确定的,很多大学

---

① 李云:《通识教育背景下学生专业选择研究》,北京大学硕士论文,2003,第26页。

生由于缺乏指导，或者是对相关专业缺乏了解，第一次选择专业的结果往往不尽如人意。

也有一些学理科、工科的学生，由于数学、物理基础差，需转入其他数理基础要求较低的专业，如果硬着头皮学下去，可能厌学、逃学，甚至退学，难以完成学业。为了从事适合自己和自己感兴趣的专业，大学生转专业其实是一种无法避免的行为，否则只能不快乐地、无奈地学习。

（三）我国研究型大学的相关制度改革现状

学生学习的专业是否符合自己的兴趣，是否与自己的个性相匹配，不仅影响着学生个人在大学学习的状况，也影响到整个大学本科教育的效果。因此，许多研究型大学开始推行学生转专业制度，打破"高考定学校、一专业定终身"的局面，允许学生跨系、跨专业选课，试行主辅修制、双专业制或双学位制，允许学生转系或转专业等等，这在一定程度上缓解了学生在学习中的转专业问题需求。近年来，随着我国高等教育的改革，大学生的权利与自由亦愈来愈受到人们的关注，其中转专业的问题便是一大焦点问题。各高校在竞争中争相出台新政策，以便于学生能有机会转专业，并声称这是恢复教育以学生为本位的重要举措。目前很多高校正在探索适合自己学校的转专业制度和方案，总的说来，我国研究型大学相关的管理改革举措主要有如下几种。

1. 专业设置不断调整

在专业设置方面，我国现行学科目录一直是指导性目录，高校如果想新设专业，必须从学科目录已有的专业中选择，不利于新兴学科和跨领域学科的培养。经过十多年的改革，部分研究型大学已拥有了一定的专业设置自主权，能在批准设置的专业范围内，根据社会需要和自身条件自主调整专业设置。

1998年通过的《中华人民共和国高等教育法》明确规定："高等

第四章 我国研究型大学本科阶段学生学习自由现状审视

学校自批准设立之日起取得法人资格……高等学校在民事活动中依法享有民事权利，承担民事责任"。在此基础上，还分别在招生权、教学权、学科专业设置权、科研权、人事权等方面作了具体规定，为高校自主权提供了法律依据。1999年第三次全国教育工作会议把扩大高校自主权作为深化教育改革的一项重要内容，指出要按《高等教育法》的规定，切实落实和扩大高校的办学自主权。正因为有了观念上的共识和法律的依据，经过多年的探索改革，我国高校在招生、教学科研、经费筹措、人事等方面逐渐有了一定的自主权。指令性的要求日趋减少，指导性的意见愈益增多。2002年3月，教育部批准北京大学、清华大学、北京师范大学、上海交通大学、浙江大学、武汉大学等六所高校可自主设置本科专业。在专业目录外设置专业权的下放，扩大了高校办学自主权，使高校自主权改革开始向纵深发展。2011年初，"教育部成立了本科专业目录修订工作组，正式启动修订已经使用12年的高校本科专业目录，新的专业目录将于2012年完成修订并向社会公布。参加修订的专家透露，届时，部分高校将可自主设置专业"①。高校办学自主权的扩大和更灵活的专业设置都将为学生的专业调整提供良好的自由氛围和制度保障。

2. 实行优秀生、特长生转专业制度

优秀生转专业制度是我国各高校广泛采用的制度，目前我国多数高校的转专业政策还主要适用于高考成绩优秀的学生，即便是如此，这对许多家长和学生也非常具有诱惑力。例如，上海交通大学在转专业方面将学生分成三类，A类学生的转专业条件是：目前就读的专业在当地录取分数线高于申请转入专业在当地录取分数线，或高考成绩不低于申请转入专业在当地的录取分数线，这说明只要高考成绩足够

---

① 部分高校将可自主设置专业不再受学科目录限制，http://www.thenewbcc.com/a/gaokaoxinxi/2011/0113/338.html。

好,那就可以重新自主地选择其他高考录取分数不高于它的专业。江苏大学更是明确规定,新生入学后,学校将进行二次专业调整的尝试。高考成绩超过所在省最低控制分数线70分以上的新生报到后的一个月以内,根据本人申请,有资格重新选择专业。① 这样的政策对部分学生也有很大的吸引力,他们在填报志愿时可能会选择名牌大学的低分专业,希望通过转专业制度和入学后的努力,转到他们理想的专业去。据复旦大学某招生办领导介绍,在2002年招生时,许多家长就讲起,"我的孩子进入复旦大学以后,就是准备转专业的。"用一位家长的原话就是,"我孩子进复旦大学是有点'别有用心'的,讲明白了就是想'曲线救国'"②。

另外,由于受转专业比例的限制,对于达不到优秀生转专业申请条件,但确实有某方面专业特长的学生,很多高校也为其开通了转专业渠道,通过建立特长生、兴趣生转专业制度来解决。特长生转专业制度也在高校中得到广泛实行。例如中国矿业大学制定的《优秀新生重新选择专业管理办法》和《优秀学生转专业管理办法》,根据规定,"高中阶段主要学科获得地(市)级以上一等奖或地(市)级以上三好学生称号的优秀新生,可以在全校范围内重新选择专业;后者规定,第一至第三学期主要课程的考核成绩在本专业同年级排列前10%或在大学生力学竞赛、物理竞赛、数学竞赛、电脑技能大赛、数学建模竞赛、课外学术科技作品竞赛中获得省级三等奖以上者,或某些方面特别突出或有其他特长并经2名教授推荐者,可重新选择专业。学校将根据情况逐渐加大学生自主选择专业的比例直至完全放开"③。

---

① 以上资料来源上海交通大学网站,http://www.sjtu.edu.cn和苏州大学网站 http://www.ujs.edu.cn/。
② 肖珍教:《上海地区高校本科生转专业的现状研究》,华东师范大学硕士论文,2004,第6页。
③ 资料来源:中国矿业大学网站,http://www.cumt.edu.cn/。

由于优秀生和特长生的数量有限,根据此项政策转专业的学生人数不多,这只保证了少数优秀生享受转专业的权利,还有一大批成绩中游或中上游的学生,想转到自己更感兴趣的专业学习和发展,但苦于不符合优秀生转专业的申请条件而深感无奈。所以,多数研究型大学已经开始计划在教学资源许可的情况下,进一步扩大优秀生转专业的比例,有的高校甚至提出目标比例调至50%,使更多学生转到自己满意的专业中学习。

3. 试行按大类招生的学生自主选专业制度

在目前我国大学实行专业计划招生的大环境下,也有部分研究型大学全校或者部分学院实施按文理类或学科门类招生的制度,如北京大学、浙江大学等高校。根据不完全统计,目前我国有64所"211工程"高校不同程度实施了"大类招生培养"制度,其中开设学科大类最多,涉及专业最多的院校包括有,山东大学开设29个大类,涵盖了80个专业,厦门大学开设25个大类,涵盖了52个专业,北京大学开设22个大类,涵盖了60多个专业,浙江大学开设20个大类,涵盖了60个专业,武汉大学开设19个大类,涵盖了54个专业,同济大学开设高校按"大类招生培养"包括19个大类,涵盖了47个专业[①]。

这种按大类招生的方式不失为中国高等教育体制改革过渡阶段的良策,其优点在于可以较全面地实现学生自主选择专业,既遵循了高等教育的发展规律,也能与国际化教育相接轨。一些研究型大学推出的"大平台招生",是全校或者部分院系进行不分专业的招生,新生统一接受基础教学,1年或2年后再根据学生的潜质或兴趣分专业,这体现了"强化基础、淡化专业、因材施教、分流培养"的科学教学方针。例如,"华南理工大学2010年首次实施按专业大类招生。

---

① 王恒安:《高校按"大类招生培养"研究》,汕头大学硕士论文,2007,第8页。

2010年有三个大类专业招生，分别为电子信息科学类、数学与应用数学类（数学与信息类）及工商管理类。其中，电子信息科学类包含了原有的信息工程、电子科学与技术（物理电子技术）、集成电路设计与系统集成、电子科学与技术（微电子技术）四个本科专业；数学与应用数学（数学与信息类）包含了原有的数学与应用数学、信息管理与信息系统、信息与计算科学三个专业；工商管理类首次进行文理兼招，该大类包含了原有的工商管理、财务管理、人力资源管理和市场营销四个专业。此三个大类的新生将以大类专业入学，统一学习基础课程，一年半或两年后，根据"学生自由选择，学院规模控制的原则确定专业方向，修读后续专业课程"①。再如，上海交通大学按学科大类招生，一、二年级不分专业，搭建学科大平台（校、院）课程体系，培养学生多方面的适应能力。山东大学创建了通识教育平台、学科基础平台和专业平台。

这里以北京大学元培实验班为例，介绍"按大类招生"自主选择专业制度的具体实施情况。元培计划是北京大学自2001年起启动的一项本科教育教学改革计划。"元培计划倡导通识教育与专业教育相结合，实行教学计划和导师指导下的自由选课学分制"。2001年9月，北大开始举办元培计划实验班。其基本思路是：元培计划实验班"学生进校时只按文、理分类，不分专业。低年级主要进行通识教育选修课和各个专业的共同基础课，理科学生可以选修不同层次的数学、物理、化学和生物课程，并选修一些自己感兴趣的专业课，了解各专业的特点……在学生对北大的学科状况、专业设置、培养目标等有了进一步了解后，可以根据自己的志趣于第二学期末向元培计划管理委员会提出专业选择意向，管委会在充分尊重学生志愿的基础上，

---

① 华工理科前2千名任选专业，热门专业招生增30%，http：//news.dayoo.com/guangzhou/201006/11/73437_12995897.htm。

根据学生的知识结构、考试成绩、导师意见以及各院系教学资源状况，对学生的专业意向进行审核。学生在第三学期根据确定的专业意向开始选择相应的院系专业课程，在第三学期末最后确定专业……在元培实验班中，学生了解、比较和选择专业的过程往往是一个非常痛苦的过程。但是，经过这个痛苦的思考过程之后，他们坚定了对专业的信念。根据 2006 年的调查，实验班学生在选择专业时考虑的关键因素依次是"个人喜欢"、"有能力学"、"社会热门"、"利于出国"、"利于就业"等等。他们首先考虑兴趣和能力，同时考虑就业和发展。应该说，这样的专业选择比较理性……2006 年的调查结果显示，70% 的学生考虑过 2 个或 3 个专业，总体平均考虑过 2.75 个专业，学生考虑的专业跨越北大人文科学、社会科学、理学、信息与工程科学、医学 5 个学部。从实验班 2001~2004 级学生的专业分流情况来看，吸引学生最多的 3 个文科学科是经济、法学、国际关系，理科学科是物理、生物、数学，进入地质、力学等院系的学生较少。但总体来说，"学生兴趣广泛，选读各门学科的学生人数比较均衡。2001~2004 级的 492 名学生选择的专业分布在全校 22 个院系。文史哲等基础学科每届都吸引了一些高分学生前来就读"[①]。

实施元培计划实验班是在中国现有教育制度下专业选择模式的一次重大改革，既借鉴了美国高校的经验，也继承了中国大学的传统，同时具备现实的基础。元培计划实验班的专业选择制度不仅仅是专业选择时间的改变，它还涉及教育观念的转变和一系列教育制度的调整。从元培计划实验班的情况来看，在中国的制度环境下，在基础雄厚的研究型大学推行"大专业平台"制度是可行的，但仍有许多难题需要解决。

---

① 资料来源：金顶兵：《中国制度环境下本科学生自主选择专业的探索与实践》，《高等教育研究》2006 年第 9 期，第 89 页。

4. 长期实行双学位制度、辅修制

目前，我国所有的研究型大学都长期实行辅修制、双学位（专业）制。早年由于教学管理水平的限制和对专业失衡的担忧，很多研究型大学最早开始采纳实行的是辅修制教育，作为对复合型人才培养模式的探索，已经实行多年。辅修制允许学生在进入大学二年级时，可申请除主修专业外的另一个专业作为辅修专业进行学习，学生毕业时如修满相应学分，学校将根据学完成的学分数分别颁发不同层次的辅修证书。该培养模式是高校"针对学有余力的本科生，利用高校教育教学资源和学科专业间的互补性进行的学习形式，以最大限度地挖掘学生的学习兴趣及专业潜能"[①]。后来，双学位制度在很多研究型大学发展起来。双学位（专业）制指学生修读本专业学位的同时，可适当延长学习年限（一般为一年）或者不延长学习年限，取得第二专业规定的学分，完成学位论文，并符合有关学位管理规定即可获得双学位（双专业）。多学科的知识背景是双学位毕业生的重要特点之一。在校学习成绩良好，且对第二专业有浓厚兴趣的学生，学完基础课程后（一般在大一结束时）可申请修读第二学士学位专业课程，修满学分，可获得第二学士学位。北京大学从1989年便开始系统地进行辅修、双学位教育的探索；西安交通大学1992年起在高年级本科生中有组织地开展了"辅修及双专业"的培养。根据笔者在台湾的访谈，台湾的研究型大学实行双学位和辅修制度已经二十多年，成为一种长期的、稳定化的学生培养模式。双学位教育、主辅修制的出发点是为了让学生更好地适应社会对人才规格多样化的需求，在增强大学生自身素质能力的同时，也提高高校的教育服务能力。

---

① 方惠圻：《对高校转专业现状的思考》，《天津师范大学学报（社科版）》2007年第3期，第79页。

另外，许多研究型大学在跨校选课、学分互换等方面积极尝试，实行互选课程、学分互认以及转学等新举措。例如，武汉大学、华中科技大学、武汉水利水电大学、中国地质大学、武汉测绘科技大学五所院校实行了"五校联合办学"，在五校之间实行教育资源共享，其实质就是整合优秀教育资源，保障学生在选课、辅修、双学位学习等方面的自由。

（四）学生专业选择自由度偏低的表现

通过以上的改革，我国研究型大学的学生们已经具有一定的自主选择权和自我设计、自由发展的空间，目前学生们认为专业选择自由度仍然偏低，主要体现在三个方面：一是，学校规定的转专业比例还是偏低，对转专业的次数限制较大。虽然部分研究型大学逐步开放了转专业的比例，不过还是有很多大学把转专业的人数比例限定得比较低，比如有大学规定成绩排名在前15%的学生才有转专业的资格。二是，转专业时间多集中于大学一年级下半学期或者大二上学期进行，对于部分学生来说，在时间上仍然不够充分，对专业的了解程度还较浅。而且绝大多数的高校明文规定只有一次转专业的机会，不允许有反复的改变。三是，转专业的考核方式相对烦琐，大多数大学转专业考核的流程是，首先是各院系公布招收名额，学生填写报名表（一般规定只能报名一个专业），之后要参加书面考试，如外语、数学、专业基础知识等考试，通过考试后可能还要参加面试。转专业的竞争是非常激烈的，特别是那些热门专业，竞争尤为激烈，成功的可能性偏小。

三　我国研究型大学学生选择课程的自由

学生选择课程的自由在理论上不仅包括对本系、本专业计划所开设的课程的选择自由，而且包括对其他院系、专业所开设课程的选择学习权利；在进行学分互换的学校之间还包括跨学校的课程选择；不仅可以选择本年级的课程，而且可以选择其他年级的课程。学生的课程选择权利体现在教学管理制度和课程体系中，其重要的实现方式和载体是学分制和选课制。

（一）整体情况

中国高校选课制度的形成过程较为特殊，是先引进学分制，然后再发展选课制，即首先引进用学分计算学生的学习量，同时开设部分课程作为选修课，这时学生自主选择课程的自由度非常有限。随着学分制的进一步改革发展，选课制也在不断地发展中。20世纪90年代，我国高校大量合并，学校的各种资源共享、优势互补，为选课制提供了更加自由、宽松的环境，推进了优秀课程、特色课程的建设。1999年《中共中央国务院关于深化教育改革全面推进素质教育的决定》要求"高等学校要创造条件实行弹性的学习制度，放宽招生和入学的年龄限制，允许分阶段完成学业。"

目前我国研究型大学的选课情况呈现以下特点：多种学分制模式并存；弹性学制得到普遍采用；双专业、双学位复合型人才的培养方法被广泛采用；选修课的比例增大，绝大多数研究型大学的选修课基本能达到30%～40%；随着网络技术的采用，所有的研究型大学均使用网络选课管理系统。另外，各个高校都开始注意到对选课的指导，"在13所'985工程'大学中……或为新生开设'学科入门指导'课程（如，厦门大学），或为一、二年级所有本科生配备指导教师（如，华东师范大学）……北京航空航天大学和上海交通大学采取了相应的措施在一年级学生中开展研究型教学。北京航空航天大学的高等工程学院从一年级开始实行导师制，做到每位学生有一个导师，导师由两院院士、长江学者和资深博导担任，并要求学生进入导师的课题组，利用相关科研实验室直接参与科研和学术活动"[①]。

---

① 刘念才、周玲：《面向创新型国家的研究型大学建设研究》中国人民大学出版社，2007，第199页。

（二）不同类别课程的学习自由状况

在目前国内实行学分制的高校中，其课程按性质一般分为必修、选修两大类。这两类不同性质的课程修读时的情况也不同。

1. 选修课

选修课是学生可以有选择地修习的课程，用以拓宽、加深学生的知识结构，并满足学生个人的兴趣、爱好，其选择的自由度较高。选修课按条件分为限制性选修课程与任意选修课程。限制性选修课（简称"限选课"）是指学生在专业范围内，按照规定要求选修专业特色课程和拓宽课程，一般与专业理论、技能一起构成专业特色课程。学生在挑选课程时必须遵守一定的规则，在限选课组合模块中选修若干课程，例如，某一专业方向开设若干门课程，学习这一专业的学生，必须从中选出一定数量的课程来修读。目前我国研究型大学限选课的学分约占总学分的20%~25%。任意选修课（简称"任选课"）是指可供学生根据自己的实际需要和兴趣能力，选修同专业有关或无关的课程，一般不附带前提条件，可任意挑选，不受一定范围的限制。主要用于拓宽学生的知识面，培养和发展学生的潜能，目前我国研究型大学任选课的学分约占总学分的10%~15%。

2. 必修课

必修课是国家教育行政部门规定的必开课程，为了保证专业人才培养的规格与质量，规定学生必须修读的课程。这种课程通常包括共同课程、基础课程和专业课程。学生必须修读完教学计划规定的全部必修课，并取得相应的学分。必修课一般有专业必修课和公共必修课两大类，约占总学分的70%。公共必修课是指全校学生都必须修习的课程，主要包括政治理论课程、外语课程、体育、军事理论课程和计算机课程，有的学校，如中国人民大学，还有数学课和法律课，公共课程一般是全校统一要求、统一考核的。专业必修课是指各院系规定本院系学生必须修读的课程，这些课程的修读为专业学习打下坚实的基础，保证学生治学和就业的适应能力。

近年来，部分研究型高校为了给学生更多的选择自由，扩大了学生的选课范围，同时对必修课的修习方式也进行了改革。一些全校性的必修课，如政治课、体育课、文科计算机课程等，在保证必修课性质不变的前提下，开设多个课堂，不再规定具体的修习时间，学生根据自己的不同情况选择学习时间、内容和教师。例如，清华大学提倡在各类课程组中规定必修学分，而不是必修课程，即在规定的必修学分中指定多门课程供学生选择。

（三）学分制及按学分收费制度的现状

现阶段我国高校的选课制是在引进学分制之后再进一步得到发展的，所以我国不同高校的选课制状况因所实行的学分制类型不同而各有不同。可简单地划分为，完全学分制和学年学分制两种类型，在这两种有代表性学分制类型下，选课制的状况也有所不同。

1. 学年学分制的普遍使用

"学年学分制"是从学年学时制脱胎出来的，具有学年制的烙印。大多数学者认为，"学年学分制"是学年制到完全学分制的过渡[①]。目前，中国绝大多数高校实行的是"学年学分制"，在学年学分制下选课制的总体现状是：学生从进校开始确定专业，教学计划中对每学年与每学期应修的课程及学分数有具体规定，偏重于班级集体授课。学年学分制下选课制的优越性难以充分体现，因此一些实行学

---

① 新制度经济学认为，制度变迁有其轨迹与路径依赖。路径依赖类似于物理学中的"惯性"。一旦进行某一路径就可能对这种路径产生依赖。由于初始的制度选择会强化现存制度的刺激和惯性，沿着原有制度变迁的路径和既定方向前进，总比另辟途径要方便省事，而且一种制度形成以后，在现存制度中的既得利益集团会力求巩固现有制度，阻碍进一步的改革，哪怕新的体制较之现存体制更有效率。如果制度变迁的路径依赖形成以后，制度变迁就可能变成只是"修修补补"。因此，新旧体制转轨的国家要不断解决"路径依赖"的问题。从学年制向学分制转变过程看，学年制是初始的制度安排，学年学分制则是学年制向学分制变迁的一种路径依赖，是学年制强大惯性的产物。沿着学年制变迁的路径和既定的方向前进，总比直接采用学分制可行一些。

年学分制的高校正积极进行学分制和弹性学制改革，力图向完全学分制接近。

2. 完全学分制的尝试

中国只有少数几所研究型大学实行完全学分制，如复旦大学等。随着社会的发展，完全学分制的优点更为突出，近年来进行完全学分制试点的高校明显增多，如湖南大学、河南大学、江苏大学也声称将逐步实行完全学分制。不过，中国完全学分制下的选课制也与美国不尽相同，这是与中国的国情密切相关的。中国完全学分制下选课制的基本情况是：（1）大都突破了修读专业的传统修读进度方式，可以断断续续修读一个专业，也可以同时修读两个专业，专业选择的自由度扩大；（2）突破了修读课程的原有规定，适当减少了必修课的门数和学时，增加选修课科目，选修课的比率增加；（3）师生均实行双向选择。例如：湖南大学允许部分学生转专业，进入二年级的优秀生可在高考录取的大类内跨院系转专业，进入三年级的优秀生可在本院系内转专业，设立了校内教改专项基金，对课程建设实施立项资助，使开设课程总数由目前的 1400 门增至 2500 门[①]。

3. 学分收费新政

继上海、江西、浙江、安徽、湖南等省的部分高校不同程度地试行按学分收费后，北京市的高校从 2010 年秋季开始按学分收费，并改为 3 至 6 年弹性学制[②]。武汉大学也从 2010 年秋季开始由按年交费改为按学分交费。按学分收费被媒体称为"学费新政"，该政策在大多数研究型大学首先得到实施后，成为目前我国高校改革的热点话题之一[③]。按学分收费的标准将根据学校的培养成本、教学成本等进行测算。但绝大

---

① 资料来源：湖南大学网站，http://www.hnu.cn/。
② 资料来源：北京高校按学分收费，改为 3 至 6 年弹性学制，http://news.longhoo.net/2010-01/29/content_1185188.htm。
③ 资料来源："高校按学分收费"成热点，http://www.znuni.cn/html/gjzx/20100604/2957.html。

多数在正常年限修习完课程的学生，所交纳的学费将不会高于现行的按学年收费的标准。只有多修或是重修学分，所交纳的费用才有可能比其他学生更高。

熊丙奇教授认为按学分收费是对完全学分制的推行和试水，"现在中国高校大部分实施的是学分学年制，即学分制和学年制的结合体，既有学年限制的特征，又有完全学分制的特征，学费是按照学年收取的。这种教学管理制度制约了完全学分制的实施。按照学分制收费实际上是推行完全学分制，完全学分制自主性较大，可以3年毕业，也可以4年毕业。收费也比较合理，按照学分收费，学分少，则学费少。学生如果一次性通过了所有课程，并且没有重修现象，那么读3年和读6年的学费是差不多的，相比较而言，比按照学年制收费更划算"[①]。周勇教授认为按学分收费可以提高学生对学习自由的责任意识，"学生按照学分来交学费，会让他们意识到是花了成本来学的，这样学习的效率可能会更高"[②]。有学者总结了学分收费制的积极意义，有如下四个方面："有助于实现学生的学习自主权；可以有效地促使高校教师提高课程的教学质量；有利于拉动校内和校际的良性竞争，从而促进学术进步；有利于弹性学制的实现，帮助学生更好地完成学业"[③]。

四 我国研究型大学学生的其他学习自由现状

（一）选择教师的自由

法国公法学家狄骥认为，受教育权的真正问题在于确认是否所有个人都有权自由选择他所喜欢的教师，而在这方面不受立法者的任何

---

① 争议：高校按学分制收费合理吗？防涨价靠监督，http://gaokao.eol.cn/kuai_xun_3075/20100128/t20100128_445835.shtml。
② 争议：高校按学分制收费合理吗？防涨价靠监督，http://gaokao.eol.cn/kuai_xun_3075/20100128/t20100128_445835.shtml。
③ 资料来源："高校按学分收费"成热点，http://www.znuni.cn/html/gjzx/20100604/2957.html。

第四章 我国研究型大学本科阶段学生学习自由现状审视

限制。大学生可以从所选择的教师身上学到他们最想学到的东西。"我想接受教育,因而我可以挑选我所喜欢的、认为最有学问、有着与我相符的意见和信仰的教师。这种权利无须争辩对于成年人来说是完全可能的。"学生选择老师的权利同时意味着当学生认为教师授课水平不能令其满意时,他可以选择不上课,也就是学生有选择是否上课的自由。

1. 选修课和公共必修课中学生选择教师的自由

20世纪80年代中期开始,国内的一些大学开始进行类似于学生选择教师的尝试。比如,北京大学的政治课和体育课直接由学生自己选课。公选课和通选课也由学生自主选课,开始不能直接上网选,是由学生在指定教室留条给授课老师;后来发展为在网上直接选课程和教师。现在几乎所有的研究型大学的通选课课程都是在网络上完成选择的,在其过程中就包含了对教师的选择。也有一些大学做得更多,比如某大学的校园网开设了选课系统,将2004级学生的47门公共必修课和选修课内容以及162名授课教师的相关信息同时公布。每门课程配备了两名或两名以上的任课教师,学生可根据任课教师的教学科研情况以及对任课教师的了解,选择自己喜欢的任课教师。

一旦学生拥有了某种程度上选择教师的权利,教师也开始通过各种途径给学生了解自己和自己所授课程的机会,以期获得学生的选择。比如,《中国青年报》2002年11月1日报道:某大学的一位副教授在校报上为自己开的选修课做广告,学院教务处领导对此表示肯定,认为"该老师的广告是一个好的先导,将来学校就应该让学生有更多的知情权,了解他们的老师,了解他们要学的课程。过去是学生选课,学校配老师,现在要由学生既选课程,又选老师"[①]。

---

① 汤智:《高校专业和课程设置依据的哲学思考》,《现代教育科学》2003年第6期,第18页。

2. 教师挂牌制度和课程试听制度

还有一些大学出现了高校教师挂牌制度和课程试听制度。这是指主讲同一门课程的多名教师公开接受学生的选择，由学生根据学校公布的任课教师的职称、学历、科研成果、教龄、教学专长等背景资料，在试听基础上经过筛选，在规定的时间内选择授课教师，选课人数达不到标准的教学班将停开或被并班的一项教学改革举措。课程试听制度是很多高校推行的、学生合理选择教师的重要方法，减少了学生选择的盲目性。这些制度的出现固然有促进学习自由的意义。但是在实践中还是存在一些问题需要进一步解决。

（二）学生自主选择学习进程和学习方式的自由

根据自己的学习能力、意愿、经济状况和身体状况等条件，不同的大学生对自己的学习消费时限有不同要求，希望能自主决定学习课程的时间、顺序和学业的时间进度。根据《普通高等学校学生学籍管理规定》有关跳级和学生在校最长年限由学校规定，目前我国研究型大学的学习年限大都在 4~6 年，最长的不超过 8 年。几乎所有的研究型大学都采取弹性学制的方式，允许能力强的优秀学生提前毕业，也允许部分学习有困难的学生延长毕业时间，同时，使学有余力的优秀学生得到辅修第二专业或攻读第二学位的机会，也为有各种困难需要中途停学的学生再次进校学习提供了条件。

（三）学生决定是否听课的自由

从理论上讲，从高等教育服务消费者的角度看，教育消费应该是以自愿为前提，不应该有强迫的因素，交费而不消费是消费者个人的自由。按一般服务消费的观点，学生在消费高等教育服务时可以去上课，也可以不去上课。所以，从这个角度看，不管该课程是教学计划中的必修课程，还是学生自己选择的选修课程，学生可以根据自己的情况有选择地去听课。但是这种行为对高等学校的管理和服务质量的保障确实会产生影响，因为高等教育服务具有与生产和消费不可分离

第四章 我国研究型大学本科阶段学生学习自由现状审视

的特性，不参加教学活动，服务生产也就无法进行，教师的劳动和教育资源就被浪费了。因此，学生是否有选择听课的权利，这在我国还是一个争议很大的问题。在实践中，一直以来，高校不能容许学生缺课，对不请假不到课堂的学生定义为旷课，历来是要予以处罚的，因为，学生的任务是学习，作为受教育者身份的大学生，应该有到课堂参加教学活动的义务。目前我国的研究型大学基本还是沿用此观念进行教学管理。

是 2008 年的"杨帆门"事件[①]使得学生逃课问题成为舆论热点，中国政法大学的萧瀚老师在他的博客中陈述的观点："如果大学都不能逃课，那还算大学吗？如果一个教师的课没人听，便以不及格相威胁，强行要求学生听课，作为教师，这有尊严吗？大学生都是成年人，有法律承认的基本自由，教师对学生没有监护权，只有建议权。在完成学业的基础上，每个学生都有安排自己时间的自由，只要他们没有妨碍别人。教师不是讨喝彩的天桥把式，教室也不是监狱，就连教堂里听布道的人都可以自由进出，教室为什么就不可以？既然讲座可以随时退席，教室为什么不可以？"[②]"大学本应该是个培养健康、自由、高贵心灵的地方，可是，目前的中国，还有太多的制度因素、环境因素、人为的因素，坚决地要把大学办成中学，甚至小学。大学就是学习所有伟大精神的地方，不然何以叫大学，又有什么资格称大学？为了保证听课人数的课堂点名，这么猥琐的行为，我以为离伟大很遥远，虽然不点名也没什么了不起的，更谈不上伟大，它只是一个大学教师应有的最基本的自尊和对学生——作为成年人的学生的人格尊重，是

[①] 事件简介：2008 年 1 月 4 日晚，经济学家、中国政法大学教授杨帆在上选修课时因逃课学生人数太多，与一名欲离开教室的女学生发生肢体冲突。8 日，杨教授称，在这件事情上，他不仅没责任，而且还有巨大贡献。要不是他这个脾气，就得让学生占上风，老师永远占不了上风。（资料来源：《广州日报》2008 年 1 月 9 日）

[②] 萧瀚博客：http://blog.sina.com.cn/s/blog_4a5a2c1601008o7o.html，节选。

大学教育伦理的底线，它于我就是个戒律。因为，逃课是自由的象征！如果点名是为了保证听课人数，那我就没有点名的权力，因为我没有逼人听课的权利"①。一石激起千层浪，萧瀚老师的观点引发了大众有关学校秩序规则和学生学习自由关系的讨论，特别是，"逃课是自由的象征吗？大学生有选择听课的权利吗？"

笔者认为，大学生都有安排自己时间的自由，但是前提是他要能够履行自己对学习的责任、对自己修读的课程有担当，否则似乎就只是金钱和学习时光的浪费。学生履行上课的义务是以上课有收获为前提。信息技术对传统的课堂产生了深刻的影响，教育方式呈现多样化的趋向，学生可以在网络上开放式、交互式地学习，也可以自学。如果确实有的课堂听教师讲授比自己自学或同学讨论式学习效果要差，或者某位老师提供的教学服务不能让学生满意，无法创造较为适合学生的课堂秩序，那么严格要求学生履行听课的义务就缺乏足够的依据。但是反过来说，如果给予学生选择听课的权利，教师在其所授课程上也有对学生考核评判的权利，教师有权根据学校规定，设计自己的评判标准和评分体系，并在学期初告知学生。学生如何遵守相应的学习结果，也是一种选择自由。

五 复旦大学的个案研究②

复旦大学作为我国教育部直属的综合性重点大学，一直提倡对学生的主体地位的认可，并对通识教育理念积极践行，在国内的高校中属于先进行列。尤其是近年来复旦大学转专业制度、自主招生等一系列管理制度的改革和尝试可以看出该校在保障学生学习自由方面的努

---

① 萧瀚博客 http://blog.sina.com.cn/s/blog_4a5a2c1601008ilp.html#comment2，节选。
② 这里选用复旦大学作为案例，主要原因有三点：复旦大学的专业转换制度在全国是属于比较早而且比较有成效的；复旦大学的课程数量在国内大学中属于比较高的；复旦大学校方在其各种教学制度上对学习自由的理念的认同度比较高。

第四章 我国研究型大学本科阶段学生学习自由现状审视

力和诚意。复旦大学代表着国内高校学生学习自由权利践行的较高水平，本节将选取复旦大学为个案，进行学生学习自由状况、保障制度和课程体系的分析。

（一）复旦大学的自主招生

从2003年起，经教育部允许，国内部分著名高校开始试行自主招生选拔录取工作，复旦大学就在其列。"复旦大学的自主选拔方案由笔试——'复旦水平测试'和面试两部分组成。参加笔试的学生既有中学推荐的，同时也接受学生自荐申请。"[①] 以2006年为例，共有5828名高中生参加了复旦大学的申请资格测试，最终获得面试资格的1208名学生来自91所沪上高中，其中不乏非重点高中的学生。与此前教育部在几十所高校试行的自主招生相比，此次复旦自主选拔录取最大的突破就是以面试成绩作为录取的主要依据，高考成绩只作为参考依据，其自主选材的方式类似哈佛、耶鲁等模式……英国剑桥大学理查德校长认为复旦大学试行的自主招生就是剑桥一直以来使用的招生办法。根据复旦大学对自主选拔学生入校后学习情况和在校表现进行的跟踪调研，发现自主选拔录取方案所录取的学生在大学里的平均成绩要比高考录取的学生高，并且个性较为突出，在社会组织能力方面具有良好的表现，参与公共事务的积极性较高。复旦大学等高校的自主招生、自主选才的方案仍处于试点状态，颇受关注，它意味着除了高考之外，学生有选择进入高等学府新的机会，也是对学生学习自由选择的一种新的保障手段。

（二）复旦大学的转专业制度

复旦大学的转专业政策在国内高校中颇为"先进"，这主要体现在三个方面：一是转专业制度开始的时间较早。2002年开学伊始，复旦

---

① 复旦自主招生有亮点没上一本线也能进复旦，http://news.sina.com.cn/c/edu/2009-12-04/114616718558s.shtml。

大学打破国内大学长期以来的"转系（专业）难，难于上青天"的局面，有244名学生重新选择了专业，转系成功。《中国青年报》2002年9月27日报道：复旦大学"244名学生成功转系"，进行了专业再选择，"但转系只是一个过渡性的措施，复旦大学的最终目的是不分专业，构建一个文理大平台，像牛津、耶鲁等国外一流大学一样，学生进校两年内先接受基础的通才教育，然后再选择适合自己发展的专业"。二是转专业的名额和时间限制较其他高校少。2004年4月复旦大学推出新政策，将各院转入名额由10%扩大为15%，将转专业的对象从大一新生放宽到大一和大二学生，为了防止学生盲目或随意转专业，复旦大学是将转专业统一安排在第一学年第二学期和第二学年的第一学期进行。三是在2004年彻底取消了申请转专业的成绩门槛，本着尊重学生的权利和对学生负责的原则，将判断学生是否具有专业发展潜能的权利交给各接受院系。而且，复旦大学还规定不收任何名目的转系费用，即使是从全校最冷的专业转到最热门的专业也是如此，这在国内的高校中当属首创，非常有勇气。复旦大学校方对学生的学习自由理念比较认同，但即使如此，由于教学资源的紧张，也无法满足很多学生专业选择的自由。

以下是复旦大学教务处副处长陆靖教授2003年在学生转专业座谈会上的部分讲话（未经审核）。"现在在教学资源非常紧张的情况下，拿出占当届学生的10%的名额给大家提供转专业的机会，学校做了非常大的努力。大家不要看复旦是很大的学校，事实上，我们的教师和教学资源是非常紧张的。一个同学从一个系到另一个系不是那样简单的，你上课要占教室座位，作业要有教师批改辅导，如果转到实验学科，还要给每个转入的学生配一套仪器设备。一个实验室如果只能容纳32个学生，转专业以后这个专业有了33个人，多出来的这个人做实验时不在实验台边上添加一个位置，那是不可能的。这就是教学资源的限制问题。世界上没有任何一个学校，你去以后想读什么专业，就可以读什么专业。也就是说，每一个学校都存在教学资源的合理配伍问题。就复旦来说，为什么率先在国内进行这么大规模的转专业行动？这与复旦的培养理念是相关的，那就是为了让每个学生的个性在一个合适的环境中得到充分发挥。相比较而言，很多层次远远不如复旦的学校在转专业时却是要付钱的，就像择校读中学一样。复旦一分钱都不收。这都与我们的培养理念有关。但是大家也想一下，为什么我们不能全部放开呢？理由很简单，这是与学校的实际状况有关的——资源有限"[1]。以复旦大学为例，可以看出在我国，新的教育管理理念付诸实践要经历一个艰难的尝试过程。

(三) 复旦大学课程选择自由度分析

1. 复旦大学市场营销专业的学生课程选择的基本状况[2]

复旦大学市场营销专业的学生在学期间必须修满教学计划规定的143学分方能毕业。其中通识教育课程45学分，文理基础课程31分，专业教育课程63学分（含社会实习2学分和毕业论文4学分），任意选修课程4学分。达到学位要求者授予管理学学士学位。

"通识教育"课程：45学分。修读要求：I类核心课程，包括思想政治理论课模块，修满24学分；II类专项教育课程，包括体育、军事理论、大学英语、计算机应用基础I组，修满15学分（计算机II组课程除外）；III类通识教育选修课程，修满6学分。

"基础教育"文理基础课程：31学分。学生应在文理基础课程中的经管类基础课程I、II组中修满25学分，包括数学分析（上）、数学分析（下）、政治经济学、会计学、线性代数、微观经济学A、宏观经

---

[1] 肖珍教：《上海地区高校本科生转专业的现状研究》，华东师范大学硕士论文，2004，第30页。

[2] 复旦大学教务处文件2009年工商管理专业指导性修读计划，http://www.jwc.fudan.edu.cn/s/67/t/179/2a/7d/info10877.htm。

济学A，并在人文类和法政类基础课程中修满6学分。

"专业教育"专业课程：63学分。包括：①专业必修课（49学分），包括如下课程：概率论与数理统计、程序设计I、管理学导论、财务管理、运筹学、营销管理、管理信息系统、运营管理、管理沟通、组织行为学、国际贸易理论与实务、国际商法、国际商务管理、人力资源管理、战略管理、工商管理前沿理论与应用、社会实习、毕业论文。②专业选修课程（14学分），从如下课程中选修6~7门课程：国际财务管理、项目管理、品牌管理、电子商务、跨文化管理、海关实务、创业管理、国别经营环境、国际税务管理、企业诊断、职业生涯开发、国际商务沟通、消费者行为学、现代服务业管理、行为决策、国际营销管理、商务谈判、心智管理、东方管理、人力资源信息系统。③另外，校方要求学生的任意选修为4学分。

2. 复旦大学市场营销专业学生课程选择的自由度分析

（1）从课程设置看，复旦大学市场营销专业的课程仍然还是"三层楼"式的学科中心课程结构，即基础课（"通识教育"课程）、文理基础课程、"专业教育"课程三个层次层层推进，并以必修课为主，虽然比传统的"三层楼——基础课、专业基础课、专业课"的模式要更突出通识教育和基础教育，选课的范围也大了一些，但是其专业课的比例仍然偏大，专才教育色彩仍显浓厚。

（2）从学时安排看，复旦大学市场营销专业实行学分制，总学分143，4年共计126个学周，需要修读的课程约为45门课，总学时不少于2500个学时，平均周学时约为18学时，其中第一、二学期高达25学时及以上，学生每天上课3~5节，可支配的自主学习时间较少，整体看来，学生的学习负荷仍然比较重。这种高强度的课程安排大大压缩了学生自主学习和自由探究的时间、空间，可能会导致学生学习的被动和敷衍。如果要改革现状，就需要进一步精简课程，压缩总学时，减少课堂讲授，增加学生自主学习、独立研究和实践活动时间，才能实现多样化、高选择度的课程安排和设置。

（3）从课程计划进度来看，虽然有了学分制和一定数量的选修课程，复旦大学市场营销专业的学生基本上还是按班学习，基本按统一教学计划和课程表学习大致一样的科目，按照统一进度走出校门。在该专业学生达到毕业标准的143学分中，"通识教育"课程（45学分）和专业必修课（49学分）这些课程均为既定课程，也就是说该专业。所有的学生约66%的课程是一样的。另外，在"基础教育"文理基础课程中的经管类基础课程Ⅰ、Ⅱ组中，只有七门课程供学生选择，由于学生必须修满25学分，所以意味着学生必须在这七门课程中学习五门课程才能达到学分标准的规定，选择的范围比较狭窄，这意味着该专业学生课程表的类似程度极有可能达到80%以上。另外，根据复旦大学的管理规定，该专业每门课通常由一至两名教师，以统一的教学大纲为标准，面对同一年级、同一专业学生授课（公共课除外），但是从实践上看，不少课程授课还是以一个教师为主，学生选择教师尚无太多实践操作的可能空间。

第二节 我国研究型大学本科阶段学生学习自由的主要障碍

一 大学生选择专业自由的障碍

（一）现有制度较为单一孤立，尚未与学校其他管理制度有机结合

现在的大学一般的就读流程是这样的，大学本科生根据高考录取的专业进入相应院系，并在院系注册和接受管理，学院或者系按照专业制订教学计划，按照专业组织教学，开始公共课和专业课程学习。而"按大类招生"制度首先要求高校做好专业分流之前的课程安排，加强通识教育和大学基础课程建设，调整专业基础课的时间安排。这要求课程资源的重新调配，需要在课程时间和考试安排方面采取更多的技术措施，以避免学生上课时间和考试时间的冲突。转专业制度的改革还要求提升教学管理水平和教师资源，如果转专业学生过多，可能会打破各专业原有相对平衡的师生比，造成部分专业课程安排困难，专业间新的不平衡，热门专业更热，冷门专业更冷。可见，现有的转专业制度仍然较为传统单一。传统的注册和管理学生的办法背后有着一系列相关的人事制度安排、经费分配模式和工作习惯，这就是所谓的体制。这种体制的变更既涉及多方面利益的调整，也涉及人们的工作习惯和思维方式的转变，比较困难。

《普通高等学校学生管理规定》第三节第十八条明确规定："学校根据社会对人才需求情况的发展变化，经学生同意，必要时可以适当调整学生所学专业"。这就表明只要取得学生的认可，高校有权自主决定学生调整专业。以学生为本已成为高校的共识，但目前我们看到的转专业制度还是比较传统和单向的需要完整的"配套设施"来帮助学校全面地实现转专业的人才再分配作用。中国科技大学副校长程艺曾指出："允许在校大学生重新选择专业，会给学校的教学和管理带来难题。如何应对，出路只有一条，那就是改革现行的管理制度，采取先进的管理手段。让学生自主选择专业一定要有好的管理制度与之相配套"。从学生的角度看，在转专业过程中，影响学生意愿的诸多因素中外部因素占相当大的比例，如何帮助学生建立成熟的思想，找到真正的兴趣，应当是转专业的第一步；从学校的角度看，校方对就业市场的理性分析、对行业特色的深入介绍应当是学生转专业不能缺少的环节。否则在不完善的体系下，再选择也可能是再一次"遗憾"。

（二）现有转专业制度缺乏对学生的深层人文关怀

随着我国经济体制改革的深入，招生的计划性有了很大松动。当前高校招生计划已经开始由国家的经济计划逐步转变成为学校内部的学科专业发展计划。这为专业招生计划指标的调整赋予更多的灵活性，为尊重学生的个性选择创造了条件。但是，尊重学生的专业选择要求大学对学生提供更多的指导，充分了解学生的真正学习需求，要求导师把更多的精力放到学生指导上来。在当前大学面临着市场冲击，大学教师面临繁重科研任务的情况下，激励教师更多地担负起指导学生选择专业的责任，是高等学校面临的普遍难题。

在专业和课程选择的自由权利得以保证的条件下，也有部分学生把专业的选择当做是一种简单功利的职业选择，成绩优异者往往从就业角度考虑选择热门短线专业来填报，成绩平平者选择低分冷门专业增加被录取的机遇，而不是根据自己的爱好、兴趣来选择专业，把学习置于一种被动地位，自由的意义大大淡化。就目前转专业制度的状况来说，很多高校往往较多注重转专业制度的形式和数量，而忽视转专业制度的实行对象——学生的具体想法。其实不少学生转专业的诉求是改变现有的学习状态，挖掘自己的学习动力和潜能。校方和教师可以通过多种渠道、多种形式的改革手段来促进学生潜能的发挥，提高学生的素质，这才是我国现有高等教育体制下比较现实的一种解决思路。从一个方面看，自由转专业给学生自主选择提供了很大的空间，使得更多学生拥有了重新选择专业的机会。但从另一方面来看，较大的转专业比例可能给一些院系的教学带来严重的冲击；对学生来说，选择的自由固然可贵，但是若无法承担相应的学业责任和压力，也可能是巨大的负担和遗憾。比如，很多跨学科转专业的学生要从头开始学习，要花费比原专业学生数倍的时间来跟上学习进度。甚至有一小部分学生是因为一时冲动而转换专业的，并未考虑清楚个人的兴趣爱好和未来发展方向，缺乏与父母、导师进行充分的探讨，一时冲动的情绪存在于转专业的整个过程中，随意地转出和盲目地转入新专业。其一时冲动也是由多方面因素造成的，其中也包含高校转专业政策本身存在的误导性。在一份调查中，有学生曾这么说过："能获得转专业资格是很不容易的，因为转专业条件限制比较苛刻，名额有限，能获得这样的资格至少是对过去一年学习的一种肯定,具有很强的荣誉感。虽然我感觉对原先所学专业也蛮有兴趣的,也不是对所转入的专业了解很深,但我还是最终选择了转专业。因为在这个过程中我获得了足够的成就感"①。这种行为对未来学习产生何种影响我们目前尚无法定论,但一旦学生进入新专业的学习后无法很好地适应,再想调整专业就更难了。

因此,在现有的教育资源下,校方的指导显得尤为重要,详细介绍各个专业、分析各专业前景,未来发展趋势,引导学生分析个人兴趣专长,认清自己的优势、劣势,只有科学、合理、透彻地分析指导,才能帮助学生结合实际作出判断。复旦大学转系的结果显示,一些热门专业转入的人数并未达标,反而是一些冷门的基础学科专业成了热门,要求转入物理系、化学系、数学系等基础学科的人数大大"超支",这说明校方的引导有力。

(三) 在学生自主选择专业和学校学科发展之间缺乏平衡机制

从理论上讲,重新选择专业不会给当前高校现有专业结构带来致命性的冲击,各专业之间在生源上实现的是一种良性的互动交换。但是相应的平衡机制还是需要考虑的。在现有的体制下,目前我国高校实施的转专业政策只是一种过渡性政策。我国大学教育仍然实行专业教育,绝大多数学生在入学时就已经选择好专业,各专业依据自身的发展情况和就业市场的相关信息决定招生,用人单位也主要根据专业来招聘。专业成了连接这一系列关系的"纽带",并已经形成了一定的秩序。上述秩序被打破后,将如何重新建立平衡,是实践中迫切需要解决的问题。

学生选择专业时往往存在一定的功利性,如,区分"冷门与热门"

---

① 肖珍教:《上海地区高校本科生转专业的现状研究》,华东师范大学硕士论文,2004,第25页。

第四章 我国研究型大学本科阶段学生学习自由现状审视

专业。对上海高校的一项调查显示,"就业形势相对较好或者学校特色名牌的专业虽然也提供了转专业的比例和名额,但转出的学生却很少,如上海交通大学的电子科学与技术、国际经济与贸易、金融学等专业,同济大学的建筑学、城市规划等专业,华东师范大学的软件工程、英语、对外汉语等专业,东华大学的服装设计与工程、纺织贸易、通信工程等专业以及华东理工大学的计算机科学与技术、金融学、国际经济与贸易等专业,这些专业要么是目前比较热门的专业,要么是各个学校传统的特色名牌专业,就业形势比较好,因此,这些专业转入与转出的学生人数之比也非常悬殊,其中有些专业根本就没人转出"[1]。每一个学校都存在着一个教学资源的合理配置问题,更何况是我国的高校教学资源还非常紧张。

有的大学已经开始学习美国的大学,尽量通过调整教学资源的办法来解决专业人数不均衡的问题,有些大学还限制热门专业的人数,把某些专业确定为"封顶专业"。但是如何灵活调整教学资源来满足学生的需要或者如何设置各个专业人数的上限,具体方法还在探讨中。另外,如果实行学生入学后自主选择专业的制度,可能会对高校的生源产生一定的影响。允许学生自主选择专业,给予学生更多选择的自由,是符合学生整体利益的。一般来说学生会更欢迎这种制度,但是学校不可能满足所有学生的专业志愿,例如,那些在高考时得到高分、当时在选择专业有优势条件的学生可能宁愿选择一个在当时就能保证其专业志愿的高校。可见,专业选择制度的变化对生源可能有一定的影响。

总之,大学生转专业需求是诸多复杂因素造成的,高校允许大学生转专业,这对高等教育的未来发展有着巨大的推动作用,但也存在

---

[1] 肖珍教:《上海地区高校本科生转专业的现状研究》,华东师范大学硕士论文,2004,第9页。

着一些忧患。转专业并不是学生成才的唯一途径，如果高校能够从更深层面上进行教育体制的改革，完善各种配套管理制度，其效果应该比仅仅通过转专业方式提高学生的学习自由度和专业的满意度更好。

二　大学生选择课程自由的障碍

为了扩大学生的选课范围，近年来许多高校增加了选修课的数量，很多研究型大学已允许学生跨学校、跨年级、跨专业选课。不过也出现了不少问题，目前研究型大学学生选课中存在的问题主要有：

（一）可选课程不够丰富，质量略有偏低

"丰富的课程设置是提供充足选择机会的首要条件。"事实上，"没有多样性，也就无法实现充分选择，无法满足学生在学习上个性化发展的需要、满足学生的自主选择权"[①]。教学资源不足是导致现行本科教学管理制度缺少学习自由的重要原因。无论实行学分制、学年制还是辅修制，都需要开设大量的选修课供学生选择学习，以拓宽学生的知识面，满足其多样化的学习需求。然而，我国大学现有课程资源严重不足。选课制的精髓在于选择，但由于现有条件的限制，中国高校选课制可供学生选择的余地少。目前中国的研究型大学多数还是实行学年学分制，其必修课、限选课、任选课三者之间的比例分别是60%~70%、20%~25%、10%~15%，本科专业总学分多在150~170学分之间，但必修课所占比例过大，一般为100到130学分，学生实际上能自主选择的课程并不多，在选修课中，有不少选修课是限制性选修课，任意选修课一般在20学分以下，即使在一些改革比较成功的研究型大学的学分制教学计划中，必修课比例仍然偏高。

充足的课程数量是选课制得以生存的基础。美国是世界上在高校

---

① 胡文亚、任初明：《学生享有课程选择权的条件》，《江西教育科研》2003年第1期，第60页。

中开设选修课最多的国家，其选修课在全部课程所占比例也居世界首位，这正是学分制得以生存的基础。如加州大学的课程总数达10000门之多①。美国麻省理工学院的360个学分中，有选择余地的课程约有300个学分，占总学分的83.3%，学生的选择余地相当大。再如法国选修课比例高达40%~60%。法国大学本科课程的选修课占所有本科课程的比例高达60%。②原联邦德国工科大学机械系学生第一阶段可以选修1/4的课程，第二阶段可选修1/2的课程。目前德国的大学既鼓励学生选修新兴、交叉与边缘学科，还鼓励理工科学生选修文科课程，文科学生选修理工科课程。有学者做过比较，国外一流的研究型大学（如哈佛大学）一年能开出的课程约为20000门，而北京大学和清华大学目前能够开出的本科及研究生课程也不过5000多门，其他的研究型大学能开出的课程基本上无法超越这个数字。学生无论是在专业课程还是在其他院系的课程的选择上都受到了限制。

我国高校普遍而言，选修课程未能得到足够重视且缺乏有效管理，选修课质量略为偏低。课程设置缺乏科学性和系统性，有些教师把选修课程作为课程设置中的"次等公民"，开课的积极性、主动性不够。学校也往往是求量不求质，教师申报的课程一般都准予开设，相应的资格审查和考评制度不足。另外，许多选修课课堂教学不如专业课严谨，学生存在为学分而选修的情况，相应的考试管理也没有专业课严格，教师给成绩常常是一律合格了事。

（二）学生选课能力欠缺，选课指导力度不够

自由对应于责任，选课自由要求学习者承担相应的学习义务与责任。当前大学生选课过程中存在着诸多不成熟、缺乏责任感的表现，使得选课自由的践行更为困难，这也严重违背了选课制的初衷。从学

---

① 金耀基：《大学理念》，上海三联书店，2001，第78页。
② 张继华：《论高校课程改革及发展趋势》，《中国高等教育》2000年第3期，第20页。

生选课的问题入手,我们可以更好地发现中国高校选课制度在实施中的困难,并加强对学生的引导。据调查,多数学生根据实用性和获得学分的难易程度来进行选课,较少考虑知识结构的系统性和完整性。学分制是以学生自主选课、自主安排学习进程为主,给学生以充分主动选择权。但在实际操作中,存在对学生的引导不足的情况。因为缺乏长期的学习计划,在每学期的选课中,学生常常会专门选择一些比较容易得到学分的课程。学生们选课中的普遍问题有:

1. 选课理念不清

影响大学生选课最深层次的东西实际上是学生的选课理念,不同的选课理念会让他作出不同的课程选择。一般来说,学生的选课应追求合理的知识结构,选课还要尽量符合自己的个性特点,如兴趣、特长等。对于大学生来说,选课理念不清晰是选课被动或选课混乱的一个重要原因。选课制的主要特征在于主体性和交互性,选择的自由不能滥用。学分制要求学生具备自学能力,具备自己制订学习计划并具有自我约束能力。但是由于个人成才目标的模糊和多变,具有自主选择权后,有些学生能够有计划地组织自己的知识结构,从定向发展出发进行选课;有的学生只注重学分,为了能够达到顺利毕业的目的,避难就易;有的学生不考虑自己的实际能力,不去了解课程就跟从其他同学选课。这样的学习自由缺乏真正的意义。

2. 贪多求全,盲目选课

有的学生看到选课单中有许多自己感兴趣的课程,希望能选择尽可能多的课程;有的学生认为要增加自己的就业竞争力,必须多选择课程来进行学习;还有的学生对学分制有理解误区,认为学分制首先是要把学分修完,因而在大一、大二时尽可能多的选修学分,为"凑够"学分而多选课。例如,浙江大学的选课动机调查中,问题:"选课制是学分制的核心,在拥有较大自主权的情况下,你选课的动机是——",可以看到,51%的人选课是"出于兴趣",同时也有26%左右的人选择了"被迫拿学分",从整体来看,"被迫拿学分"的比例是仅次于"出于兴趣的",而选择"补充知识上的不足"的学生只占了约7%,[①] 可见,有相当一部分学生是在为学分而学习,而不是出于补充自身知识上的不足。

3. 避重就轻,趋"热"避"冷"

部分大学生可能会产生避难就易的心理,出现拼凑学分的现象。学生可能选择"教师要求不严"、"考试容易通过"的课程,由此导致学生在选课上没有一个长远的考虑,缺乏对所需掌握知识结构的整体规划,对自己的学业造成不利影响。在选择教师方面,一些学生尽可能选择要求宽松、容易过关的教师讲授的课程。这对治学严谨、教学要求严格的教师可能造成"生源少"的打击。对学生要求宽松的教师受到欢迎,并得到了"鼓励",从而形成不良教风与学风的恶性循环。

我国的研究型大学已经开始采用本科生导师制来引导学生选课,但由于大多数高校的导师制不够健全,每位导师指导的学生人数偏多,无法顾及每一位学生。许多学生特别是新生,对拿到手的教学指导书、课程介绍、选课指南不知所措。由于没有严格的导师制度,也出现了某些导师不了解学生的实际情况,就在选课单上签字的现象。

(三) 课程管理能力不足,学校资源仍显短缺

课程管理包括课程选修原则与程序、课程的学分与学时、课程的免修与免听、课程的考核与成绩记载、跨校选课管理等;保障体系包括各专业教学计划和教学大纲的制定、教学质量管理与监控等。当前我国推行学分制的高校普遍缺少相应的制度建设,多是在原有制度或措施上稍做修改便运用于学分制管理中,这使得在学分制的实行过程

---

① 杨建群、张明:《关于高等学校实行学分制的实证探讨——以浙江大学为例》,《高等农业教育》2005年第12期,第65页。

中，许多问题接踵而至。如学分制下学生打破了年级、专业的界限，选课情况复杂多样，同时改选、退选课等情况也时有发生，学生还可以跨专业、跨系、甚至跨校选课，流动性大，这样教学管理的工作量很大，而学生又要求及时地查询有关教学信息，教学秩序可能难以控制。另外，由于目前我国高校教学管理队伍整体素质不高，在面对一些复杂的问题时无法解决，这在一定程度上限制了选课的自由。

同时，学校资源的相对短缺也加剧了管理层面的问题。比如由于教师资源的限制、教室资源的限制、上课时间的冲突，学生常常会经历因选课人数太多、教室容量有限等原因而被删除或调剂的情况，想选择的课程选不上。而且由于高校之间的合并、扩建，使很多高校形成了多校区格局，这给学生跨校区选课带来诸多不便，无法充分体现出学生选课应有的灵活性和开放性。

三　大学生选择教师的障碍

（一）学校资源有限，无法实现

选择的前提是多样性，能够自由选择教师的前提是要一门课同时有数名教师上课，学生才可根据他人介绍以及自己的了解去选择教师。目前在我国高校常常出现的问题是，没有充足的师资。但实际上很多时候一门课程只有一位老师，学生们根本无从选择。在必修课的情况下，即使有些课程是几个老师同时上课，学生想选择某个老师，也是非常困难的；除非某班学生对某个老师上课不满，集体要求撤换老师，更换老师的可能性才比较大。在研究型大学中，平均高达60%~70%的必修课是不能选择教师的。

特别是近些年来，随着我国大学招生规模的迅速扩大，师生比例的下降，教学资源普遍不足，特别是一些新学科、新专业的教师缺编较多，要真正实现学生自由选择上课教师尤为困难。从数量上看，据统计，1999到2001年，我国普通高校学生规模增长近1倍，教师总量仅增长了31%，"2000年我国普通高校的生师比平均达到16.3∶1，2001年平均达到18.2∶1，目前有的高校甚至超过35∶1"①。史秋衡教授曾谈到，牛津大学、巴黎高师等学校的师生比为1∶3，而我国研究型大学师生比一般为1∶16。他们的学生是"熏"出来的，我们的差距还很大。② 国外研究型大学的师生比一般为1∶10~12左右，而我国重点大学的师生比却只与欧美国家的社区大学相当；③ 再加上多数学校的本科教育把选课分布在前三年，要求的学分比较多，选课密度之大使多数学生没有足够的课外时间，除了应付教师布置的作业无力兼顾自己的课外兴趣。而且长期以来教学计划中专业划分过细、选修课太少，许多教师缺乏宽厚的专业知识，结构较单一，适应性不强，教师不断开出新课的能力有限。

（二）学生选择可能有盲目性

学生理性的选择和正确的评判能力是学生学习自由和选择教师的重要前提假设。调查显示，虽然很多高校在学校网站上有详细介绍授课教师的职称、学历学位、科研成果、教龄、业务专长的信息，但是真正以"讲课水平"来择师的学生并不多。笔者认为，为保证学生选择教师的合理性，高校在试行选师制度改革时，学生至少要遵守两个前提：其一，学生要遵守学校的教学安排，不能干扰教师的教学行为。当学生对教师的授课水平表示不满时，可以选择退出或者提出建议，但无权决定教师的教学内容、进度、形式和方法等事项。其二，教师有评价学生的权利，学生参加课程考核或测评，并自愿承担成绩不理想的风险。

---

① 中国教育与人力资源问题报告课题组：《中国教育发展情况分析》，《教育科研参考》2003年第6期，第20~21页。
② 浙江大学"教学新政"：走出"职称越高、离讲台越远"的怪圈，http：//news.v1.cn/gd/a/2011-4-13/130267260693.shtml。
③ 上海高校打造高层次创造性人才的思考，http：//learning.sohu.com/20040712/n220966262.shtml。

本章小结

前三章完成了对大学生学习自由的理论探讨和历史发展历程的描述，本章开始集中于对现实情况的考察。本章明确地将研究范围集中于研究型大学本科阶段的学生，对这个群体的学习自由现状进行文本的收集、总结和整理，主要包括大学生选择学校、选择专业、选择课程、教师等方面的情况，并以复旦大学为个案进行了具体的考察。本章在描述现状的基础上，对我国研究型大学本科阶段学生学习自由的主要阻碍进行了分析，总结了大学生在选择专业、课程和教师方面存在的客观阻碍。而下一章的调查和访谈，正是和本章考察的主要内容是基本相对应的。

第五章
我国研究型大学学生学习自由的调查和访谈

为了进一步补充信息,验证对我国研究型大学学生学习自由现状的分析,本研究在国内的三所研究型大学——中山大学、华南理工大学、复旦大学的本科生中随机发放了 1000 份调查问卷,进行了抽样调查,并对这三所高校的部分教师和台湾国立交通大学的部分教师进行了访谈,以补充信息,进一步了解情况。[①]

第一节 大学生学习自由现状的调查研究

一 问卷设计与被调查者的选择

(一) 调查问卷的设计

1. 问卷指标分析

指标是总目标的具体化,是根据总目标内涵逐级分解而成。确定指标旨在更有效地设计出问卷中的问题。[②] 根据前文中所整理和论述到的大学生学习自由的主要因素,笔者尝试运用简明清楚的目标树方式,建立衡量大学生学习自由状况的一级指标和二级指标,并根据上

---

① 调查问卷和访谈问题提纲见文后附录。
② 李方:《教育管理技术基础》,高等教育出版社,1999,第 331 页。

述指标编写调查问题，根据调查内容所需，调查问卷中包含有跳转题和多项选择题。

表 5-1 大学生学习自由状况的调查指标

指标项	一级指标	二级指标
指标1	学生的基本学习状况	喜欢大学学习的程度 学习成绩水平 学习中的主要困难 自由学习时间 对学习自由的期望值
指标2	专业选择自由状况	入学时的专业选择标准 现在选择专业的标准 入学后是否有转专业意向及实施状况 双专业(学位)制度的作用 按大类招生制度的意义
指标3	课程及其他选择自由状况	选择课程的标准 选修课和必修课的合理比例 对选修课的满意程度 学生选择上课与否的权利 学生选择教师的自由

2. 问卷设计的流程

在开展调查问卷设计之前，笔者进行了大量相关资料的收集和分析，根据主要因素编制了调查问卷。问卷主要为单项和多项选择题。从问卷的内容上看，主要包括对学生基本情况、在学习过程中的主动选择情况和对学习自由的期望值等题目。在问卷编制的过程中，笔者征求了专业人士的意见和建议。问卷全部是封闭式问题。首先是在中山大学的大二和大三学生进行了50份的问卷调查，作为预试，对50份问卷进行了有效信息分析后，笔者对问卷稍作修改，然后投放在三所研究型大学的本科生中进行了调查。

（二）被调查者的选择及内在假设

笔者于 2009 年 9 月至 2010 年 11 月对三所研究型大学——中山大学、华南理工大学、复旦大学的全日制本科生展开调查，调查形式为问卷调查。本调查的假设在于"利益主体话语权的需要"。学生的学习自由对学生而言是个人发展的重要手段；对高校来说是提高其教育服务满意度的重要途径。所以，学生的学习自由不是单纯的个人选择意愿问题，而是涉及政府、高校、教师、学生和社会等多个利益主体，也体现了多个利益主体间话语权的博弈。政府以政策的方式来监管学校，高校以制度方式来制约学生的学习自由，因此，学生学习自由很大程度上取决于政府的教育政策和高校的教学管理制度。而社会（用人单位）对于学生的学习自由度的了解和参与不够充分，对于高校内部的教学管理制度也不尽熟悉，且社会各界力量参与高校学习层面问题的方式和程度都有所不同，很难提出明确、有效的建议，所以研究中我们只把社会力量的观点作为利益相关者来参考。因此本研究还是着重于对学生话语权的尊重，学生在高校学习，是学习自由的体验者和执行者，他们能够结合自己的学习实践和学习追求形成对于学习自由的体验和观点，对学生的调查应该是形成研究观点和结论的重要途径。

本研究样本的选择基于以下几点考虑：

1. 不同的研究型大学在教学管理制度上可能存在差别，不同研究型大学学生的学习能力和学习热情可能也有些许不同。但是整体看来，就读于研究型大学的学生在大学录取时的分数较高，学习基础和学习能力整体较好，可以看做一个群体来研究。另外，国内的研究型大学大多具有较为丰富的教育资源、较好的生源，并且在国内范围内较早开展各种教学管理改革，情况较为类似。鉴于上述情况和条件限制，本调查是在广东省和上海市的三所高校进行的。

2. 由于不同年级的大学生对学校各项制度的了解程度、思考问题的角度和成熟程度不同，他们对学生学习自由的认识很有可能会有所不同，调查希望能够涉及大学本科阶段的多个年级。由于大一学生入校时间尚短，对大学学习尚不很熟悉，未能充分了解学校的教学管理和课程管理制度等，鉴于此，本调查主要是针对大二、大三两个不同学习阶段的学生进行，他们对学校的各项学习制度和大学学习生活都较为熟悉了解，并具有较为成熟稳定的看法。

3. 不同专业背景的学生也很可能会对学生的学习自由有不同的认识和感受。由于本研究所涉及的专业和课程选择自由等问题的敏感性，所以本研究保守地选取三大类学科的学生进行抽样调查，即经济学、文学、管理学，这三类学科在我国高校的普及性较高，学生数量众多，且每类学科其所属的二级学科也较多，以管理学为例，根据教育部学位办2011年的《学位授予和人才培养学科目录》[①]，管理学一级学科包括管理科学与工程、工商管理、农林经济管理、公共管理、图书情报与档案管理5个二级学科。本调查以经济学、文学、管理学学科的学生作为被调查者。不过，由于经济、管理和文学类等学科内的多数专业认为是大学的所谓"热门专业"，这在一定程度上可能会造成调查结果的偏差，故而在解读调查结果时也要参考到此因素。

（三）问卷的发放与回收

本次调查采用随机抽样原则，共发放问卷1000份，回收问卷970份。问卷回收率为97%，其中有效问卷930份，回收问卷有效率为95.87%。从总体上来说，该样本具有代表性。本书采用统计软件SPSS对调查结果进行统计分析。

二 调查问卷的结果及分析

（一）问卷的效度

由于问卷内容的原因，问卷未全部采用五级量表形式，鉴于由此

---

① 学位授予和人才培养学科目录（2011），http://www.moe.edu.cn/publicfiles/business/htmlfiles/moe/moe_834/201104/116439.html。

可能带来的各个等级间的差异强度不相等的情况，问卷暂时忽略信度的考察，而偏重于考量效度。因为效度在于测量正确性程度，也就是数据是否真实反映我们要测量的变量的真实含义，一般来说，问卷的效度高，其信度必然高。因为其中结构效度是指测量结果能够体现出来的、理论上的、结构的对应程度，也就是问卷所要测量的目标因素是否能够符合问卷主题在理论上的设想。一般认为，进行效度分析最理想的方法就是利用因子分析，来测量整个问卷的结构效度值。根据 KMO 抽样适度检验和 Bartlett 检验观察本调查结果的结构效度，从总结数据我们可以得出：KMO = 0.76 > 0.7，巴特球形检验 P 值 = 0.000 < 0.01，效度检验适合。

（二）被调查者的基本情况

被调查者的基本情况见下面四个表格。

表 5 - 2　被调查者的年级分布

年　级	频率	有效百分比
大　二	508	54.6
大　三	422	45.4
合　计	930	100.0

被调查者全部是大学二年级和三年级的学生，两个年级的人数大体相当。

表 5 - 3　被调查者的专业分布

专业类别	频率	有效百分比
经济类	223	24.0
文学类	225	24.2
管理类	482	51.8
合　计	930	100.0

被调查者为经济类、文学类和管理类的大学生,人数分布上管理类的学生占五成多点,经济类和文学类的学生基本持平。

表 5-4 被调查者的成绩状况

学习成绩在班内排名	频率	有效百分比
前 30%	262	28.2
中间 40%	306	32.9
后面 30%	130	14.0
情况不明	232	24.9
合 计	930	100.0

Std. Deviation = 1.143

这次调查的学生在综合学习成绩上基本呈正态分布,并未明显偏重于学习成绩高或者低的学生。

表 5-5 你现在平均每天可供支配的自由学习时间是多少?

自由学习时间	频率	有效百分比
功课和活动多,几乎没有自由学习时间	103	11.1
一至两个小时	403	43.3
两至三个小时	297	31.9
三个小时以上	127	13.7
合 计	930	100

Std. Deviation = 0.899

(三) 主要调查结论

1. 结论一:部分学生在入学时已经具备一定的学习选择能力和责任意识,并得到家长的支持。入学后通过一至两年的学习,被调查者现在专业选择的标准上显示出了更为积极的态度,并且自主意识显著,大学生的学习自由具有较大可能性。

表 5-6　您入学时的专业是如何选定的？（单选）

原因	频率	有效百分比
个人兴趣爱好	370	39.8
就业前景良好	261	28.1
听从父母建议	98	10.5
服从调剂	201	21.6
合　计	930	100.0

Std. Deviation = 1.208

以上数据显示，学生们入学时所选定的专业，近四成的学生是考虑了自己的兴趣爱好来选报专业的，近三成的学生是以毕业后的就业前景为主要考量因素来选报专业，纯粹听从父母安排来选择就读专业的只有一成左右，另外有二成多点的学生是由于分数限制，服从调剂才入读自己所学专业的。

由于"兴趣爱好"和"就业前景"原因进入所学专业的学生数量和比例明显高于"父母建议"和"服从调剂"原因的学生，这减少了学生进入高校后由于不喜欢此专业带来的学习困难，也在一定程度上避免了对此次专业选择不满而无法积极学习并承担学习责任的情况，这也可以看出，这些年来随着社会价值观的多元化、公众教育理念的不断更新、家长的管理方法的改变、学生自我意识的增强和职业规划的提前，学生在选择专业的时候具备了更多的学习的自主意识和责任感。如果说学生在进入高校前的报考学校和选择专业是行使他学习自由权利的重要体现方式，那么，可见相当数量的学生对此次教育选择是抱着负责任的态度，是结合自身兴趣和利益需求的理性行为，这也从一个侧面证明了赋予学生较多的学习自由的可行性。

但是非"兴趣爱好"原因选择专业的学生仍然达到了 60% 以上，比例仍然较高，这一方面是和优质高等教育资源的有限性有关，另一方面也说明了学生在选择专业时受到的制约因素较多，明显存在

"不自由"的状况。无论是何原因,都表明了我国学生学习自由的充分实现还需要一个较长的时间。

表 5-7 您现在认为选择专业的标准应是什么?

标 准	频率	有效百分比
专业发展前途	352	37.9
个人兴趣与特长	429	46.1
经济收入	133	14.3
社会地位	16	1.7
合 计	930	100

Std. Deviation = 0.911

被调查者现在专业选择的标准体现了被调查者经过一至两年的大学学习后,对该问题的理性思考,"个人的兴趣和特长"仍然是学生的首选,近5成的学生倾向于此,较之入学时专业选择四成人以"个人兴趣爱好"为主要标准,可见,随着学生大学学习经验的丰富和学习能力的提高,学生的自我选择意识愈加浓厚。另外"专业的发展前途"是学生们除了个人兴趣之外最为重要的选择标准,此选项与学生的就业前景和职业生涯关系紧密,可见不少学生开始有了更加深思熟虑的长远打算,能够认识到选择所带来的长远结果,并考虑承担选择的责任。以"经济收入"或者"社会地位"作为专业选择标准的学生加起来也不到两成人数,可见大学生在专业选择中不是完全被动的"被选择",也不是盲目的"物质化的选择"。

2. 结论二:整体看来,学生们对大学学习和所学专业存在一定的"麻木"和被动感,缺乏足够的学习热情和学习兴趣。五成以上被调查大学生未表示出对专业的喜爱。对大学的学习和所学专业表现出"不喜欢也不讨厌"态度的学生比例巨大。

表 5-8 您是否喜欢大学的学习

程　　度	频率	有效百分比
喜　　欢	37	4.0
比较喜欢	150	16.1
一般,还可以	545	58.6
比较不喜欢	144	15.5
不　喜　欢	54	5.8
合　　计	930	100

Std. Deviation = 1.000

表 5-8 中被调查者中"喜欢"或者"比较喜欢"大学学习的有两成,明显有不满情绪的有两成左右,近六成的学生对大学的学习表示"一般"不喜欢也未反感。

表 5-9 您是否喜欢在读的专业

喜欢程度	频率	有效百分比
喜　　欢	140	15.1
比较喜欢	304	32.7
一　　般	378	40.6
比较厌倦	90	9.7
非常厌倦	18	1.9
合　　计	930	100

Std. Deviation = 0.73

而表 5-9 中的数据比例与表 5-7 相比,更多的学生表示喜欢或者"比较喜欢"自己的专业,仍有四成的调查对象表现出对自己专业的处于"一般"态度,即既不喜欢也不讨厌,还有有一成多点的学生对在学专业是明显反感和厌学的,处于勉强坚持学习的状态。

3. 结论三:学生在入学后想转换自己的专业时,受到的制度和条件制约较多、难度大。曾经有转专业意向的学生人数达到了三成以上。高校的转专业制度条件依然较为苛刻,实现者偏少。

表 5-10-1 您是否曾经或者正在计划转换专业

情　况	频率	有效百分比
未有转专业的意向	585	62.9
有转专业的意向,但并未有进一步的计划	306	32.9
有转专业计划和尝试,但未能实现	32	3.4
有转专业计划和尝试,并已实现	7	0.7
合　计	930	100

表 5-10-1 显示,有超过六成的被调查者未有转专业的打算;而另外有超过三成(32.9%)的人想过转专业,可是由于各种原因最后放弃此想法。被调查者中成功转专业的学生人数极少,只占 0.7%。

表 5-10-2 有转专业的意向,但并未有进一步的计划的原因

原　因	频率	有效百分比
学校的转专业制度条件较高	176	57.5
通过学习,喜欢上现读专业	47	15.4
通过学习,可以接受现读专业	64	20.9
其他原因	19	6.2
合　计	306	100

Std. Deviation = 1.080

表 5-10-2 显示,共有 176 人选择了转专业制度条件较高这一选项。(此题进行了逻辑跳转,共有 306 人回答了此题),有转专业的意向的学生中超过一半的人都是由于转专业制度要求较高而放弃进一步计划的。这反映出目前高校转专业还是较为困难的,制度上的限制仍然比较多。

表 5-10-3 和表 5-10-4 由于答题样本较小,在此列出,仅供参考,不做具体分析之用。

表5-10-3 有转专业计划和尝试，但未能实现的原因

原因	频率	有效百分比
学校的转专业制度要求条件偏高	21	65.6
学校的转专业制度有时间限制,错过了时机	3	9.4
其他原因和限制	8	25
合计	32	100

Std. Deviation = 0.632

（此题进行了逻辑跳转，所以只有32人回答此题）

表5-10-4 有转专业计划和尝试，并已实现的原因

原因	频率	有效百分比
有某方面的特长或者获奖	3	42.85
学习成绩优秀	3	42.85
学校的转专业制度宽松合理	1	14.3
合计	7	100

Std. Deviation = 0.299

（此题进行了逻辑跳转，所以只有7人回答此题）

4. 结论四：虽然双学位（双专业）制度可提供的自由选择范围有限，选择带来的相应责任也比较沉重，但是该制度还是明显地丰富了学生的专业选择。按大类招生制度给学生带来的学习自由保障意义得到了95%以上绝大多数学生的认可，这是学校保障学生学习自由的一个重大的制度改革。

表5-11 双学位（双专业）制度对你实现学习自由的作用?

作用	频率	有效百分比
丰富我的专业选择,帮我学到了想学的专业	127	13.7
丰富了我的专业选择,但是能选择的专业有限	250	26.9
丰富了我的专业选择,但是学业过于沉重	453	48.7
未产生什么作用	100	10.7
合计	930	100

Std. Deviation = 0.925

学习自由与选择

双学位（双专业）制度在很多高校开展近十年以来，发展迅速，受到学生的欢迎，被众多高校作为有利于学生就业、培养复合型人才的重要手段。很多学生将其作为专业选择自由的一种重要实现方式而积极选报。此次调查中有近九成的学生认可双学位（双专业）制度丰富了自己的专业权利范围，但是其中26.9%的学生认为这个选择的范围和自由度还是很有限的，其中还有近五成的学生表示学业负担非常沉重，选择的自由带来的还有沉重的责任，对学习责任的承受能力也是学习自由得以实现的必要条件。学习自由是以承担学习责任为保障和限度的，自由的选择意味着相应的学习努力程度和责任意识，学生通过选择专业，更能够体会到自由选择带来的责任，从而保持更好的学习状态和努力程度。

表5-12 按大类招生制度对你实现学习自由的作用？

意义	频率	有效百分比
对学习自由的实现有极大帮助	102	11.0
对学习自由的实现有较大作用	487	52.4
对学习自由的实现有一定的积极意义	296	31.8
没有什么意义	45	4.8
合计	930	100

Std. Deviation = 0.825

5. 学生在选修课程时受到的影响较多，选择标准相对比较分散，没有选择专业时那么理性和负责。学生对选修课的满意度略偏低。认为选修类的课程数量不够充足、选课系统不够完善。多数学生认为应该增加选修课的数量，调整选修课和必修课在总课程中所占的比例，增加选修课在总课程中的比重。大多数的学生表示大多数时间会去上选修课。

表 5–13　你选择选修课的标准是

标　准	频率	有效百分比
个人兴趣爱好	655	34.4
有助于提高自身综合素质	538	28.2
有助于就业	278	14.6
容易拿到学分	434	22.8
合　计	1906	100

（此题为多项选择题）

表 5–13 显示，"个人兴趣爱好"和"提高综合素质"是学生选课的主要标准，这体现出学生为应对未来社会竞争而对课程选择的自主意识明显提高，也体现了学生对个性化课程需求强烈；但同时，仍然被两成以上的学生把"容易拿到学分"作为选课的主要标准，学习的意识略显淡漠。

表 5–14–1　你对学校开设的选修课或通选课的满意程度

满意程度	频率	有效百分比
满　意	21	2.3
比较满意	102	11.0
一　般	637	68.5
比较不满意	140	15.0
不满意	30	3.2
合　计	930	100

Std. Deviation = 0.567

表 5–14–1 显示，近七成的学生对学校的选修课只有"一般性"的满意程度。

表 5-14-2 认为选修课"一般"或"不满意"的原因

原因	频率	有效百分比
课程选择少	383	28.1
师资水平有限	235	17.2
课程质量偏低	433	31.7
选课系统不完善	313	23.0
合计	1364	100

注：此题进行了逻辑跳转，所以只有807人回答此题。此题为多项选择题。

表 5-14-2 显示，学生对选修课不满意的主要原因：一方面，课程质量水平偏低是学生对选修课和通选课诟病的一个重要原因；另一方面，可供选择的课程偏少，没有一定课程数量的保证，选修给学生带来的自由学习的意义就大大减弱，多样的个性化需求也无法满足，对学生的吸引力也明显减小；另外，学校系统不完善、不稳定也是学生不满的原因之一。

表 5-14-3 你所学专业的课程中必修课和选修课的比例如何

比例合理状况	频率	有效百分比
必修课较多,选修课较少	153	16.5
必修课偏多,选修课偏少	443	47.6
现有比例合理	237	25.5
选修课偏多,必修课偏少	97	10.4
合计	930	100

Std. Deviation = 1.008

表 5-14-4 你认为大学的选修与必修课的合理比例应是

合理比例	频率	有效百分比
小于3:7	127	13.7
大约3:7	335	36.0
大约4:6	282	30.3
大约5:5	101	10.9
大约6:4	85	9.1
合计	930	100

Std. Deviation = 1.141

我国高校近几年来选修课和通选课的数量和丰富性有了较大发展，目前已有不少高校的课程体系中，选修课所占比例达到了30%，但是能达到50%的高校寥寥无几，然而无法达到学生们对选修课和通选课的期望，提供更多、更丰富的选修课和通选课，应该是高校未来课程发展的一个普遍趋势。

近五成的学生认为应该增加选修课在总课程中的比重，大多数学生只要求选修课和必修课的比例调整到3∶7或者4∶6。据笔者的了解，被调查几所高校的现有课程比例和期望比例其实相差并不是很大。笔者在台湾交通大学的访谈时发现该校的这个比例一直是5∶5左右，被调查的教师一致认为这是一个很正常的比例，甚至应该更高。这样比较之下，是否也可以体现出我们学生的一种矛盾的心态，学生期望选择增多，但由于学生可能缺乏指导且信息不对称，他们担心自己会选择错误，所以学生对课程选择自由度的要求并不是很高。

表 5–14–5　你选修课的出勤率如何？

出勤率	频率	有效百分比
基本全勤	315	33.9
有缺课,较少	448	48.2
缺课较多	153	16.4
极少上课	14	1.5
合　计	930	100

Std. Deviation = 0.748

在选修课的出勤率上，八成以上的学生表示大多数时间去上课，也有多位学生在答题时专门标注出来，认为这个问题的选项不充足，他们认为不同课程的差别较大，学生可能根据教师的教学质量决定是否值得去上课，所以有的课程很少学生去上课，但有的课程非常喜欢，是全勤。

6. 大多数学生认为学生有选择不去上课的权利，但此权利是有前提的。这个前提是：课程设置不好、教师的授课缺乏吸引力或者学生有自己的学习安排。同时，大多数学生也认为进行课程学习时，学生应该有一定程度的选择教师的权利。

表 5-15　你怎样看待学生有选择上课与否的权利

态　度	频率	有效百分比
没有选择上课与否的权利	167	18.0
学生有此权利，不上课的前提是课程设置不好或教师的授课缺乏吸引力	575	61.8
学生有此权利，不上课的前提是要有自己的合理学习安排，这是个人学习自由	188	20.2
合　计	930	100

Std. Deviation = 0.815

表 5-16　大学生进行课程学习时应该有选择教师的权利吗?

有无该权利	频率	有效百分比
无权利，教师应由学院指定	15	1.6
无权利，那样学生可能会避重就轻选择容易拿学分的教师	82	8.8
有权利，但是学校师资有限，不一定能提供	448	48.2
有权利，因为这是学生的学习自由权的体现	385	41.4
合　计	930	100

Std. Deviation = 0.702

近年来，有的高校在部分公共课试行了教师挂牌上课、学生选择教师的举措，争议较大且适用范围比较窄。在学生选择教师的问题上，41.3%的被调查学生认为学生对教师的选择上应该有一定的发言权，另有48.2%的学生认可这种理想化的自由选择权，但是同时认为在现实条件下，学校师资有限，无法保障实现。近90%的学生表达了对这种权利的需求，体现出学生们对教师教学表达自我意见的强烈期望和需要。

7. 大多数学生们认为自己具有较为充分或者一定水平的学习自由。缺乏学习兴趣和自我学习安排能力弱是学生们在学习中的主要困难，这对实现学生的学习自由产生了较大的障碍。

表5-17　你学习中的主要困难是什么？

困　难	频率	有效百分比
不喜欢所学专业	91	6.0
自我控制力差,不会安排自己的学习	489	32.2
缺乏学习兴趣	412	27.1
缺乏实践能力	528	34.7
合　计	1520	100

表5-18　你的学习自由状态

状　态	频率	有效百分比
有较为充足的学习自由	147	15.8%
有一定的自由权	618	66.5%
基本上没有自由权	112	12.0%
说不清楚	53	5.7%
合　计	930	100

Std. Deviation = 0.714

以上数据显示，大多数的学生（66.5%）认为自己在高校的学习中具有一定的学习自由，也有12%的学生觉得自己毫无学习自由可言。学生在学习中的一个主要问题是自我控制能力差。践行学习自由的一个重要假设就是学生具有一定的学习控制能力和责任意识，否则"自由"只能导致学习的散漫无序。学生学习自由的践行和保障的重要因素是学生自身的学习计划能力和自我控制能力，否则即使有外部的保障，学生的学习自由状况和自身的专业成长仍然无法改善和优化。

(四) 经方差分析和非参数检验得出的主要调查结论

1. 以被试专业为自变量进行方差分析和非参数检验得出的调查结果

(1) 采用 SPSS 软件进行方差和非参数检验的结果

若以被试的专业（经济类、文学类和管理类）为自变量分析问卷上 Q6 – Q21（Q 这里代指问卷中的问题）问题，通过方差分析和非参数检验，发现其中会对问卷中的 Q6、Q7 和 Q8 造成显著性差异。因为判断差异最关键的是要看 F 值对应的 P 值。如果其 <0.01，说明这种组间的差异是具有统计学意义的，99% 的置信水平下有差异；相反，如果其 >0.01，说明组间要么没有差异，要么差异不具有统计学意义。这里方差分析的 P 值 <0.01。

表 5 – 19 – 1　方差分析综合表

	方差齐检验(P 值)	F 值	方差分析(P 值)
Q6	0.741	13.649	0.000
Q7	0.000	5.878	0.003
Q8	0.003	16.153	0.000

方差分析首先需要满足条件：正态性和方差齐；尤其是方差齐，如果不满足就需要用非参数检验。由于 Q7 和 Q8 方差不齐，不满足方差分析条件；需要单独做非参数检验，下面用到的是 K 阶非参数检验。非参数检验结果如下：

表 5 – 19 – 2　Q7 和 Q8 非参数检验

	Kruskal-Wallis(P 值)
Q7	0.000
Q8	0.000

发现显著性差异后，需要进一步分析有何差异，说明了什么问题，下面采用EXCEL的数据透视表来统计具体的数据并说明情况。

（2）采用EXCEL的数据透视表统计数据的结果

Q6"学生现在选择专业的标准"一题由于专业的不同，在选择上有显著性差异。具体情况为，近五成的经济类专业学生、四成的管理类专业学生以"专业发展前途"为选择专业的标准，而只有两成的文学类专业学生采用同样标准。

Q7"你是否喜欢在读的专业"一题由于专业的不同，在选择上存在显著性差异。调查显示，七成多点的文学类和五成多的经济类专业学生喜欢自己的专业，而管理类专业学生只有三成多喜欢自己的专业。

Q8"您是否曾经或者正在计划转换专业"一题由于专业的不同，在选择上也存在显著性差异。近七成经济类和文学类专业学生未有过转专业的意向，远远高于管理类专业的学生。而管理类专业的学生有半数以上曾有转专业的意向或者计划。

（3）结论

调查结果显示，从倾向性上看，经济和管理类专业的学生在选择专业时更重视专业的发展前途，文学类专业学生则更看重个人的兴趣爱好。多数经济类和文学类专业的学生喜爱自己的专业，未有过转专业的意向，管理类专业的学生喜欢自己专业的人数偏少，转专业意向偏高。这说明，不同专业的学生都希望能够保障自己的学习自由，但是他们在学习自由上的需求程度和实现方式并不同。也许我们可以尝试这样理解，经济和文学类专业学生对自己专业的满意率较高的原因也许是这样：多数经济类专业的学生满意于自己的专业能够提供较好的专业发展前景，多数文学类专业学生满意于自己的专业满足了自己的兴趣爱好；而半数的管理类专业学生可能是由于对自己的职业发展前景不看好，因此对自己的专业不够喜欢，继而希望可以转专业。学生对学习自由需求程度是不同的，他们实现自身学习自由的方式也可能是不同的。

2. 以被试的年级为自变量进行方差分析和非参数检验得出的调查结果

（1）采用 SPSS 软件进行方差和非参数检验的结果

若以被试的年级（大二、大三）为自变量分析问卷 Q6 – Q21（Q 这里代指问卷中的问题）问题，通过方差分析和非参数检验，发现其中会对问卷中的 Q6 和 Q7 造成显著性差异，P 值 < 0.01。

表 5 – 20 – 1　方差分析综合表

	方差齐检验(P 值)	F 值	方差分析(P 值)
Q6	0.577	24.325	0.000
Q7	0.001	6.263	0.013

由于 Q7 方差不齐，不满足方差分析条件，非参数检验结果如下。

表 5 – 20 – 2　Q7 非参数检验

	Kruskal-Wallis(P 值)
Q7	0.000

（2）采用 EXCEL 的数据透视表统计数据的结果

Q6"学生现在选择专业的标准"一题由于被试年级的不同，在选择上有显著性差异。具体情况为，五成以上的大二学生以"个人兴趣特长"为选择专业的标准，而只有三成多的大三学生采用同样标准，大多数大三学生转以"专业发展前途"和"经济收入"为标准。

Q7"你是否喜欢在读的专业"一题由于被试年级的不同，在选择上有显著性差异。近六成的大二学生喜欢或者比较喜欢自己的专业，而只有三成多的大三学生喜欢或者比较喜欢自己的专业；三成多的大二学生认为自己的专业一般，而有五成的大三学生有同样观点。

（3）结论

大二学生在选择专业时仍主要依据个人的兴趣特长，大三学生在考虑专业选择时则更多考虑专业发展前途，甚至经济收入等因素。多数大二学生还较为喜欢自己的专业，而大三学生中喜欢自己专业的人数锐减，半数大三学生对自己的专业处于"不喜欢也不讨厌"的态度。这说明随着学生专业学习在大三的全面展开和深入，学生受到学习压力、就业前景等因素的影响，很可能对所学专业产生负面态度，对专业的认识愈加功利和现实，对学习的兴趣有所减少，对学习自由的追求略显乏力，而更多考虑自己日后的职业发展或者经济收入等因素。

3. 以被试的成绩水平为自变量进行方差分析和非参数检验得出的调查结果

（1）采用SPSS软件方差和非参数检验的结果

通过方差分析和非参数检验，若以被试的成绩水平（前面30％、中间40％、后面30％）为自变量分析问卷上Q6－Q21（Q这里代指问卷中的问题）问题，发现其中会对问卷中的Q7、Q8和Q14造成显著性差异，P值<0.01。

表5－21－1　方差分析综合表

	方差齐检验(P值)	F值	方差分析(P值)
Q7	0.030	8.930	0.000
Q8	0.116	4.109	0.007
Q14	0.001	5.489	0.001

由于Q7、Q8和Q14方差不齐，不满足方差分析条件，非参数检验结果如下。

表 5–21–2　Q7、Q8 和 Q14 非参数检验

	Kruskal-Wallis（P 值）
Q7	0.000
Q8	0.000
Q14	0.001

（2）采用 EXCEL 的数据透视表统计数据的结果

Q7"你是否喜欢在读的专业"一题由于被试的成绩水平不同,在选择上有显著性差异。具体情况为,成绩排在前 30% 的人群有六成以上表示"喜欢"或者"比较喜欢"自己所学的专业,而"厌倦"自己专业的比例非常低。而成绩排在后 30% 的人群更多地选择"一般"和"开始厌倦",成绩排在后 30% 的人群中有四成多的人认为自己的专业一般,另有两成的人认为自己的专业让人厌倦。

Q8"您是否曾经或者正在计划转换专业"一题由于被试的成绩水平的不同,在选择上也存在显著性差异。成绩排在前 30% 的学生中有近七成从没有转专业的意向,另有近三成学生虽然有转专业的意向,但是后来打消了这一念头。成绩排在后 30% 的学生有五成都有过转专业的意向。

Q14"您是否喜欢大学的学习"一题由于被试的成绩水平不同,在选择上也有显著性差异。成绩排前 30% 的人群有三成左右表示喜欢大学的学习,而成绩排在后 30% 的学生只有一成多点喜欢大学的学习,二者差别明显。

（3）结论

调查结果有一个明显的意向,即成绩较好的学生往往比较喜欢自己的专业,喜欢大学的学习,较少有转专业的意向。成绩靠后的学生多数对自己的专业不满,少有人喜欢大学学习,其中半数都有转专业的意向。这也说明学生对自己专业的喜爱程度,与其学习成绩水平是

正相关的，因此，学习自由的保障明显有利于大学生取得好的学习成绩。

第二节 大学生学习自由状况的访谈研究

对大学生学习自由状况的访谈主要包括十道问题，访谈的对象是之前进行问卷调查的三所研究型大学——中山大学、华南理工大学和复旦大学的三十位教师。由于之前已经对学生进行了问卷调查，所以访谈的对象以经济、管理、文学类院系的教师和教务处行政管理人员为主，主要了解他们对于学校专业选择、课程选择制度及学生学习自由的理解、评价和支持程度。在访谈的教师中，在学校教务处从事教学管理工作的人员5人，有十年以上教师工作经验的资深教师10人，有五年至十年教学经历的教师10人，另有三至五年工作经验的教师5人。由于同仁和朋友的帮助，所有访谈的每一个问题都得到了或多或少的回答，能够保证访谈的真实性和有效性。

一 在国内三所研究型大学的访谈

根据访谈问题，逐条概括分析一下对国内三所研究型高校的教师的访谈，结果如下：

（一）问题一："您所在学校或学院中对自己的专业不满意的学生比例是多少？"

访谈对象普遍认为，本学院学生对自己就读专业的不满意率比较低。不过全校的具体情况要根据不同的专业来确定，在热门专业，学生对专业的满意度高，不满意的学生不超过5%；入学分数相对比较低的所谓"冷门专业"学生对专业不满意的比例大概在30%左右，有的专业甚至会更多。根据在学校教学管理部门办理转专业手续学生的数据情况来看，提出转专业申请的学生，他原本的专业往往是在学校中比较没有显著优势的专业,当然也有一些学生申请转专业是因为这些学生在原专业的学习中产生了较大的学习困难,无法坚持下去。

(二) 问题二:"您如何认识研究型大学的学生应享有转专业的自由"

绝大多数访谈对象都认为,大学生应该具有入学后再次选择专业或者说是转专业的自由。不过很多受访教师随即强调转专业绝非儿戏,学生一定要以自己的兴趣和能力为基本条件来衡量是否要转专业。几乎所有认可学生转专业自由的教师都强调说,他们认为可行的转专业次数为一次。受访者陈述的主要原因是:学生在入学填报志愿时可能有盲目选择自己不了解的专业的情况,所以在高考之外,需要给大学生一次改变的机会,使学生能够获得学习上的自我满意状态,有效地刺激学生的自主学习,增加学习积极性,提高学习质量,长远说来有利于社会的人才资源配置;但是,多次转专业可能会使得学生的学习缺乏连贯性,对学生自身发展不利。

不过也有个别访谈对象坚持认为,转专业制度不应该成为一种面向全体学生的、常态的制度,它只应该应用于研究型大学中少数有特长、优秀的学生。原因如下:第一,要对学生入学前的高考分数和填写的高考志愿给予充分的尊重,不应该随意放开转专业的权利;第二,目前我国的绝大多数大学生还不具备与此相匹配的专业认知水平和素养,学生对所学专业的认识需要一个理解的过程,现在不喜欢不能代表以后不喜欢;第三,现在太多的大学生纯粹是根据专业的热门程度和就业率来选择专业的,既盲目又功利,无法相信他们能够理性地行使专业选择自由权。

(三) 问题三:"如何看待中国的研究型大学未来实施较为自由的转专业制度的可能性"

对于本题,访谈对象的观点产生了明显的区别。80%的访谈对象同意下述观点:未来在大学实施较为自由的转专业制度、赋予大学生选择专业的权利是大势所趋,不过和国外的学分制发展过程一样,还需要多年的发展时间。学生是大学学习的主体,高校特别是研究型大学必须充分尊重学生的个性发展,才能获得更长久的发展。虽然短时间内转专业制度可能会在一定程度上造成不同专业间的不平衡,部分"冷门"专业还可能面临"生存危机"。冷门专业可以采取就业、升学等方面的优惠来留住学生。研究型大学应该首先进行这样的制度改革尝试。

余下20%的被访者对此问题的态度相对保守。他们认为每个国家有着独特文化和国情。国外大学的转专业制度有其国情和生存的土壤。我国从小学到大学在教学内容、模式、环境及国家法律政策背景方面都和美国不同,简单地套用美国模式,恐怕也不是什么合理的发展模式。比如如果实施自由转专业这种制度导致我国大量"冷门专业"慢慢消失,该怎么办呢?

(四)问题四:"双学位(双专业)制度对于实现大学生的学习自由是否有帮助"

绝大多数访谈对象都认为双学位(双专业)制度对于实现学生的学习自由有一定帮助作用,因为它扩大了学生的选择空间,能够满足部分学有余力的学生的个性化学习需求。但是也有被访者提出,我国大学的双学位制度并不是学校为了满足学生的个性化学习需求而实行的,而主要是学校为了解决学生的就业困难而想出的权宜之计,对实现学习自由的帮助作用很有限,更何况现在大学生选择和修读双学位的时候普遍缺乏学术指导和坚持学习的责任感,无法完成修读的学生比例不低。

(五)问题五:"您所在学校的选修(通选)类课程丰富程度和选课系统的完善程度如何"

在三十位被访者中,只有七位访谈对象认为自己学校的选修类课程"非常丰富",大多数被访者的评价是"还行吧,不算太丰富。"不过被访的老师们也强调说,自己所在高校在课程建设方面近年来进步非常明显,选修类课程的数量和科目在近几年迅速增长,但是也有由于学科力量的不均衡带来的课程类别不平衡的情况。关于选课系统，很多被访者表示对学生选课系统情况不了解，另有部分人表示该校的选课系统已经较为完善，暂时没有发现不合理之处。

（六）问题六："您认为我国研究型大学的选修课和必修课的合理比例应该是怎样"的？

大多数被访教师表示，其所在的大学选修课和必修课比例估计大概在3∶7左右。增加选修课的数量，加大选修课的比例应该是未来的发展方向，以后估计会向4∶6甚至5∶5的比例迈进。另有四位被访谈者认为需不需要特别占用教育资源增加选修课，主要取决于学校的办学理念。

（七）问题七："研究型大学的学生进行某些课程学习的时候，是否能够有选择授课教师的权利"

60%的被访对象认为学生能找到自己比较喜欢的老师授课当然有助于学生的学习质量和学习兴趣的提升。不过这应在良好的学校管理机制下进行，同时有专门的老师负责引导学生的选择行为。其他被访对象对此权利不置可否。但是，几乎所有的被访谈者都认为，在我国，即使是研究型大学，师资资源也非常有限，选择授课教师的权利需要较长的时间才能得以充分实现。

（八）问题八："大学生有选择是否上课的自由权利"

除了一位被访者认为"有此权利，但在目前还难以实行，需要逐步改革，不可一蹴而就"之外，绝大多数被访者都明确表示"不同意学生有选择是否上课的权利"，原因是："上课是学生的天职，不存在上与不上的问题；大学生不上课，就完全失去了上大学的必要性和意义。上课既是对教师的尊重，也是对自己的尊重。上课是基础知识的习得过程，学生在掌握基础知识的情况下才能更好地吸收更多的知识。如果学生有选择上课与否的权利，老师也有拒绝学生上课的自由权，他们应该是双向的。"

另有一位被访者表示了对这个问题的矛盾和困惑:"学生是来学校接受教育的,听课应该是获取知识的主要方法,而且从学校管理的角度看,学生逃课也增加了管理的困难,学校甚至担心,这样会降低办学质量。但是,另外一方面来讲,大学生基本都是完全民事行为能力人,应该有权利和能力安排自己的学习和生活。课堂上的教育方式未必适合所有学生,有的学生可能认为自学或者按照自己的兴趣去安排学习时间,更加有利于学习知识。自由是相对的,大学生的学习自由也是如此。学校有学校的管理规定,没有规矩不成方圆,学生既然到学校来接受教育,同样必须要接受学校的管理。"

(九)问题九:"高校和学生之间是否是教育服务提供者和需求者之间的契约关系"

有六成的被访者表示高校与学生间有一定的契约关系或者是特殊的契约关系,主要观点为:这是一种特殊的契约关系。其间饱含了师生的情谊。如果纯粹是教育服务提供者和需求者之间的契约就太过简单了。师生之间不仅仅是知识传授和接受的关系。

反对的意见主要是:契约关系更多地反映在法律、经济领域中,而教育是培养人的活动,在教育过程中,师生如同朋友,亦师亦友。师生之间可以更加亲密。如果是契约关系,那高校完全是市场化的部门了,并不是教书育人的场所,学生并不是在花钱购买教育。从教育经费的角度而言,每个学生每年在读期间所受教育的教育经费远不止几千元,而是由国家、政府分担了绝大部分,这并不是契约关系所应有的。从教育培养人的角度而言,学校所培养的人才不仅仅是单一地适应市场的需求,而是注重各方面素质的培养。

(十)问题十:"您觉得大学生的学习自由应该体现在哪些方面?"

这个问题的回答比较分散,最多被提及的两种学习自由是:课程选择的自由权;自主地选择自己想学专业的权利。另外有被访者提到：学习时间的选择权利；思想自由；自由选择导师，自由选择教学班、自由选择教师等权利。

二 在台湾国立交通大学的访谈

为了更加充分地了解情况，笔者使用同样的访谈题目请笔者在台湾进行交流学习的学生访谈了（已录音）台湾交通大学的5位教师，其中包括教务处的负责人1人，教授1人，资深副教授1人，有3~5年教师工作经验的教师2人。访谈结果有以下几点：

（一）问题一："本校或者本学院学生对自己的专业不满意的比例"

学生不满意自己专业的比例根据专业的不同情况不同，整体比例较低。尤其是入学前需要经过甄试[①]的专业的学生，入校前对自己的专业有较为充分的了解，极少打算转系。校方曾经做过问卷调查来确认学生的专业学习兴趣，不少有转专业兴趣的学生也仅仅停留在想象的阶段，而不一定付诸行动。转系意愿强烈的学生一般于大一或者大二在校内转系，转出本校的学生极少。

（二）问题二："您对学生转专业自由的认可程度"

五位被访教师都认为由于学生在进入大学的时候受家庭和家长的影响较大，对专业的认知不太清晰，大学的转专业制度符合受教育权自由的原理，在本校的运行过程中情况良好，各个专业有进有出。

（三）问题三："在中国的研究型大学实施较为自由的转专业制度的可能性分析"

教师们表示，在台湾的研究型大学，校方对于学生转专业的限制不多，所以转专业的难度也不大。由于台湾不少大学实行二元录取方

[①] 甄试是台湾的一种教育选拔制度，学生在高三的下学期，学生如果选择了甄选入学制中的推荐甄选或申请入学，就要准备各个大学指定的甄试内容。甄试种类包括：面试、小论文、听力测试、性向测试、实验、学系术科测试、艺能术科测试、高中学科测试、学系学科测试、即兴演讲、资料审查。资料来源：甄试 http: //mail. lygsh. ilc. edu. tw/ ~ lygc/。

式,即先进行甄试,再去考试,因此要转专业的学生不是很多。对大陆的研究型大学来说,转专业制度应该是必然趋势,不过学校首先要建立良好的教学管理系统,还要建立比较完善的学校课程制度才能顺利进行转专业。

(四)问题四:"双学位(双专业)制度对实现大学生的学习自由是否有帮助"

被访的老师们一致认可双学位(双专业)制度的合理性,符合现在的多元发展趋势和复合型人才的需求,其主要意义在于帮助学生就业,提高学生的竞争力,对学习自由也会有一定的帮助。被访老师认为有利于学生就业是双学位制度的主要优点,其对学习自由的帮助是有限的、附带的作用。双学位制度在台湾20多年前就开始实施了,是一个长期性的制度。

(五)问题五:"您所在学校的选修类课程的丰富程度和选课系统的完善程度如何"

所有的被访者都认为学校现在的选修课程拥有社会、人文与艺术、自然、生命、外语等几类课程,数量较为丰富。学校现在选修课和必修课的开课比例是5∶5左右,台湾当局的教育管理部门对高校的选修课开课量有比例上的限制,加上台湾社会的少子化,有不少大学都在压缩老师的课程。交大的情况还好,课程比较丰富。其他很多高校为了生存不得不压缩成本,课程数量反而不如以前丰富。这不利于学生学习自由的保障,但是校方也暂时也没有办法解决。

(六)问题六:"目前大学的选修课与必修课的比例和未来的趋势分析"

被访老师认为,目前交大的这个比例是5∶5左右,大学的课程自然应该丰富多元,尽可能给学生自由选择的空间,所以增加选修课的数量是必然的趋势。不过其他大学要平衡教学成本与学生人数的关系,已经有不少高校出台了教学总量管制的办法,因此在短时间内台湾的多数大学不会增加选修课的量。不过大陆的研究型大学在生源充足的情况下，倒是可以合理增加选修课的比例。

（七）问题七："大学生进行课程学习的时候是否有选择教师的权利"

被访教师认为学生是教育消费者，自然应该有选择的机会。选择教师的形式可以多一些，除了试听、选课之外，学校教学考核时有评鉴体制，让学生在期中和期末各填一次，如果对这个老师的评分没有达到一个标准门槛的话，下学期就不允许开设这门课，这也可以算做是学生对教师的一种选择。

（八）问题八："大学生有选择是否上课的自由权利"

除了一位教师明确表示不同意之外，其他教师均表示，从理论上说是可以同意学生的选择，不要强迫学生学习。但是相应的，老师也有给分数的权利，老师可以设计自己的评分体系，有自己的评分自由，学生也要接受这种评分。学生要考虑后果和代价，比如，学校规定学生如果请假、旷课两次，老师就有权利不让他考试，如果学生可以接受这样的后果，那他就可以选择不来上课。有两位教师不同意此权利，原因是认为不少学生有惰性，若没有某些强制的压力，可能造成上课品质低落。

（九）问题九："高校和学生之间是否是教育服务提供者和需求者之间的契约关系"

几乎所有被访者都认为校生间是一种类似契约关系或者一定程度的契约关系，有教师认为这种关系包括经济契约和心理契约（对彼此身份的界定），比如教师有自己的职业道德，学生有自己的本分和规范。有被访者认为，学校有义务提供优质服务（师资、环境等），学生是顾客，但不是学生说什么就是什么，比如考试不合格就无法取得毕业证。也有被访者认为，有些基本素养和能力是教育单位有权利要求学生的，不全是契约关系，而且契约太商业化了，教育是良心事业。教师的投入不同，所以应该强调一种教师的责任感和使命感，不应强调契约。

（十）问题十："您觉得大学生的学习自由应该体现在哪些方面？"

这个问题的回答比较分散，包括有：选课的自由；参加社团活动的自由；学习方法和上课的自由；在课堂上、校园内对专业和社会发表不同意见的自由（即在学校里没有压力、阻碍和恐惧地表达自己对公共议题意见的自由）；自学的自由。

三 对访谈结果的简要分析

（一）对专业选择问题的态度和认识

1. 转专业的意向

不同专业的学生转专业的意向差别显著。国内三所高校的被访者在以下数据上比较一致：本校专业中优势不突出的专业学生申请转专业的比例约为30%，大大高于学校优势专业的学生申请转专业的比例（5%以内）。这个比例和上文的调查问卷数据相比较，明显偏低，在上文的调查问卷数据中，有转专业意向的学生所占比例高达38%，而且调查对象还仅仅局限于经济类、文学类和管理类三大类学科的学生，未涉及一些明显的冷门专业。这也许是因为很多学生转专业的意愿仍停留在思考和想象的阶段，未有实际行动，所以教师和教务处的行政管理人员未能充分察觉到。

另外，值得借鉴的是台湾不少大学实施的甄试制度，它使得学生在入学前对自己所学专业的了解较为充分，有充足兴趣，也有足够的心理准备来学习，自然鲜有转系意向。

2. 转专业的自由度

比较而言，台湾的被访教师对转专业制度的认可和支持程度明显高于内地三所高校的被访教师，他们普遍认可至少一次转专业的自由，认为这符合学生成长的特点。

内地三所高校的被访教师们对这个问题态度略显保守，还有教师提出为了尊重高考分数和高考志愿，应该反对。这个问题上，笔者认为，学生在高考时填报的志愿其实是学生的第一次专业选择自由的实践，和之后在读期间的专业二次或者三次选择其实并不存在矛盾对立关系，第二、三次选择是对第一次选择的修正和调整。另外，可以看出内地三所高校的被访教师对转专业自由的迟疑还来源于对学生选择价值观的不信任，近年来学生和家长盲目追求热门专业和功利性考虑就业前景的情况给教师们留下了深刻的印象，并产生不信任感，令人遗憾。

3. 中国高校实施较为自由的转专业制度趋势的可能性

与上题一样，台湾的被访教师对该趋势可行性的认定明显高于内地三所高校的被访教师。内地三所高校的被访教师大多也能认可自由的转专业制度的必要性，但都认为需要较长时间实现。台湾教师则普遍表示，设置转系制度是良好可行的，并需要与之相配套的教学管理系统和完善的学校课程制度。

这种态度和认识上的差别可能与内地现行的教学管理制度和习惯有关。理想和现实差距越大，人们的疑虑就越多，态度也就更矜持一些。

（二）对双学位（双专业）制度的认识

在此问题上，台湾的被访教师和内地三所高校的被访教师认识基本一致：双学位（双专业）制度有利于培养复合型人才，提高学生的就业竞争力，附带也能增加学生的学习自由；学生有能力和责任承担与此带来的学习压力，只要校方给予一定的引导，无论是完成还是中途放弃双学位，都是学生的权利。

可能与双学位（双专业）制度已经在台湾实行二十多年之久有关，相比较之下，台湾被访教师对此制度显得更为熟悉和积极一些，他们更加强调学生的责任和心理准备，校方也用加强引导、弹性学制、延长毕业年限等方法提高学生获得学位的概率。

（三）对学生课程选择的认识

1. 学校的选修（通选）类课程丰富程度和选课系统的完善程度

由于台湾高校的选课制学习美国，发展较早，几乎所有的台湾被访者都认为学校现在的选修课程拥有社会、人文与艺术、自然、生命、外语等课程，数量较为丰富。内地三所高校的被访教师对自己学校的选修类课程的评价多是"一般，不太丰富，但由于学校的重视，近几年已有明显进步，发展势头良好"。台湾受少子化的大环境影响，学校从成本考量，课程数量反而有所压缩。相比较而言，台湾的选修课经过多年积累发展，课程丰富系统，但大环境有限，反而有萎缩之意；而内地大学的选修课发展时间虽较台湾短，但近年来伴随学分制的普及发展迅速，受到校方重视，处于快速发展阶段。

2. 大学的选修课和必修课的比例和发展趋势

内地三所高校的被访教师表示，大学的选修课和必修课的比例大概应该稳定在3：7左右。这与之前学生在调查问卷中所体现的观点基本吻合，师生们都未期望选修课和必修课有更高的比例，这一点值得深究。同时，内地三所高校的被访教师均认为，增加选修课的数量和比例应该是未来的发展方向。台湾高校被访教师认为，二者的比例大致在5：5，增加选修课的数量是学术上必然的方向，但是要结合学校成本平衡考量。这种的观点和他们的实际困难有关。

（四）对学生选择教师与上课的权利的认识

1. 学生选择教师

相比较而言，台湾的被访教师对"学生选择教师权利"认可度明显高于内地三所高校的被访教师。台湾的被访教师几乎都同意学生可以在某种程度上选择教师，因为学生是一定程度的消费者；但是在教学实践中不一定能满足，选择的方式需要其有可行性，比如学校对教师的评鉴体制就是学生选择教师的一种表达方式。

2. 学生选择上课与否

在这一问题上,台湾和内地三所高校的被访教师观点态度差别较大。内地三所高校的被访教师几乎都明确表示"不同意学生有选择是否上课的权利",因为上课是学生的天职。台湾的被访教师则一致表示:"从理论上说可以同意学生的选择,不要强迫学生学习;但是相应的,老师也有给分数的权利,老师有自己的评分自由,学生要考虑后果和代价,来接受这种评分。"

这种认识的差别很大程度上和对师生教育法律关系的认识有关,台湾的被访教师,多从平等教育服务的提供者与享有者的关系出发考虑师生关系,强调师生间的权利制约关系,而非简单谈及学校的规章制度,所以有此观点。

(五) 对学生的学习自由具体体现的认识

在这一问题上,内地三所高校的被访教师主要是把学生的学习自由归结为:课程和专业的选择自由;台湾的被访教师主要观点是:课程选择、参加社团活动的自由、表达的自由和自学的自由等。

可能是因为在选课和专业选择上受到的限制约束较小所以台湾的教师会关注到在更大范围内的学习自由的体现,比如自学和表达的自由。而内地三所高校的被访教师面对学校蓬勃的教学管理制度改革和学生日益增加的个性化需求,还是把学习自由的重点放在了专业选择和课程选择上来。

本章小结

本章继续对我国研究型大学本科阶段学生学习自由的现状进行考察,主要采用调查法和访谈法,先是调查了国内三所研究型大学部分专业本科阶段近一千名学生的学习自由情况,并对调查结果进行统计

| 第五章　我国研究型大学学生学习自由的调查和访谈

分析，得出调查结论；而后访谈了这三所研究型大学和台湾一所研究型大学的部分教师，对访谈的结果做了简要分析。本章与上一章现状审视联系非常紧密，本章的主要任务是采用调查统计和访谈的方法进一步深化、拓展和验证上一章描述的现状和提出的问题，以获得对我国研究型大学学生学习自由现状的充分信息。本章的调查和访谈使得对我国研究型大学本科阶段学生学习自由的现状考察基本完成。只有自我剖析是不够的，他山之石可以攻玉，因此下一章将进行对美国研究型大学学生学习自由的现状进行描述和分析。

第六章
美国研究型大学学生学习自由的现状及分析

在美国,"随着经济的繁荣,各类商品生产和服务行业出现了供大于求的状况。商业出于竞争的本质,为了争取更多的客户,正在朝商品设计个性化、服务人性化的方向转型"①,教育亦是如此,家长和学生希望学校最大限度地挖掘学生的潜力。因此,追求学生的个性化、多样化培养在很多国家已经成为高等教育发展的重要趋势。高校对学生学习自由和学习选择的尊重和保障,能够极大地帮助高等教育实现学生的个性化培养。本章将探讨美国研究型大学学生在选择学校、专业和课程等方面的学习自由情况,并探讨美国研究型大学学生享有学习自由的保障条件。

第一节 美国研究型大学学生学习自由的现状

以美国为代表的多个发达国家,在其高等教育阶段,比较重视学生的自由学习权利,学生进校后在所学的专业、学制设置、任课教师、教学资源及其他教学过程构成要素中享有较多的选择自由,这也是这些国家的高等教育开放性强、流动性高、成才概率大、对

---

① 王定华:《透视美国教育——20位旅美留美博士的体验与思考》,北京大学出版社,2008,第42页。

第六章 美国研究型大学学生学习自由的现状及分析

社会贡献多、对世界教育市场具有很强吸引力和竞争力的一个重要原因。

一 美国研究型大学学生选择学校的自由

依据自己的意愿选择高校就读,是学生进入大学前的一次重要的选择机会,几乎所有的国家都支持学生及其家长选择学校的自由,但是不同的国家根据自己的教育资源、文化传统和政策制度,制定不同的招生制度和录取方式,学生选择学校的自由度也差别巨大。可以说,高校的招生制度和录取方式在很大程度上决定着学生选择学校的自由度。有学者曾总结:大学生从进到出,中美两国高等教育的基本差异可以归结为"一元"与"多元"两个词,一元与多元的差别,是选择度有无或大小的差别,也是"学习自由"有无或大小的差别。

以美国为例,美国的研究型大学学生的学习自由首先表现为学生入学和转学的自由选择。众所周知,美国不存在统一的高考制度,更不存在类似于中国"一考定终身"的高考制度,高校在招生录取上拥有很大的独立自主权,新生的入学选拔一般都采用综合评价方法,从多方面来衡量、选拔和录取新生,而不仅仅是看考生在某次考试中所取得的成绩。即,招生统一考试的成绩如 AT、SAT 和 ACT 成绩并不是录取新生的唯一和重要标准,大学在招生时还要参考学生中学时期的成绩和综合素质成绩,"学校与个人之间的选择是双向的、多种可能的"[①]。所以,招生具有自主招生、双向选择、多元综合评价的特点。具体地说,美国的高等学校在选拔和录取新生时,主要依据以下几个方面的资料:"中学课程和学业成绩、大学入学考试的成绩、入学申请书和推荐信、面试成绩和大学招生中的特殊标准等"[②]。这

---

① 黄全愈:《哈佛为何把"状元"拒之门外》,《焦点》2003 年第 10 期,第 23 页。
② 胡晓路、成有信:《发达国家招生制度的比较》,《高等教育研究》1983 年第 4 期,第 67 页。

样的招生制度为实现学生的学习自由提供了前提保障。一个中学毕业生可能收到5~20所大学的录取通知书，他们可以根据自身的兴趣、爱好和能力决定上哪所大学。如果学生在某个大学就读一段时间后，觉得不适合这所学校的学习和生活，可以根据自己的情况变更学校，充分行使自己的学习自由。

二 美国研究型大学学生选择专业的自由

《教育大辞典》中认为"专业"译自俄文，指"中国、苏联等国高等教育培养学生的各个专门领域"，这种解释大体相当于《国际教育标准分类》的课程计划（Program）或美国高等学校的主修（Major），指一系列、有一定逻辑关系的课程组织（Program），相当于一个培训计划或我们所说的课程体系。学生修完这一系列的课程，就被认为具有一定的知识素养和技能，就成为这一专业的毕业生。

（一）专业设置具有较高的灵活性

与我国的本科教育一样，美国的本科教育一般也需要四年时间，也要求学生选择某一专业。但在对专业的理解上，中美之间存在较大差异。在我国高等院校，专业是一个固化的教育范畴，学校的教育活动和要求都是根据专业来设计和组织的。[1] 美国高等学校一般以柔性的课程系统作为专业，专业背后往往没有对应的实体，没有单独归属的师资、专用教室、实验室及仪器设备……也就是说，"专业"完全不是一个实体组织。美国大学专业设置比较灵活，专业设置作为高校一项重要的学术工作，长期以来一直被认为是高校自己的事务，高校在自己的专业设置上具有充分的自主权。各校有权自主确定专业名称，并没有全国统一的本科专业目录。在美国，不同学校对"专业"

---

[1] 王定华：《透视美国教育——20位旅美留美博士的体验与思考》，北京大学出版社，2008，第219页。

一词的说法也不同，斯坦福大学采用了使用最为广泛的"major"，哈佛大学使用"Concentration"，普林斯顿大学类似，采用"fields of Concentration"。虽然不同学校的叫法有所不同，但均是指某个学科领域，我们在这里沿袭惯例，把这些名称都译为"专业"。

1. 高校自主确定专业及名称

在美国，存在一个类似于我国专业目录的指导性课程计划分类标准（Classification of Instructional Programs，简称 CIP），但它只是用于整理有关学科专业目录资料，指导教育规划、资源配置以及教育整体布局等方面。CIP 强调自己"不是规范性文件，只是反映的是当前学科专业的目录的实际情况和变化"[①]。CIP-2000 的学科专业设置只有三个基本条件："（1）已经有教育机构设置了该学科专业；（2）该学科专业必须有自己独立的特色课程或实践，且所有课程或实践构成一个有机的整体；（3）完成该学科专业的学习后可获得相应的学位或证书"[②]。据统计，美国各类院校设置的专业和专业方向达到 700 多种。这些专业大致可分为文理专业和职业预备专业。文理专业教育不以培养对应于特定职业的人才为目的，而侧重对学生进行一般性知识的教育，注重教授研究方法，培养学生对科学的广泛兴趣。选择职业预备专业的学生大多是准备在本科毕业后，进入硕士级别的商学院、法学院、医学院、公共管理学院等。这些学生一般有比较明确的努力方向，通过四年学习，打好基础，毕业后根据不同职业院校的要求，进而申请职业学位。[③] 每所高校都有自己设置并命名的专业权利。

在校方看来，由于教师在各自研究领域内的研究专长不一，教师的授课内容、特长和关注点也不同，因此，即使是非常相似的专业，

[①] 刘念才、程莹、刘少雪：《美国学科专业设置与借鉴》，《世界教育信息》，2003，第 2 页。
[②] 刘念才、程莹、刘少雪：《美国学科专业设置与借鉴》，《世界教育信息》，2003，第 2 页。
[③] 王定华：《透视美国教育——20 位旅美留美博士的体验与思考》，北京大学出版社，2008，第 220 页。

专业设置方向和课程组织方式也可能有所不同，不能简单地套用一个固定的专业名称。例如，"心理学专业和方向在美国至少有 23 种，如：临床心理学、比较心理学、工业与组织心理学、法庭心理学等等"①。这是因为，不同的课程组合应该被赋予不同的名称，所以从理论上说，应该由院校自主确定专业名称。例如，哈佛大学在宗教方面的专业名称为"比较宗教研究"，而"伯克利和宾夕法尼亚大学在此方面的本科专业名称则为"宗教研究"。② 美国高校专业名称的多样化，充分体现其专业设置的自主性。

2. 跨学科专业大量涌现

专业不应该是对学科的细分，而应体现为围绕特定领域组织的知识能力结构。但是这种特定的领域再也不完全是单一学科内的领域，可以依照个人兴趣和社会需要形成特定的跨学科领域。因此，以教师为主导，将两个及两个以上学科的课程有机组合在一起，就形成了跨学科专业。这类专业的课程体系不同于传统专业的课程体系，它是由学生在不同院系选修课程。如"普林斯顿大学设有 34 个以学科领域为基础的专业，还有 30 个特殊的、跨学科、跨系项目"。再比如，"伯克利文理学院的"国际及地区研究"是一个典型的跨学科专业群，这一专业群包含 6 个本科专业以及 3 个研究生专业，其中本科生专业为亚洲研究、发展研究、拉丁美洲研究、中东研究、和平与冲突研究。③ 该专业群的教师来自全校 40 个传统的系科，没有仅属于这些专业的教师。

3. 允许学生设计专业

一般来说，美国大学的专业分为三种：常见专业领域、经过批准

---

① 曹海艳、罗尧成、孙绍荣：《中美高等教育学科专业设置的比较研究及启示》，《高教研究与评估》2010 年第 8 期，第 50 页。
② 王恒安：《高校"按大类招生培养"研究》，汕头大学硕士论文，2007，第 21 页。
③ 王恒安：《高校"按大类招生培养"研究》，汕头大学硕士论文，2007，第 22 页。

第六章 美国研究型大学学生学习自由的现状及分析

的联合专业和经个别学生单独申请而设立的特别专业。为了鼓励学生自主创新和个性发展，若当前专业都不能满足学生的需要，美国大学还允许学生设计独立的个性化专业，可以在导师的指导和协助下，"从课程中选择、形成一个围绕特定知识领域的课程计划，提交给专门的教师委员会讨论，审查学生的设计，审核通过后开始学习，完成课程计划，修完学校要求的基础课及修满毕业所需的学分后可被授予特别专业的本科学位。这一类专业被称为非固定专业或个人专业"[1]，哈佛大学称之为"特专业"[2]。个人专业为那些不能在学校已设置的专业中满足其学术兴趣、实现其发展目标的学生提供了一个个性化的学习发展机会，典型地反映了美国高校专业的个性化特征。在美国，大多数高校的本科教育中都提供了学生发展个人专业的机会。个人专业是美国高等教育中专业制度的一个重要组成部分。尽管个人专业是为了满足学生的个性需要，但是对个人专业的管理还是非常严格的。个人专业是一个有逻辑、有结构的课程整体，它需要得到指导老师的帮助和支持，由学生提出，并经过教师委员会以及学院委员会等不同学术单位的严格审查。教师委员会的审查着重考虑的是学生的设计是否具有知识上的连贯性、是否平衡了知识的深度和广度、学生在标准的专业结构之外寻求发展的能力以及相关学术资源是否能够满足学习需要。一般来说，个人专业的确定过程包括"确定兴趣、发展设计个人专业、提出申请、审核与批准、执行与修改"[3]等诸多严格程序。

整体来看，美国高校专业设置比较灵活，具有三个特点：跨学科的专业众多；同一领域内各大学的专业设置宽窄不一，专业设置反映

---

[1] 金顶兵：《美国七所世界一流大学本科生专业选择的比较分析》，《北京大学教育评论》，2006，第131页。
[2] 金顶兵：《美国七所世界一流大学本科生专业选择的比较分析》，《北京大学教育评论》，2006，第129页。
[3] 刘小强：《美国本科教育"个人专业"的启示》，《中国高教研究》2009年第7期，第12页。

的是该校教师的研究领域和特长；允许单独设置个人专业。

（二）学生的专业选择具有较大自由

美国学生专业选择的自由性主要体现为以下几个方面：

1. 入学时可以不确定专业

在美国等国家，学生入学前可以选择专业，也可以不选择专业。也就是说"学生们考取的往往是某大学而非某大学的某专业，"专业未定"的学生占新生的大多数。学生入学后常常没有固定的班级，可以经过观察、尝试，广泛征求导师、授课教师和各方面的意见，决定学什么专业"①。例如，"哈佛大学是在第一学年末选专业，耶鲁大学要求选理科的学生在第二学年开始时选定专业，选文科的在第三学年开始时确定专业，其他都是在第二学年末或者第三学年开始确定专业。只有加州大学伯克利分校的化学学院、工学院、环境设计学院和自然资源学院可以招收一年级新生，这些学生在申请入学的时候确定专业"②。再比如，有的大学无论冷门专业还是热门专业，都是由学生自由选择。但如果学生入学时愿意选择一些较为冷门的专业，可以优先录取。学校没有其他硬性措施保证冷门专业的生源。但专业的冷、热是不断变化的，学校每隔几年要对专业作一个评估，同时也决定哪些冷门专业可以招生。一般来说，大部分美国高等院校并不认为学生入学前的专业选择是他们最终的兴趣所在。"即使是在填写申请表格时注明专业的学校，也都允许学生在一年，两年，甚至三年以后转专业"③。

在专业确定之前，除了导师的指导，大学还为学生的专业选择提供了一些工具和指引。大学的网站会告知学生："超过65%的学生会

---

① 金顶兵：《美国七所世界一流大学本科生专业选择的比较分析》，《北京大学教育评论》2006年第3期，第133页。
② 金顶兵：《美国七所世界一流大学本科生专业选择的比较分析》，《北京大学教育评论》2006年第3期，第133页。
③ 王定华：《透视美国教育——20位旅美留美博士的体验与思考》，北京大学出版社，2008，第220页。

改变他们的专业至少一次。这就意味着有很多学生并不了解自己的专业。在我们的网站,已经包括一些有用的信息,你需要知道如何决定你的专业,需要一些资源来帮助你探索专业和事业"①。为帮助学生确定自己的专业,学校网站有 Wayfinder 的链接,Wayfinder 作为一个可交互访问的工具,"可以帮助学生基于个人学术兴趣和经验来选择专业,现场指导学生参与特定的资源和活动,给他们能够获得知情权的实用工具"②。Wayfinder 鼓励学生根据个人评估、个人反思活动、教育资源、学术专业信息、专业人士的真实经历、互动活动、专业真相等因素去进行自己的教育决策③。

2. 核心课程的修读是专业选择的基础

美国本科教育的前两年,学生基本上不学专业知识,而是注重培养宽厚的知识基础,进行 1~2 年的核心课程学习。核心课程被看做是大学(本科)教育的基石,学生才智开发的关键,核心课程旨在"提供一个广阔的视野,使学生谙熟文学、哲学、历史、艺术和科学上的重要思想与成就"④。很多大学吸引优秀应届高中生就读的优势就在于其"核心课程"。在学生学习核心课程的 1~2 年时间内,很多学校会组织各种活动,帮助学生更多地了解所开设的专业。比如,"组织一、二年级学生轮流参观或请各系高年级学生、毕业校友,或是任课老师介绍本专业的情况及毕业后的去向,或是定期召开专业说明会。有些学校甚至要求一年级学生必须参加专业说明会以获取一种特别的学分。这些活动有助于学生充分了解各专业的情况,做出理智的专业选择"⑤。

---

① Students, http://www.utexas.edu/ugs/csa/exploring/students.
② Finding-your-major, http://www.utexas.edu/ugs/csa/finding-your-major.
③ Finding-your-major, http://www.utexas.edu/ugs/csa/finding-your-major.
④ 王定华:《透视美国教育——20 位旅美留美博士的体验与思考》,北京大学出版社,2008,第 221 页。
⑤ 王定华:《透视美国教育——20 位旅美留美博士的体验与思考》,北京大学出版社,2008,第 221 页。

以得州大学奥斯丁分校为例，学校要求所有学生都要完成42学时的核心课程学习①。学校认为，"每个本科生的学位计划核心课程包括三个部分：核心课程、专业课程和选修课程"②，这三个方面将造就学生日后在自己的专业领域的成就。核心课程作为专业选择的基础，能够帮助学生寻找个人的专业，"补充学生知识结构的深度和广度，让学生能在更广泛的知识背景下回答各个学科的重大问题"③。

3. 专业转换自由度大

耶鲁大学的研究发现："过去的经验表明，那些入学时心意已定的学生也常常在一两年之后改变想法。因此，即使是选择非常确定的学生，也会有改变的可能性，在选课时对那些吸引他们的学科进行初步探索，以发现自己的喜好、天赋和能力④"。美国大多数院校的学生转专业的程序往往比较简单，学生填写相关表格，由导师或系教师代表签字认可后，到学校的教务部门备案即可。这里，导师的认可是对学生学习指导的体现，而不是对学生选择专业的限制。学生也可以多次转变专业。学生明确自己的兴趣，然后选择专业，如果选择专业后发现兴趣有变化，也可以再次改变专业。"例如，在斯坦福大学，专业可以随时根据兴趣的转移而更改"⑤，在哈佛大学，直到临近毕业的最后一个学期提交学位候选人申请的截止日期之前，都是可以自由改变专业的。例如，"申请2012年3月学位的学生，在2011年11月21日之前都有自由改换专业"⑥。在此之后如果要改变专业，则要得到管理委员会的批准，在有利于学生满足一个学位要求的情况下学

---

① Core, http://www.utexas.edu/ugs/core.
② Core, http://www.utexas.edu/ugs/core.
③ Core, http://www.utexas.edu/ugs/core.
④ Yale University, Yale College Programs of Study 2005 - 2006, Yale University 2005, p. 20.
⑤ Harvard College, Handbook for Student 2005 - 2006 Cambridge: Harvard University 2005: 29 - 30.
⑥ Information, http://www.registrar.fas.harvard.edu/fasro/ugrad/plan_of_study.jsp?cat = ugrad&subcat = information.

校管理委员会通常会批准转专业申请。一般来说，学生大多在第二年确定专业选择，也有少数人到了三年级还在改变专业。"在加州大学伯克利分校，学生要改变专业，只需要提交一份得到新选系科导师签字的专业声明表，计算机就会自动地把学生的专业更改过来。只是已经修够90个学分的学生，需要提交一份学习计划，确认能够完成130学分的毕业要求。"①

另外，美国很多大学具有内部专业转换制度，即"internal transfer"，以得克萨斯大学奥斯丁分校为例，校方提供内部转专业列表（Internal Transfer Session List），"强烈建议有意向的学生参加在秋季和春季学期定期召开的转专业咨询会议，以了解学校内部转专业的信息"②，学校网站上还提供非常具体的会议地点和时间。美国大学生在专业选择上有很大的自由度，在教学资源许可的情况下，学校都会尽可能地满足学生的需要和兴趣。但任何大学的资源条件都是有限的，一个专业能够接纳的人数也是有限的。比如，得克萨斯大学校方会提醒学生，如果你想转入某专业可能需要满足某些条件，而且竞争可能也是激烈的。再比如哈佛大学在学生选择专业时，列出了有人数限制的专业清单供学生参考，加州大学伯克利分校把这种专业称之为"封顶专业"③。

三 美国研究型大学学生选择课程的自由

（一）美国研究型大学实施选课制的几种模式

学分制和选课制都是实现学习自由的重要手段。"1791年，美国政治家杰斐逊首次建议在弗吉尼亚大学让学生有选择学习内容的一部

---

① Declare, http://is-advise.berkeley.edu/choosing major/declare.html.
② Sessions, http://www.utexas.edu/ugs/csa/changing_colleges/it_sessions.
③ 金顶兵:《美国七所世界一流大学本科生专业选择的比较分析》,《北京大学教育评论》2006年第7期，第139页。

分权利。此后便产生了所谓的'选科制'。"选科制的实质是让学生有一定的自由来学习自己想要学习的科目或课程，并通过选择形成每个人不同的知识能力结构。选科制带来了一个管理上的麻烦，就是不同的学生选择了不同的课程，学校在毕业要求上就无法用学年制所采用的办法作出统一的规定，所以必须提出新的管理办法。学分制因此应运而生。① 学分制和选修制的核心就是推崇学生个性的充分自由发展。所以，选课制在本质上是学生学习自由的延伸，学生学习自由度集中取决于在选修制改革的深度与广度上。

选课制并没有统一的标准模式。各国的选课制和学分制，都是为适应各国的具体国情和各校而建立的，不同国家无论是学分的计算方法、学制规定、必修课和选修课的比例，还是成绩的记载方法都不尽相同。即便是一国之内，不同高校也都有自己的特色。如美国哈佛大学的选课制和麻省理工学院的就不一样。即使同一个学校同一个校区，根据专业的特性，其选课制也会有所不同，但是基本的理念都是保障学生的学习自由。当然，大多数学院采用学分选课制的管理制度。美国等国家选课制的常见模式有三种：

1. 分组选修的选课制

在美国的四年制高等学校中，最典型的课程模式是，将课程分成三个部分。"一部分为普通教育课程。在大约 120 学分中，有 33%～40% 的学分属于普通教育课程。这些课程主要提供文理学科方面的内容。其他的 60%～67% 为另外两个部分：一部分为主修课程或专门化课程，另一部分通常是选修课程或学校统一要求的课程"②。据统计，大约有 86% 的美国大学要求学生修习一定数量的普通教育课程。在美国的研究型大学中，比较典型的普通教育课程的开设方式之一，

---

① 王伟廉：《高等学校课程研究导论》，广东高等教育出版社，2008，第 163 页。
② 王伟廉：《高等学校课程研究导论》，广东高等教育出版社，2008，第 85 页。

就是所谓的"分配制"（distribution requirements），即分组选修学分制，要求学生在低年级阶段在不同的学科领域中各选择一定数量的课程，以求扩大他们的知识面。分组选修学分制"一般包括语文、文学、写作、人文、数学、社会科学、自然科学7大学科"[1]，以拓宽学生的思维视野，"反映了美国重视基础知识及培养文、理、工相互渗透的通才的教育理念"[2]。学生在高年级时开始进入专业学习阶段，主攻专业课程。"分组选修学分制反映了美国高校对基础知识的重视和培养通才的教育思想。如今美国大部分高校实行的是该类学分制"[3]。

分组选修式选课制的开展要求高校提供数量巨大、具有多样性和平行性的选修课程。以哈佛大学为例，"20世纪60年代，哈佛大学带头恢复核心课程，强调学生掌握一定的基础技能，熟悉思考和探究的主要方法，在历史、文学和艺术、外国文化、道德推理、科学和社会分析等六个学科领域开设了一百多门课程"[4]。如今，哈佛大学的课程手册[5]仅仅是本科阶段的课程表及课程的简单介绍（一门课程一般有3到5行的介绍）就有1000多页。其中，所谓"核心课程"，作为学校提供给本科生的一系列基础课，其目的是让"学生在进入知识的细枝末节之前，能够对他所置身的世界有一个框架性的理解和探索。这样当他置身于自己的专业时，能够知道自己所学习的，不过是一个巨大有机体里面的一个毛细血管"[6]。

---

[1] 钟阳春、赵正：《美国大学学分制概述》，《湖南科技学院学报》2005年第9期，第265页。

[2] 钟金霞、周经纶：《美日学分制模式解读与启示》，《求索》2006年第1期，第127～129页。

[3] 钟阳春、赵正：《美国大学学分制概述》，《西北医学教育》2005年第12期，第638页。

[4] 王英杰：《美国高等教育的发展与改革》，人民教育出版社，2001，第96页。

[5] Courses of Instruction 2008 - 2009 Harvard University. Faculty of Arts and Sciences. Harvard College Graduate School of Arts and Sciences.

[6] 从哈佛大学课程设置看牛校牛在哪里 http：//chuangxin.umiwi.com/2010/0907/1767.shtml。

核心课程不是随意确定的，而是经过研究，精心挑选、组合而成的。比如，波士顿学院核心课程研究小组经过长达两年的多方征求意见和深入研究后，于1991年6月向学校提出了重组核心课程的建议，建议内容主要包括核心课程的学科分布、特征，成立学校核心课程开发委员会及其组成方式等。该研究小组提出，核心课程的特征主要是：①持久性问题讨论；②重视学科历史；③重视学科方法论的教学；④重视将写作融入课程教学；⑤包含多元文化的观点；⑥关注学生的道德观与实践。根据这些要求，研究小组精选了十大学科领域的15门课程作为核心课程，供学生选修。担任通识教育课程教学任务的教师必须是教授和高级讲师，教学效果经评估是优良的。之所以这样严格，就是为了确保通识教育达到预期的教育目标。[①]

2. 自由选修的选课制

自由选修课程学分是在学分制实行初期出现的一种形式，是一种全开放的选修。一般是指学校设置各种各样的课程，由学生根据各自的兴趣爱好及就业需求自由选择若干适合自己的课程，并制定学习方案，安排学习进程，修满若干课程的学分，达到毕业要求后，则可取得学士学位。"自由选修制中，必修课的比例非常小，一般只规定英语和现代外语为必修课外，其余均为选修课[②]"。该类模式虽然可以充分满足学生自由发展的要求，但缺陷也很明显。许多学生趋向于选修初级课程及容易通过的课程，选课没有中心与重点。所以，目前美国只有极少数高校仍在实行自由选修学分制。

尽管自由选修制存在诸多弊端，但仍有少数本科院校坚持完全自由的选课式，取消所有的必修课，全部实行通识课程，允许学生自由

[①] 王定华：《透视美国教育——20位旅美留美博士的体验与思考》，北京大学出版社，2008，第225页。

[②] 潘秀珍：《中国高校学分制的历史、现状和未来》，广西师范大学教育科学学院，2001，第16页。

选择任何课程，以培养学生知识的广博性，其中以布朗大学（Brown University）、阿姆赫斯特学院（Amherst College）、史密斯学院（Smith College）最为著名。布朗大学在其报告中指出，"学生并没有因此而缩小自己选课的范围，相反绝大多数学生继续在自然科学、社会科学、人文科学三大主要学科中选课"[1]。不过，自由选修制的实施相当困难，即使在研究型大学中，也无法推广开来，因为需要具备三大条件：首先要有一批尽心尽责、愿意花时间为学生提供咨询的老师；其次要有一群天资聪颖、学习动机强烈、有"全面发展"愿望的学生；最后要有一组精心设计、能唤起学生的好奇心和学习热情的课程（尤其在自然科学领域）。显然，具备以上条件的大学寥寥无几。"[2]

3. 主辅修课程并行的选课制

美国高校的辅修专业数量众多、种类丰富，跨院系的辅修专业占有一定的比例。一般来说，美国高校和院系非常重视辅修制度，尽可能地为学生提供丰富的辅修专业，使学生有更多的选择余地，为学生具备良好的个人发展条件打下了基础。主辅修课程并行模式的选课制规定学生的课程包括主修课与辅修课，主修课的比重明显大于辅修课。主修课是专业课程，辅修课为公共基础课和其他专业课程，开设辅修科的目的旨在丰富学生的基础知识及发展他们对社会其他领域的兴趣。例如，属于研究型公立大学的加州大学（UC）规定的主修课比例为70%~75%，辅修课占25%~30%……学生毕业时，学校一般会在其学士学位证书上注明其主修与辅修的专业。

美国高校对辅修制度的管理非常科学化。高校一般都有专门的委

---

[1] Sheila Blumstein, A Report to the President: The Brotum C. urriculum Twenty Years Later: A Review of the Past and a Working Agenda for the Future (1990), pp. 22-23.
[2] 德雷克·博克：《回归大学之道：对美国大学本科教育的反思与展望》，华东师范大学出版社，2008，第157页。

学习自由与选择

员会对申报的辅修专业进行严格的审定,在学制上也有相应的灵活举措。高校为保证学习质量,允许确实在两个领域都学有所长的学生延长学制。从许多辅修专业的课程来看,开设辅修专业的院系给学生可自主选择的课程较多,必修课占的比重较少。这在一定程度上也可以防止学分双重计算。学校力图在自由与规范之间保持一种平衡。这表现在:学校一方面尽最大的努力开设种类繁多的专业和数量丰富的选修课,来满足学生个人的兴趣和需求;另一方面通过对学生主修专业、课程、学分和成绩的提出要求,对可能遇到的困难给学生以适当的指导,把学生的学习自由限制在一定范围内。美国大学给学生充分的选择自由,但大学追求高学术质量、培养高素质人才的特性决定了这种选择自由是在种种条件限制下的自由,这种自由是在保证学生接受到更合理的大学教育基础上的自由。

整体看来,美国本科教育的双学位和主辅修制虽然较为成熟,但是学生人数并不是很多,因为学生已经有了很大的选修空间,他们的专业兴趣通过选修已经得到了满足。甚至有的大学"没有把双学位或主辅修制作为一套独立的教学体系,而是融在正常的教学体系中,目的是通过一种相对弹性的运行机制给予优秀的学生更多的学习选择"[①]。

在美国,学年制的使用范围非常小。时至今日,绝大多数的高校已经采用学分选课制。但是也有例外,比如某些大学的医学院和牙医学院由于其专业性质比较特殊,也可能采用学年制,以学年为阶段,每期有少量跨学科选修课,选课自由度最小。即使如此,这些学校为了保证学生的学习自由,也规定凡是进入医学院的牙医学院的学生,需要先在文理学院接受1~2年的"普通"教育。校方认为,在学习

---

① 邬大光:《本科教育需要更深入更全面的改革》,http://edu.qq.com/a/20080819/000018_2.htm。

的各阶段都有具体的要求和规定，有利于医生行业人才的培养。

(二) 美国研究型大学选课制的基本情况和实施过程

1. 选课制的基本情况

毫无疑问，美国高校的本科教育有着十分严谨的计划性，但是，各院校却没有一个适用于全校全体本科生的统一的教学计划，也没有一个适用于各院本科生的统一的教学计划，甚至没有一个适用于各专业本科生的统一的教学计划，他们所称的教学计划是一个由各类必修课、限选课和任选课所组成的、具有较大弹性的、适应本科生各种学习需要的、庞大的课程体系。大致而言，美国大学本科生的课程主要包括低年级本科生所必修的核心课程计划、高年级学生应当主修的专业课程计划以及其他供学生任意选修的课程计划，有的院校还有不占学分的课程计划、培训课程或活动计划，由学生自愿参加。即"普通教育课、主修课程和选修课程三大类，分别占课程总量的33%，34%、33%。普通教育课程和主修课程中也开设了选修课；目前美国有16%的本科生课程计划允许学生自己设计主修课程；有2%的大学，甚至完全不设必修课"①。

各高校的核心课程计划包括有人文与社会科学、自然科学等几大基础学科领域的数十门课程，学生根据不同学科领域课程选修的规定，在有关教师的指导下，根据自己的学习基础和兴趣爱好，选择规定学分或门数的课程，作为自己的核心课程计划。如斯坦福大学要求本科新生在人文概论计划、人与社会科学领域、世界文化、美国文化与性别研究等四大领域修满9门课程，在自然科学、应用科学、工程科学与数学领域选修3门课程，但其中2门课程不得同属一个学科领域；在人文与社会科学领域选修3门课程，其中必须在人文科学和社会科学各选1门课程。这样一来，即使同时入学且在相同学院注册的

---

① 高有华：《大学课程基本问题研究》，江苏大学出版社，2010，第114页。

学生，所修的核心课程也都是各不相同的。[①]

另外，各院校的专业课程计划一般为三、四年级本科生所开发，通常分初级专业课程和高级专业课程两类，选修高级专业课程之前，必须修满初级专业课程所要求的学分或课程门数。有的大学要求学生选修高级专业课程后写出本科毕业论文，或在专门组织的高级研讨班上发表过自己的发现与见解。有的院校在专业课计划中也列出专业核心课程或课程组合，要求学生必修或限选。对于任意选修，学校一般不作具体要求，凡本校开设的课程都可以选修。[②]

以哈佛大学为例，毕业学分是按全课程（Full courses）计算的，全课程从秋季学期开始，延伸到春季学期结束。《学生手册》规定学生"必须通过16门全课程"方可毕业。按照全年课程计算学分可能产生混淆。因为核心课程和其他许多必修课是用叫做"半课程"的学分来计算的。"半课程"的意思是它只进行秋季或春季一个学期。事实上，文理学院提供的大多数课程是半课程。为了适应核心课程的要求，并把它安排到为期4年的课程结构中，我们在用到"课程"这个词时，指的是一学期的课程，即《手册》中的"半课程"。就是说，你必须通过32门课程才能毕业。你必须读32门课程，但这32门课程不是随意选的。哈佛希望，实际上是要求，你选课的结果能够形成一个模式。大体上，一半的课程（16门）必须用来满足你专业的要求。在其他16门课程中，你要选8门课以满足你的核心课程的要求。于是，通常的模式是，你要用一半的时间来满足你专业的要求，而专业以外的课业，其中一半要用在满足核心课程的要求。核心课程不是满足学位要求的唯一非专业课程。所有新生还必须学习说明

[①] 王定华：《透视美国教育——20位旅美留美博士的体验与思考》，北京大学出版社，2008，第221页。

[②] 王定华：《透视美国教育——20位旅美留美博士的体验与思考》，北京大学出版社，2008，第222页。

文写作（Expository Writing）课程，以及 1~2 门课程以满足语言要求。总计 32 门课程，在此之外剩下的课程，将由你任意自由选择（就是说，那些课程根据你的学习兴趣由你自由挑选）。①

当然，专业课（Concentration）、核心课（Core）和任选课（Electives）这个模式，只是一个粗略的样式，可以有许许多多的变形。大多数专业要求学习 16 门课程才能达到优等成绩；有些则要求得少一点。如果学生不打算取得专业的优等成绩，那么必选的课程可以是 12 到 13 门，这样你可以有更多时间去读任选课。有的情况下，核心课程计入专业课程。如果你选了这样的课程，由于与专业课重叠，你的任选课中要加上另一门课。学生必须在 11 类核心课程中的 8 类选，以满足核心课程的要求。因为核心课程的目的是扩展学生的视野，学生必须在 8 类课程的每一类选一门课，而这 8 类课程被认定是跟他们所学专业相距甚远。每个专业都确定有 3 类课程免选（Exempt）。②

2. 大学生选课指引

学生入学时，学校注册处会发给学生一本注册手册，手册中详细介绍了学生的交费程序、选课方法、学籍管理和各院系本学年的教学安排等；各院系还会发给学生一本教学日历（Calendar），教学日历中列出了该院系本学年各学期各门课程的选修条件和学分分配，当然，这些资料在学校的网站上也可以清楚地查询到。美国研究型大学的 Calendar 会在选课方面给学生如下几个方面的指引。

（1）引言

"本表将指引你进行广泛的学术选择。虽然系部的顾问和学院的

---

① 哈佛大学核心课程系统简介，http：//jwc. xznu. edu. cn/s/114/t/1101/49/0d/info18701. htm。
② 哈佛大学核心课程系统简介，http：//jwc. xznu. edu. cn/s/114/t/1101/49/0d/info18701. htm。

咨询员会给你建议和指导，但是课程选择的完整和正确性，是否适合你的需求，合作的比较性需求，完成计划的细节，正确的观察需求的分配；遵守规则、期限，这些责任最终还是在学生身上。"

（2）选课过程

一般来说，学生选课分两轮进行：第一轮选课供课程开设对象选修，即某门课程是为哪个年级、哪个专业的学生开设的，就供哪个年级、哪个专业的学生选修；第二轮选课是在某门课程选修人数不满的情况下，供其他年级和其他专业的学生选修。学校规定了每门课程的选修条件。这样，学生就可以根据自身的实际情况自主选修课程。

（3）课程之间的关系

校方在学分制课程设计中会说明课程之间的相互关系，以保证课程体系的连贯性和严密性。他们将课程之间的关系分为四种，即先修后续关系、同修关系、排斥关系和独立关系。先修后续关系是指两门课程中必须先学习其中的一门后才能学习另一门课。如经济学专业的微观经济学和宏观经济学两门课就是先修后续关系。同修关系是指两门课程必须同时开设的情形。比如在理工科专业中，普通物理学和普通物理实验就是一对同修课程。排斥关系是指两门课程的内容极为相似，同时学习是对教学资源的浪费，无需也不允许学生重复学习。由于学分制允许学生跨系跨专业选课，容易出现有排斥关系的课。比如商科中的管理学原理与行政管理学专业中的管理学概论，主要内容基本一致，只允许学生选修一次。很多大学要求每个人在 science, humanity, social science 每类课程中至少修 1 个学分，课程的归类、先修课程（prerequisite）、同时修的课程（co-requisite）、排斥课程（exclusion）等等都在课程指南中可以查到（course description）。对于前两年未选定专业的学生，导师会建议他选课的时候根据课程指南注意把不同专业的先修课程包括进去，为以后的安排做准备，否则可能会导致毕业时间的延迟。

(4) 试课期

一般来说，每个短学期的前几周为试课期。在试课期内学生可以广泛试听。然后，学生按教学计划选择、登记自己的学习课程。只有经过本人登记、学院核准的课程才计算学分。一门课程的最终分数以百分制计，由期末考试、平时作业和测验三部分成绩组成。期末成绩通常只占25%~35%。这样，要想取得好的成绩，从选课之日起就得全力以赴，做好每一次作业，应付好每一次测验和作业才行。

(5) 弹性学制

美国大学实行弹性学制，学生可以提前毕业，也可以在学习期间到校外打工，或者先参加工作，然后再完成学业。每个教师一年必须能开出5门课程，这样在教师人数不是很多的情况下，也能保证每个学院开出足够的课程供全校学生选择，学生自由选课的空间自然比较大。

四 美国研究型大学对学生的学术指导

高校对学生的学术指导是伴随美国高校选课制的广泛使用而产生的，"在选课制刚刚实行后的1870年，哈佛大学进行了大学生学术指导的尝试，任命了第一位管理学生纪律和发展以及指导学生选课的专职人员，这可以看作是以指导学生选课为核心内容的学术指导的开端。"20世纪30年代，美国的研究型大学，基本都有了学术指导的专门机构和专门人员。而后随着大学生生源的复杂性和需求的多样性，在全美还成立了一些全国性的学术指导专业组织。"1994年，美国大学人事协会（American College Personnel Association）正式发表了题为"学生的学习乃当务之急——学生事务的含义"（Student Learning Imperative：Implications for Student Affairs，简称SLI）的报告。该报告正式提出学生事务工作应当以促进学生的学习为中心。"①随着学生学业问题的凸显，学术指导的需求越发迫切，原有学术指导工作的功能与目的也在不断拓展，参与学术指导的人员也由专业教师逐步扩大到学生事务管理人员。高校学术指导的专业化水平不断提高，学术指导的重要性与日俱增，成为高校良好运转的重要组成部分。

目前美国研究型大学学术指导的核心内容有：对学生进行课程选择、专业选择的指导，课程学习计划、学习方法的指导，学校图书、实验设备等资源使用的指导，如何获取教师和他人帮助的指导，以及对职业规划和生涯规划的指导等。其主旨是要帮助尚不成熟的大学生适应多种多样的课程计划和较多自由的学习环境，制定合理的课程计划，在保障学生学习自由权的同时保证高等教育的质量。②

（一）导师制

学生入学后，学校会给每一位学生指定一位导师。一般来说，多数大学规定，指导教师的职责是帮助学生制订教学计划，安排学习进程，指导学生注册选课。新生入学时，学校给新生安排指导教师，由于学校规模有大有小，不同院校导师所指导的学生人数在是不同的。一般而言，一个导师少则指导几个学生，多则指导几十个学生。③ 有的大学也会采取助理导师的方法（Associate Advising），即"高年级本科生作为助理导师，帮助新生顺利过渡到本科阶段的学习。助理导师与新生导师合作，在选课、制定研究活动计划、实习、暑假工作等

---

① 张晓京：《美国高校学生事务管理——基于八所大学的个案研究》，中国传媒大学出版社，2010，第84页。
② 教育部思想政治工作司组：《走进美国高校学生事务管理》，中国人民大学出版社，2011，第89页。
③ 王定华：《透视美国教育——20位旅美留美博士的体验与思考》，北京大学出版社，2008，第220页。

方面为新生提供指导"①。部分大学在学生进入三年级后换成专业指导教师,每个专业指导教师负责10到40名学生。学校规定每学期指导教师和学生见面交谈三次,如有问题双方可以再自由约定时间见面交谈。学生可以选择指导教师,教师也可以选择学生,如对对方不满意,可以提出更换。在实践中,学生与教师的接触和沟通已经成为一种传统和习惯,学生与指导教师的接触程度和学生获得的指导往往是大大超过校方规定和预期的。

1. 学校非常重视导师的指导

美国的研究型大学认为导师的指导在培养优质学生中发挥着重要作用,因此,非常重视导师的指导作用。例如,"2000年9月加州大学伯克利分校的本科教育委员会发表了《本科教育委员会最终报告》。该报告认为,作为一所研究型大学,伯克利分校应提供优质的本科教育,学校有能力也有义务在本科教育一开始就为学生提供探究式学习,使学生在每个阶段都能从教师和导师那里获得及时的指导"②。

2. 导师指导学生的形式非常丰富

除了导师和学生的面谈指导,美国研究型大学导师指导学生的形式还有多种。例如,在麻省理工学院,"新生必须参加由导师组织的新生指导研讨会(Freshman Advising Seminars)、本科生研讨会、解决复杂问题课程,以及面向新生的学习共同体:联合课项目、实验研究组、新生媒体艺术和科学项目以及实践项目(Terrascope)。这些学习共同体有各自的教师、学习地点和管理方法。与那些没有参加学习共同体的新生相比,参加学习共同体的学生能取得更大的进步。每一

---

① 刘念才、周玲:《面向创新型国家的研究型大学建设研究》,中国人民大学出版社,2007,第211页。
② 刘念才、周玲:《面向创新型国家的研究型大学建设研究》,中国人民大学出版社,2007,第212页。

个学习共同体提供的学习内容不同,但共同点是师生之间有很强的互动"。①

3. 导师指导的针对性较强

美国的研究型大学导师指导的针对性较强。"导师将在学生确定自己专业的整个过程中一直提供帮助②。学生在开始上课之前也必须从导师那里获得批准,该导师(faculty advisers)应就每一门选修课程结构给学生提出建议,帮助学生选择一个合适的课程序列。同时,导师也将监督学生选修专业的学习状况,并把它记录在案。这种指导方式的针对性很强,使学生的课程选择在很大程度上避免了盲目性。

4. 导师指导与学生的学习责任相结合

很多美国的研究型大学"寻求的理想是使教师教学与学生学习均以科研为基础"③,在此过程中,教师/导师的指导与学生的学习都非常关键。1984年,"提高美国高等教育质量所必备条件研究小组"向教育部长和国家教育研究所所长提交的题为《主动学习——发挥高等教育的潜力》的报告指出应"把大学看做负有共同责任的学习社会,要求学生对自己的学习负起责任,成为学习的中心。他们理想的教育环境是一个朝气蓬勃的、积极的、敏锐的、多样化的、相互尊重的和寻求高质量的学习社区"④。强调教师在教学和指导中,以学生为中心,让学生积极地学习。多所大学根据该报告进行了改革,对教师的教学和指导提出更高的要求来提高本科教学质量。

(二)学术指导顾问和指导机构

几乎在所有的研究型大学,除了本科生导师之外,学校都设有专

---

① 刘念才、周玲:《面向创新型国家的研究型大学建设研究》,中国人民大学出版社,2007,第209页。
② Students, http://www.utexas.edu/ugs/csa/exploring/students.
③ 〔美〕克拉克:《大学的持续变革:创业型大学新案例和新概念》,王承绪译,人民教育出版社,2008,第207页。
④ 王英杰:《美国高等教育的发展与改革》,人民教育出版社,2001,第98页。

门的学术指导顾问和指导机构，对有需要帮助或者正在进行专业选择的学生提供学业指导。从新生入学开始，学校就开始通过大学网站来提供入学指导。美国的研究型大学基本都设有学习中心，作为学术咨询服务体系的重要组成部分，学习中心"帮助学生了解需要他们完成的东西，告知他们所选专业的合适课程和课程内容，并提供有关项目机会。①以北卡罗莱纳大学教堂山分校（University of North Carolina at Chapel Hill，简称UNC）为例②，该校的学习中心（Learning Centre）提供多元化的学业咨询服务，包括：阅读项目（Reading Program）、数学或者自然科学学术咨询（Academic Counseling for Math and Scieniences）、补习辅导项目（The Supplemental Instruction Program）、学术成功项目（academic Success Program）等等，为学生提供学习方法等方面的帮助，学生可根据需要自行选择，在网上预约后按时前往学术咨询中心进行咨询。

很多研究型大学还为学生设置了学习战略咨询中心（CSA），为学生修读本科阶段的课程和进行专业过渡提供理论指导，帮助学生进行专业和职业生涯的自我探索并帮助学生选课。学术咨询中心一般都会为学生选择专业提供帮助，帮助学生发现并明确他们的价值观、兴趣、技能；帮助学生通过审查或改变专业；以及协助学生选课。如果一个学生无法决定自己的专业，就可以联络咨询中心并安排预约时间约见学术顾问。咨询中心会进行活动来帮助学生评估个人情况和学习追求。另外，咨询中心还会提供简单的家长指导，让家长学会指导自己的孩子权衡和把握在大学的不同学习机会。总之，学术指导机构致力于为学生提供一系列相互联系、丰富多样的学习机会，帮助学生成为独立的学习者并实现学业成功。

---

① Academic-advising, http：//www.utexas.edu/academics/academic-advising.
② About Academic Services , http：//www. Unc. Edu/depts/acadserv/about. html.

五　得克萨斯州立大学奥斯丁分校的个案分析

得克萨斯州立大学奥斯丁分校（The University of Texas at Austin，下简称 UT-A）是美国最大的公立大学之一，是得克萨斯州大学系统中的主校区，也是得克萨斯州境内最顶尖的高等学府之一。在各类学术表现及评鉴排名中，UT-A 在全美大学中名列前茅。[①] 本文以 UT-A 为个案来分析一下美国研究型大学学生学习自由的制度保障情况。

（一）UT-A 教学管理制度概况

UT-A 现有 17 个学院，Cockrell 工程学院、资讯学院、教育学院、美术学院、文学院、自然科学学院、药学院、杰克逊地质学院、林德比·约翰逊公共事务学院、麦克库姆商学院、建筑学院、传播学院、法律学院、护理学院、社会工作学院、研究生院和本科学习学院。其中，在 2008 年 UT-A 建立了专门的本科学习学院负责本科生教育。[②] 所以学生入学是进入大学，而不是某个具体的系来学习。

在 UT-A，一年有三个学期：第一学期每年的 1 月~5 月（16 周时间）、第二学期每年的 9 月~12 月（16 周时间）、暑假学期每年的 6 月~8 月（8 周时间）[③]。在 UT-A，将"学生的学业表现分为 A 和 A-，B+，B 和 B-，C+，C 和 C-，D+，D 和 D-，以及 F 这几个等级"[④]。UT-A 有两类评定学生综合成绩的方法，一类是叫绩点制，另一类叫复合制，评定学生成绩的优劣及能否获得学位，不仅要看他是否学满教学计划规定的学分课程数，还要看其综合成绩。两类评定成绩的方法在做法上虽略有不同，但目的都在于培养学有所长的

[①] 许迈进：《美国研究型大学研究——办学功能与要素分析》，浙江大学出版社，2000，第 213 页，美国研究型大学（Research University-Exensive \ ）分类名单。
[②] Colleges & Schools, http://www.utexas.edu/academics/colleges-schools.
[③] Calendars, http://registrar.utexas.edu/calendars/.
[④] 具体见 http://registrar.utexas.edu/staff/grades/details.

学生。学生不必为应付升学而平均使用力量，可以对自己感兴趣的课程或领域多有侧重，对一般的课程拿到学分即可。UT-A 的学生需要在 6 年内①、修够 120 个学分②时达到本科毕业要求。

（二）学生专业选择自由的现状

1. UT-A 的专业设置情况

美国没有完全等同于中文"专业"的词汇，每个大学采用的词语不同，UT-A 和耶鲁、斯坦福大学一样，使用的是 major 主修这个词，这也是广泛使用的一个词。专业基本上还是以某个学科或者某个领域来设置的。UT-A 提供超过 170 个本科研究领域和超过 100 个的本科专业③，这些专业分为三种类型，一种是某个公认的领域，第二种是经过批准的联合专业，第三种是经个别学生单独申请而设立的特别专业。例如，在 UT-A 的 Cockrell 工程学院，以学科领域为基础的专业有航天工程和工程力学、生物医学工程、化学工程、土木建筑和环境工程、电气及计算机工程、机械工程、石油工程、材料科学和工程、运筹学和工业工程 9 个专业④，即上面分类中的第一种情况，专业是公认的领域；还有商业工程路线等 5 个特殊的跨学科、跨系项目⑤，即上面分类中的第二种情况，专业是跨学科的、经过批准的联合专业。

UT-A 在学校的网站有非常详细的所有专业列表⑥，并特别说明每个专业的专业类型、大概的修读时间、前期的修读要求和学位授予等基本情况，例如，建筑学院提供的建筑本科学位有两种类型，专业

---

① The Universtiy of Texas at Austin undergratuate catalog 2010-2012, p. 14.
② The Universtiy of Texas at Austin undergratuate catalog 2010-2012, p. 3.
③ Colleges, Schools & Majors, http://bealonghorn.utexas.edu/whyut/academics.
④ Departments & Programs, http://www.engr.utexas.edu/programs.
⑤ Interdisciplinary and Affiliated Degree Programs, http://www.engr.utexas.edu/programs/interdisciplinary.
⑥ Colleges, Schools & Majors, http://bealonghorn.utexas.edu/whyut/academics.

学位（通常是5年时间）和职前学位（通常是4年时间）。建筑学士是一个基本的职业学位，由民族建筑认证委员会评估课程包含所需的学术及实习情况，并颁发学位。建筑学学士是职前学位，完成该学位需要一定的职业培训，在学术学习部分必须遵循建筑专业的既有要求。①

2. 专业申请和改变的要求

根据学校的要求，在学生申请进入 UT-A 时会填写第一志愿专业和第二志愿专业，学校也允许高中生以"专业未定"（Undeclared）的身份入学，即学生的志愿就是进入学校本科阶段的学习。② UT-A 的学生经过一年的学习之后，具体选定什么专业，则由学生自主确定。学生选定专业需要填写一个专业申请表格（major declaration），到学校的教务部门备案。表格要得到导师或者相关系科教师代表的签字认可，这个过程和学生选课要得到导师的批准一样，是一个对学生学习的指导过程，而不是对学生选择专业的一种限制。

如果学生在就读过程中学习兴趣发生变化，学校允许学生改变自己的专业。从实际情况来看，很多学生在第二年改变了专业，也有少数人到了三年级还在改变专业。在 UT-A，学生改变专业需要提交一份导师签字的专业申请表格，计算机就会自动地把学生的专业更改过来。学校通过网站建议和鼓励学生转变专业："许多学生会改变自己的专业。这样做可能意味着需要更长的时间来完成你的研究，但并非总是如此。许多专业的学生经常可以把从第一专业学到的课程用到第二专业上去，尤其是在这两个方面的研究领域不是相差太大的情况下。专业的改变很大的话，（比如从数学变为美术）可能会严重影响你需要完成学位的时间（特别是当你改变专业的时间比较晚）。但

---

① Undergraduate degrees, http://soa.utexas.edu/architecture/undergrad.
② Selecting a Major, http://bealonghorn.utexas.edu/freshmen/admission/majors.

是，转换专业并不是一场灾难"①。

某些专业在接受转专业学生时有一些特殊的要求和限制。例如有些专业只接受申请秋季学期的学生，有的专业需要提交论文或安排面试才能被录取。学校还在网站上提供了一个详细的列表来具体说明每个专业的情况。②

3. 学校给予学生选择专业方面的学术指导

UT-A 认为学生的专业选择是一件非常重要的事情，学生在选择专业前要深入了解和研究各个专业的情况。在 UT-A，学生有多种途径了解各个专业。一是，学生可以选修各个学院的通识教育课程，可以接触不同学科的老师。第二，学校举办很多不同的活动，让指导老师、已经确定专业的高年级学生和没有选定专业的学生接触，让学生了解各个专业的情况。第三，学校有专门的学术指导机构和顾问根据学生的兴趣和特长来给予学术建议指导。UT-A 在学校网站的学生注册页面就提醒学生："学术指导有着教育学生的重要责任。学术顾问帮助学生发展智力潜能、探索教育机会和生活目标"③，"学术建议是学生在任何高等学习机构成功的关键，是很有价值的资源"④，"学术指导顾问和学生处在友好、帮助和专业的氛围中，学生有机会在如下方面获得指导：学习教育选择、学位要求和学术政策和程序；明确教育目标和追求符合自己能力、兴趣、生活目标的项目计划；使用所有资源以最佳利用大学。学术指导顾问为学生提供当前学术信息，学生有责任频繁接触学术指导顾问，获得足够的学术指导，以确保自己的学习进展有序并能够及时获得一个学位。"⑤ 上述建议使学生较早开

---

① Changing your Major, http://bealonghorn.utexas.edu/freshmen/before/majors.
② Selecting a Major, http://bealonghorn.utexas.edu/freshmen/before/majors#.
③ Advising, http://registrar.utexas.edu/students/registration/before/advising.
④ Academic-advising, http://www.utexas.edu/academics/academic-advising.
⑤ Advising, http://registrar.utexas.edu/students/registration/before/advising.

始了解学术指导机构在专业选择中的作用并在需要的时候去寻求帮助。

（三）UT-A 学生课程选择自由的现状

1. 学校教学管理制度层面对学生课程选择自由的保障举措

根据 UT-A2010~2011 年度的 Catalog 和其他教学与学生管理文件所规定和提供的信息。

我们发现，除了上文提及的对学生指导课程。严密设计课程等举措外，UT–A 还有两项举措来保证学生的学习自由。

（1）导师提供尽职尽责的指导

在 UT-A，指导教师的职责是指导学生注册选课、帮助学生制订教学计划，安排学习进程。新生入学时，学校安排每个指导教师指导约 10 名新生，学生进入三年级后换成专业指导教师，每个专业指导教师负责 10~40 名学生。学校规定每学期指导教师和学生见面交谈三次，如有问题双方可以自由约定时间再次见面交谈。学生与指导教师可以互选，如对导师不满意，可以申请更换。在实践中，学生与教师的接触和沟通已经成为一种传统和习惯，学生与指导教师的接触次数和学生获得的指导往往是大大超过校方的基本规定和预期的。

（2）学校提供多方面的文件指导

UT-A 另外给学生提供有《学生权利与责任指南》、《学生手册》和《转学手册》等文件，为学生提供其学习权利和责任的有关信息。例如，《学生权利与责任指南》涵盖的信息范围包括学术活动、学术自由、学术课程活动、考试和学位要求等。《转学手册》则不仅"明确规定学生转学不需要任何理由，而且上面详尽地规定了能转学分的专业和学校"。《学生手册》则是学生必须严格遵守的政策性规定，其覆盖的范围包括缴费、中断课程、学生纪律等。

2. 以 UT-A 的 McCombs 商学院市场营销（marketing）专业的 Programs 为例看学生的课程选择自由度

按照全美大学排名，UT-A 的可选课程资源远远算不上是最丰富的。但是 UT-A 在所有的研究学科可以设想的专业领域，几乎都能提供丰富的课程计划。以市场营销专业为例，营销管理 Programs 的课程包括：国际商务基础、国际贸易、全球企业家、营销学、市场原理、营销和国际贸易实习、信息与分析、专业销售和销售管理、特殊项目营销实习、营销政策、品牌管理、商业道德和社会责任、当代市场学问题、客户洞察力和经验、企业家营销、消费者行为学、全球营销、市场营销挑战、国际商务问题、国际化经营和管理、商业学（西班牙语）、欧盟商业环境、国际商务操作等[①]。上述每一门课程都有一个课程编号和简短的课程描述，告知学生课程名称、授课者、课程类型、课程的层级（即一般是哪个年级的学生来上这门课，如大学第二年学生的课程一般都是 200 层级的）。Exclusion 课程是和该课程非常相近的课程，不允许重复选修；Prerequisite 课程是修读该课程前需要先修的课程；有的课程还有 Co-requisite 课程，是指需要和该课程同时进行学习的课程。

UT-A 市场营销专业的学生，几乎找不到两份完全相同的个人教学计划，每个人都有自己的学习目标、学习工作量和学习进度安排。UT-A 的市场营销学专业的学生进校后，在教师的指导下，根据自己的需要、兴趣和能力，考虑学习内容、时间、费用、考试安排等因素，制定自己的课程表。另外，UT-A 市场营销专业开设的课程不仅同一门课有不同年级、不同专业的学生听课，而且一些重要的科目，同一门课会分成不同难度的课供学生选修。例如 UT-A 市场营销课程计划中为本科阶段的学生共开出 4 种不同难度的数学课，供不同专

---

① Courses，http://new.mccombs.utexas.edu/Departments/Marketing/Courses.aspx.

业、不同数学基础的学生选修，满足了学生的个性化需求。具体地说，可以从以下三个方面看出学生的课程选择自由程度。

(1) 课程的学时安排

从学时安排看，UT-A 的市场营销专业实行完全学分制，除了核心课程之外（核心课程一般都包括数学 6 个学分，自然科学 6 个学分，美国历史和政府各 6 分，艺术 3 分，写作 3 分，社会科学 6 分），专业课程一般来说是一门课 3 个学分，一个本科生毕业要修够 120 个学分，以四年计算，平均每学年 3 个学期修够 30 个学分即可，学生的课内负担相对较轻。UT-A 市场营销专业规定每门课的总学时中，至少有 1/4 的时间用于学生自己的活动，并设置了多个实习课程和个人研究课程，教师的讲授只占课程教学的一部分，很大一部分学习内容是通过教师指导学生课外学习实现的。

(2) 课程的计划进度

从课程计划进度来看，UT-A 市场营销专业的课程设置中比较重视基础课程的学习，明显淡化专业课程，在前两年的课程中，跨专业、跨学科选修课程的比例较大，让更多的学生享受到了课程设置的实惠。现代教育发展的基本特征体现为学科发展相互渗透和综合，高等学校专业设置和课程结构的综合化已成为不可阻挡的趋势。UT-A 市场营销专业就有较多的综合课程，可以将相关学科内容按照一定的逻辑线索进行整合，并统一开设课程，使课程安排更有层次感和综合性。

(3) 课程的丰富程度

从课程的丰富程度来看，UT-A 的课程还是非常丰富的，每一类课程均可进行选修，即便是专业必修（核心）课程也有三个课程模块，每个模块大约有 10～15 门课程不等，而学生只需在每个课程模块下修读一门。这种开放、自由的课程设置理念能够较好的保证每个学生课程体系的个性化。从市场营销专业的课程设置就可以看出，不但课程的数量较为丰富,课程的层级也相对多一些,方便不同程度和兴趣水平的学生(包括市场营销和其他专业的学生)选择。课程的丰富性还体现为很多课程可以进行平行选择。例如,课程名称为《市场营销学》(Principles of Marketing)的课程在 2011 年的春季学期就有 Huang, Walls, Zhang, Alpert, Peterson 这五位老师同时开课[①],学生选择课程的同时也可以选择授课的教师。而且从达到毕业的标准上看,市场营销专业的学生大约修 20 门左右的课程就可以满足学分要求了,UT-A 市场营销专业开课量较大,所以学生选择的范围其实要大很多。当然,由于每一门课程的教师都有一定要求,需要学生较高的自主学习能力和卷入程度,所以修完每一课程得到学分也不容易。

第二节 美国研究型大学学生学习自由保障的启示

其实不同国家的学习自由有着不同的表现方式、具体做法和发展阶段,这是和各自国家的教育发展水平、教育资源丰富程度以及教育理念紧密联系的。以美国为例,作为典型的地方分权型国家,美国不同研究型大学在学分制和选课制的实施过程中的具体做法差别非常大。但是美国的研究型大学普遍比较重视学生的学习自由,学生学习自由的实现主要通过如下三个方面得到保障。

一 制度保障

美国研究型大学的大学自治制度为学生学习自由的实施提供了强有力的制度保障。美国高校在办学上具有较大的自由支配权,学校可以自主招生,自主决定学科专业、课程设置。正是高校拥有的高度自

---

① Courses, http://new.mccombs.utexas.edu/Departments/Marketing/Courses.aspx.

主权为学生的学习自由提供了权力保障。也正是由于学习自由的制度保障和对学生个性化需求的极大满足，使得美国的高等教育呈现开放性强、流动性高的特点，在世界教育市场具有很强的吸引力和竞争力。

（一）学分制和选课制是大学生学习自由的重要载体

学分制和选课制是大学生学习自由的重要载体。学分制是在选课制发展的基础上产生的。经过一百多年的发展，目前美国的研究型大学都实行学分制和选课制。校方在课程设置的诸多方面具有相对灵活的自主权，能够较好满足学生根据自己的兴趣特长选择专业、课程和教师的需求。同时，国家政策和其他方面施加的外部压力也加速了学习自由的演变与发展。例如，"卡内基教学发展基金会曾经给高等教育机构提供10亿美元的教师养老金，提出的条件之一便是高校必须符合学分制的要求"[①]。联邦政府将学分作为大学是否具有资格获得资助项目的标准，这是国家管理政策干预学分制实施的体现，它积极推动了学分制和选课制在高校中的普及。

（二）弹性化学制是大学生学习自由的另一制度保障体现

选修制和学分制的实施为学习自由的实现提供了制度上的基本保障，也为弹性化学制的普遍推广提供了基础。美国的研究型大学在入学时间、学习时间进度等方面都有较多选择。例如，美国大学办理入学申请手续的时间具有弹性，一般一月、六月、七月、九月都可以申请办理入学手续。学校对学生没有严格的年级和班级划分，一般按照所修学分数量决定所属年级。"24学分为一年级Freshman，25~55学分为二年级Sophomore，56~89学分为三年级Junior，90学分或以上为四年级Senior"[②]。在教学计划上的弹性体现为："绝大多数高校

[①] 苗玉凤、田东平：《美国学分制的发展历程及其成因分析》，《现代教育科学》2005年第2期，第87页。

[②] 钟阳春、赵正：《美国大学学分制概述》，《湖南科技学院学报》2005年第9期，第265页。

只要修满规定的最低毕业学分就可以毕业,并不明确规定修业年限"①。学校根据学生注册的学分数收取学费,用学分来表示学生用于学业上的工作量。因此,弹性化学制是大学生学习自由的另一制度保障体现。

(三) 较为自由的学分转换制度增进了大学生的学习自由

美国高校间学分互认是一种普遍现象。美国是一个高流动性国家,家庭和学生的流动量较大,为了使不同层次、水平和类型学校的学生能够在相对统一的尺度下自由流动,就以"学分"为衡量学生学习工作的通行标准,建立了一套建立在平等基础上的学分互换系统。这种类似货币兑换的教育流通机制,拓宽了美国各州高等教育的合作交流空间。即,不同的大学和院系间学分可以相互认可。所有的大学都为学生保存学生成绩副本(学校对课程及学分等级的记录),"当学生转到另一所大学,该大学将会对其成绩副本进行审查,据此评价学业数量并在某种程度上衡量学生的学业质量,承认其中的有效学分并将之计入学生总学分中"②。这种不同大学的学分转换的机制,大大方便了学生对大学的选择。欧盟学习美国此举,在上个世纪50年代启动了"伊拉斯莫"(Erasmus Mundus)计划,使在欧盟内不同国家高校学习的"学生能够互相转换,促进学生自由流动"③。

(四) 学业导师制提升了大学生学习自由的程度

美国研究型大学的导师制度实施已久,校方非常注重对学生学习过程的指导,以此帮助学生实现理性选择,提升大学生学习自由的程

---

① 杨进:《国外学分制模式之比较与我国的教学管理改革》,《职业技术教育(教科版)》2002年第4期,第26~29页。
② Reforming the Higher Education Curriculum: Internationalizing the Campus (Phoenix: The Oryx Press, 1998), pp. 13–14.
③ 黎志华:《欧洲学分转换系统的发展及其启示》,《大学教育科学》2007年第2期,第101页。

度。在学分制保证学生选课自由度的同时,校方以导师制的形式来加强对学生学习合理性的指导。学校在新生入学伊始就开始安排指导教师。有的高校,在学生进入三年级后,学生的指导教师变成专业指导教师,帮助学生制定学习和选课计划,安排学习进程。学校还规定指导教师每学期必须和学生见面交谈数次,并允许学生在遇到问题时可与教师约定见面时间。"俄亥俄州某大学属于私立综合性高校,教师一年内除了要完成学校规定的教学(通常5门课程)、学术和各种社团活动等任务之外,还要担任指导教师,其考评结果决定着教师职称晋升、是否聘用或增加工资等。若学生对教师工作不满意,其意见直接决定着教师的考评结果"[1]。

二 物质和质量保障

美国研究型大学较为雄厚的资金来源为学习自由提供了物质保障。选课制是学分制的前提和基础,一定数量的高质量选修课程是学分制赖以存在的基础。同时,与学年制相比,学分制下学校需要开设课程门数及同一课程同期的开课次数可能都会大大增加,而且每次授课人数可能是不均衡的,这对教学资源提出了更高的要求。美国的研究型大学资源比较丰富,其经费来源主要依靠联邦政府、州和地方政府拨款以及非政府机构和个人捐赠。其中非政府机构部分主要包括企业、慈善机构和个人等资助。由于美国的税收政策鼓励个人和企业向学校捐款,在学校自筹资金中,捐赠经费所占比重呈逐年增加趋势。因此研究型大学有充足的经费聘请大批优秀教师,大量开设选修课,学生学习自由的实现得到了较好的物质保障。

美国研究型大学特色鲜明的教学过程和较高的教学质量为学习自

---

[1] 鲍传友:《关于我国高校学分制实践过程中存在的问题研究》,辽宁师范大学硕士论文,2003,第10页。

由的实现提供了质量保证。"美国大学没有一个统一的适用于全校本科学生的教学计划"①，课程名称、内容和教学进度都由教师自己掌握，但能否开课以学生选课的人数多少而定。有的大学要求每个教师一年必须能开出5门高质量的课程，如果选课的学生人数少，达不到开课的要求，教师就要面临失业，这在一定程度上刺激着教师多开新课并提高开课质量，从而保证了学分制下学校足够的开课数量。教师的教学包含了课堂讲授、答疑、讨论、试验、实习等多种形式，在每一次课结束前布置下一次课需要阅读的重要文献，学生普遍感到课堂学习的压力大，学生课堂到位率高，这也为学习自由的实现提供了一定保障。

三 理念保障

在美国的研究型大学，高校办学自主、学术自由、教学自由和学习自由的理念及其相互关系，作为大学的重要理念，得到社会、高校、教师和学生的普遍认同。

（一）教学自由与学习自由相呼应

学习自由与教学自由相辅相成，联系密切。的确，教师的教学自由使得学生学习思考的过程能够独立自由地进行，不受从学校到教师一层层的压制或者干涉。可以说，教师教学和学生的学习自由在精神自由、观点自由的特质上直接呼应，构成了高等教育领域内自由的重要内容。美国崇尚学术自由，大学教授都有权选择自己授课程的教学内容。学校对于每门课程并没有统一的教学大纲和教学指导，只是在授课之前需要教师制定一份详细规范的教学计划，上交学校并告知所有选课学生。大学的学术自由体现在教学过程中表现为独立自由的教学状态，教师只要遵守基本的教师道德和伦理要求，就可以在课堂上

---

① 戴文静：《中美高校学分制教学管理比较研究》，湖南师范大学硕士论文，2007，第45页。

坦然陈述自己的独立理解和观点，而这种表述完全可以不受学校领导或者管理层的影响。

在大学的教学实践中，学习自由和教学自由的相互呼应还体现在其在责任意识层面的互相呼应。比如，部分研究型大学为了帮助学生创造尽可能多的学习自由，一方面，在课程设置上适量减少必修课程，增设选修课程。这样往往可能有多位教师同上一门类似的课程，因此，教师生存危机显著增加，必然着力提高授课水平，以吸引更多学生；另外一方面，由于学生学费与学分直接挂钩，学校按注册的学分收取学费。如学生某门课程没有通过，就要补修和重新注册学分，多付出相应的费用。由于学分需要以学费为支撑，学生的学习责任感强烈。所以，无论是学生选课自由还是教师开课的自由，都是慎重精心选择中体现的自由，都能够代表自身的利益和学术上的自由。

（二）学生对学习自由的追求

学生对自己学业的责任感、责任意识是实现学生学习自由的最重要保障。因为无论高校如何改革，如何建章立制，都不能替代学生的学习兴趣与求知欲。任何一个高校学生的学习都应该是一个较为成熟的学习者对知识合理追求的体现，这种合理性就体现在，学生能够正确认识自己的学习能力和学习兴趣，正确观察自己的学习状况，对自己的学习选择承担所有的责任，同时遵守大学的学习规则和期限。只有在学生普遍具备这种理念的状况下，各种形式的学习自由才能体现在常态的学习过程中。

本章小结

经过上两章对中国研究型大学本科阶段学生学习自由现状的探讨，为了更好地借鉴和学习，本章关注了具有代表性的美国研究型

第六章 美国研究型大学学生学习自由的现状及分析

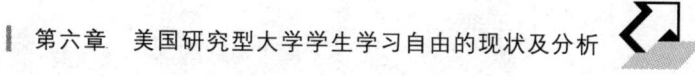

大学本科阶段学生学习自由的现状，包括美国研究型大学学生选择学校及专业的自由、选课自由和学术指导等几个方面的情况。本章以属于研究型大学之列的得克萨斯州州立大学奥斯丁分校为个案进行了具体化的说明。本章最后从制度、物质和质量，以及理念等几个方面分析了上述学习自由得以保障的条件，为下一章寻找提升我国研究型大学本科阶段学生学习自由的路径奠定了一定的分析基础。

第七章
提升我国研究型大学本科阶段学生学习自由的路径

探讨提升我国研究型大学本科阶段学生学习自由的路径，旨在对大学生的学习自由给予更好的保障。《现代汉语词典》对"保障"的解释有两种：①保护（生命、财产、权利等），使不受侵犯和破坏；②起保障作用的事物。高校学生学习自由的保障，要通过一套科学合理的管理制度和组织系统来加以保护，使之不受侵犯。权利的保障是一个复杂而严密的体系，是一个涉及社会与个体、组织与个体以及个体与个体的多重交叉体系。高校学生权利保障的主体就包括高等学校、高等教育行政主管部门、教师和学生等多个方面。

从理论研究上看，为促进学习自由更好地实现，主要有以下几种思路："从学习自由的构成要素入手实现学习自由；从学习自由的设定或者行使原则入手实现学习自由；从学习自由所需的具体条件入手实现学习自由；从学习自由的对应物的规定入手实现学习自由。"①书中第一章、第二章和第三章已经从理论和历史发展层面较为充分地分析了学习自由的含义、构成要素、必要性与可行性等等。上文中第四章、第五章和第六章也从实践层面分析和总结了研究型大学学生学习自由的现状。

---

① 陈刚：《学习自由限度之研究》，汕头大学硕士论文，2007，第35页。

第七章 提升我国研究型大学本科阶段学生学习自由的路径

本书认为，影响大学生学习自由实现的因素主要有几个方面：①从法律角度看，高校与大学生的法律关系还不明确，能否合理地理解二者的关系，直接影响着高校学生管理和相关法律纠纷的处理；②从学校管理制度层面看，学生过早确定专业且转换困难，是阻碍学生学习自由的重要因素。而且，不少大学的教学管理制度缺乏足够的配套性，如果单一孤立地实施导致某些制度，可能效果不佳；③从学校教育资源层面看，大学的课程资源仍不够丰富，选修课的比例偏低。④从大学生个人能力看，学生具备一定的学习选择能力和责任意识，但是其能力与意识尚不充足且缺乏专业指导。为解决上述问题，下文从学习自由的保障角度来分析学习自由的实现路径。

第一节 规范高校与学生的法律关系

在法律规范框架中，个体的行为在规定的边界中享有一定自由度，这种作为权利的自由受到法律的保障。于是，对于作为学习共同体的高等学校而言，借助有关法律的颁布和实施，对学习共同体中的学生群体的权限进行规范和制约，可以营建一种和谐的学校伦理秩序，使之成为保障学习共同体成员学习自由的制度设计。在德国，学生的学习自由得到了实体性的法律规定保障。早在1849年，法兰克福宪法第152条就规定了学问和教授自由。德国大学基本法第3条第4项也规定："在不违反高等学校有关学业和考试基本规定的前提下，学生自由选修课程，自由选择学习计划及自由整理和表达其学术见解；高等学校内部有关学习问题的规定只限于对正常教学和学习活动的组织安排和保证学生的学业符合有关要求等方面，不能侵犯学生的上述权利"。我国只是在《宪法》中有原则性的规定，中华人民共和国公民有进行科学研究、文学艺术创作和其他文化活动的自由；《高等教育法》中并未规定学生享有学习自由的权利。由于法律没有明文规定，而法律关系是在法律规范调整社会关系的过程中所形成的人与人之间的权利和义务关系，因此，在法理上，高校和学生的法律关系在很大程度上决定着学生学习自由的空间。

在我国尚未计划出台专门的《学生法》，且现有的《高等教育法》未明确提及学习权、学习自由的背景下，实际生活中，高校与大学生之间存在着大量以权力对抗权利的矛盾和失衡现象。例如，当高校在教学管理制度和课程制度上"不作为"而影响学生的学习选择自由时，可能就会引起纷争。2006年7月苏州某大学就发生了学生以必修课程设置不合理，课程存在内部缺陷为由状告学校，要求校方对教学课程进行修改，学校以教学计划不能随意更改为由来搪塞学生，学生不满，提出诉讼。类似的案例中，校生法律关系的不明确是校生权利义务失衡的重要原因，也是大学生学习自由无法得到充分保障的重要法律原因。

因此，高校与学生的法律关系是明确学生学习自由权利的重要前提，目前在我国，无论是在法学研究中，还是司法实践中，都无法简单地把高校和学生的教育法律关系归结为民事法律关系或者教育法律关系，高校在进行教学管理和学生管理的时候，可以参考下列分析思路，规范高校与学生的法律关系，使大学生的学习自由获得更多的法律层面保障，一方面减少在学习自由问题上法律纠纷案件的发生和升级，另一方面，也可以在法律层面较多地保障大学生的学习自由。

一 扬弃和改造特别权力关系理论

无论我们从理论上对其作出何种解释和判断，现实生活以及人们的认识和理念正在发生着不可逆转的变化都是不容置疑的。在传统上，我们习惯于从教育与管理两个角度审视高等学校与大学生之间的关系，而较少从法律的角度看待两者间的关系。从教育和管理的角度出发，自然会得出两者之间仅仅是管理与被管理和教育者、受教育者的关系。但是，从法律上看，高校学生一般是18岁以上的完全民事行为能力人，他们自愿支付相当的费用来接受高校的教育服务。在两者之间，一方面是高校拥有办学自主权和对学生的处分权，另一方面是大学生享有学习权和其他各种权利。二战之后，随着法治原则的发展，大陆法系国家在其法律、法规和司法实践中，逐渐对特别权力关系的内容与适用范围加以规定、区分和限制，尝试通过适用"法律保留原则"、"重要性理论"、"比例原则"、"正当程序原则"等原则，摒弃特别权力关系排除对学生的司法审查与救济的传统观念，对原有的特别权力关系理论加以扬弃和改造，使之符合现代法治精神。

国外近年来关于公立高校与学生法律关系理论发展的一个主要趋势是，遵循人权原则和依法行政原则，重视对学生权益的保护和救济，其中对学生学习自由的保护和重视是一个重要体现。即，高等教育具有非义务性，作为一种教育消费，大学生有权享有应有的高等教育服务。虽然在实践中，"在学契约说"不能很好解说和处理学生与学校的一些权利纠纷，但是对我国高校与学生间的原有法律关系模式产生了前所未有的挑战。高校的"服务"意识的提升在我国的大学已经被广泛认可和践行。无论是高校领导层，还是教师员工，均以此做为高校管理制度发展的重要趋势。

二 适用法律保留原则

对于高校与学生的法律关系问题，德国的"重要性理论"和"法律保留原则"可为我们提供一个解答的思路。所谓"法律保留原则"，是指对凡"宪法、法律规定只能由法律规定的事项，则或者只能由法律规定，或者必须在法律明确授权的情况下，行政机关才有权在其所制定的行政规范中作出规定"[①]。行政机关实施任何相关行政

[①] 应松年：《行政法学新论》，中国方正出版社，2004，第32页。

行为须有法律授权。否则，其合法性将受到质疑。在我国的法律法规中，一向存在法律保留的范围过窄的问题，对学生受教育权的限制和剥夺未列入法律保留的范围，多次出现过根据我国《普通高等学校学生管理规定》对旷课的学生给予处分甚至开除学籍的情况，在这种情况下，学生想寻求司法救济，却往往投诉无门，法院多以"此事不属于法院受理范围或者是不属于行政诉讼法第11条规定的受案范围"为由，驳回当事人的起诉，学生的学习自由无法保证。在我国台湾地区，把学生的学习权利纳入法律保留的范围之内，有相关的案例可以借鉴，例如，台北高等行政法院在一个涉及学校对学生处分的判决中，就明确并援引法律保留原则，认为："各大学以校规规定学生有1/2或者1/3的学分不及格将予以退学的规定，违反了法律保留原则，违反宪法保障人民受教育的基本权利，因此该校规无效，退学的大学生应该恢复其学籍"①。

20世纪70年代德国联邦宪法法院确立了"重要性理论"，德国行政法认为，凡是涉及教师或学生的基本权利或重大权益的事项，属于法律保留的范围之内；凡只涉及教师或学生的日常管理等非重要事项，属于高校自主立法的范围。"举凡教育内容、学习目的、修课目录、学生之地位等有关大学生学习自由之'重要事项'，皆应以法律明文规定之，或有法律明确之授权。尤其是足以剥夺大学生学习自由之退学或开除学籍处分，更应以法律明定其事由、范围和效力，而不得仅以行政命令或各校之学则给予剥夺，此乃法律保留原则之基本要求也"②。

在法律意义上，无救济就无权利。法治的一个显著特征就是司法救济可以涉及与法律无关的领域，或者将各种事项化约为相对简单明了的法律问题来处理，高度专业性的学术问题也需接受司法审查就是

---

① 劳凯声：《中国教育法制评论（第二辑）》，教育科学出版社，2003，第117页。
② 蔡震荣：《行政法理论与基本人权之保障》，台北：台湾五南图书出版公司，1999，第98页。

一个明证。如何运用法律保留原则对学生的学习自由权利给予司法救济，首先要确定高校中的哪些事务属于涉及学生基本权利的"重要性"事项。在我国现有的司法实践中，通常是将行政法律关系中的事务区分为重要性事务和非重要性事务。凡涉及学生基本权利和法律身份的事务，例如，包括入学资格、获得学习机会、获得学位和文凭、获得奖惩等事宜的，学校必须严格按照法律法规处理。一旦上述涉及学生基本权利和身份的学习自由受到侵害时，应允许学生提起行政诉讼，请求司法救济，学校的办学自主权并不能完全排斥司法审查，学校不能阻碍其实现。另外，对于学术实质问题，虽然司法机关无权干涉，但是可以审查其作出决定的程序是否合理，这也是对学生学习自由的一种保障。虽然，在我国的法律和高校的章程中，什么是高校行政中的重要事项还没有明确的规定，但是"重要性理论"至少提醒了教育和司法工作者在学校行政领域中适用"法律保留"和重要性区分的可能性。

三　参考共同福利理念

也有学者从共同福利的视角来思考高校和学生的法律关系问题，也可以作为我们分析的一个新视角。法律旨在创设一种正义的社会秩序，也就是自由、平等和安全的社会秩序。每个社会秩序都面临着分配权利、限定权利范围、使一些权利与其他权利相协调的任务。博登海默认为，"共同福利（common good）意味着在分配和行使个人权利时绝不可以超越的外部界限，它要求在个人权利和社会福利之间创设一种适当的平衡，即赋予人的自由、平等和安全应当在最大程度上与共同福利相一致"[①]。集体中的个人应当为了他人的利益而用自我约束的方式去调和自我利益，尊重他人的尊严。个人的权利与社会的

[①] 〔美〕博登海默：《法理学：法律哲学与法律方法》，邓正来译，中国政法大学出版社，1999，第299页。

利益的分配适用法律中的恰当比例原则,虽然个人权利与社会福利在"共同福利"中的比例关系很难用一个普遍适用的公式来计算,但是在个人权利和社会利益之间作出一个恰当的划分是必要的。因为权利的界限"只有涉及他人那部分才须对社会负责,仅涉及本人的那部分,他的独立性在权利上是绝对的,对于本人自己,对于他自己的身和心,个人仍是最高主权者"①。"人和人相处,如果不想在冲突中失掉自己的价值,就应当使用人权的共同尺度,这个尺度要求既以人权的标准待己,又以人权的标准待人"②。

在原有的传统教育体制下,高校侧重强调法律的安全价值取向,表现为高校与学生法律关系的单一隶属模式,管理为重、权益为轻构成了高校建章立制的主调。在依法治教理念的推动下,自由和平等的价值取向逐渐被高校学生管理工作者所接受,"高校一方面强调市场化的公平竞争,把学生作为契约的一方,以学生为本,重在对学生的服务;另一方面,高校作为非营利性公益法人而存在着,强调教育的强制义务和服从性"③。

所以,学校与学生法律关系的二元模式是高校改革和发展的必然趋势,其中的矛盾与平衡反映了法律的自由、平等、安全价值取向与共同福利理念之间的冲突与协调。即,"高校中的隶属性法律关系侧重强调学校的管理权力,它主要反映的是社会公共利益,即社会中个人平等享有教育资源的权利和教育单位管理秩序的相对稳定性;高校中的平权性法律关系侧重强调的是学生个人权利的实现,自由、平等乃是该法律关系中的核心价值"④。"一个社会权力机构如果唯一致力

---

① 〔美〕密尔:《论自由》,程崇华译,商务印书馆,1959,第10页。
② 张文显:《法理学》,高等教育出版社,1999,第98页。
③ 高斌:《从"共同福利"看高校与学生法律关系的二元模式》,《辽宁教育研究》2007年第11期,第22页。
④ 高斌:《从"共同福利"看高校与学生法律关系的二元模式》,《辽宁教育研究》2007年第11期,第22页。

于保护其自身的权力和威望,并且压制个人对社会批判的任何企图以及个人对群体目的的任何质疑,那么它便会僵化而且无法实现那些本身就可证明社会强制性权力的存在是正当的目的"。① 采用"共同福利"的理念来分析,一方面,学生个体在强调自我权利的同时也要遵循学校的规则,如学校的规章制度、教学秩序、管理秩序等。另一方面,高校也应当保障学生学习自由的实现,特别是个人素质的综合发展。

四 避免学习自由权利的泛化

学习自由的边界是一个隐性的、条件性的边界,体现在整个学习过程中。大学生的学习自由不是一种特权,应该避免"泛权利"思想。大学生作为法律上的权利主体,其享有的法律权利应该是广泛和全面的,但也可能存在权利发生冲突的情况。当大学生的学习自由和相关法律法规发生冲突时,学习自由必然要放弃或让渡于其他法定权利。因此,我们在对大学生学习自由进行法律定位时,绝不能以大学生学习自由为借口,人为地对抗、排斥其他法定权利,如学校的管理权力、教师的教学权利等。

学习自由同教学和研究自由一样是一种有限度的自由。这不仅是因为学习自由受各种复杂因素的制约,学生不可能得到完全充分的自由,更主要的是因为对于学生来说,有限度的学习自由,才是一种更合理的自由。布鲁贝克曾指出,"由于学生仅仅是初学者,他们还不是足够成熟的学者,因此不能充分享有学术自由。在他们的学习期间,他们应该被看作是学徒或者是学术界的低级成员,正在发展自己的独立思考的方法和习惯。他们的自由充分体现在教授的教学自由中"②,

---

① 〔美〕博登海默:《法理学:法律哲学与法律方法》,邓正来译,中国政法大学出版社,1999,第301页。
② 〔美〕约翰·布鲁贝克:《高等教育哲学》,王承绪译,浙江教育出版社,2001,第58页。

无限度的学习自由会造成严重弊端。学习自由的限度建立在对真理信仰、对社会负责的认识论、道德论基础上，也建立在学习者不够成熟、不足以合理利用学习自由的现实基础上。对学习者学习自由的限制实际上是一种导引，它能使学习者在追求真理、探索知识的道路上获得更多的自由，而不至于让泛化的自由反过来危害学生的发展。我们也应该认识到，学习受各种复杂因素的制约，学生不可得到完全充分的自由，更主要的是因为有限度的学习自由，才是一种更"合理"的自由，无限度的学习自由不符合教育发展和人才培养的规律，会造成许多弊端。

学生的合理权利在特定的情况下会有不合理性。比如有些学生在上课时说话，却以享有表达自由权为由来为自己开脱。在这种场合下，个体的权利必须服从大众共同的正当权利，虽然学生拥有言论自由权，但是在课堂上你必须服从大家的公共权利——集体的学习权，你所作的言论必须是以不影响教师的授课和其他同学的学习为度，超越了这个度，在这个场合和时间段内，你所主张的权利就不属于正当权利的范畴。学生的学习自由这个权利同样具有相对性，其合理性与学生能否承担相应的责任义务紧密联系。

第二节 改革大学的课程与教学管理制度

尼采曾极其尖锐地指出，"现代教育只是培养了一批皓首穷经的学者，他们不知道什么是创造，而只能靠一种愚钝式的勤勉和靠别的思想度日"。罗素也曾经批判现代教育使学生"没有思想的自由，也没有时间使他们智能方面的爱好得以畅所欲为，从第一次进学校起一直到离开大学为止，从头到尾，没有别的，只有一个长时期的忙碌于考试的赏赐和课本上的事实"，以致"一切自发的愿望都受到伤害和挫折"。事实上，内心的自由主要来源于外部制度造成的宽松自由环

第七章 提升我国研究型大学本科阶段学生学习自由的路径

境。创新的智慧往往是在一个民主、安全、和谐、温暖的环境里产生出来的。一个钩心斗角的环境,一个冷漠压抑的环境,一个失去自由心灵的环境是不可能有创造力的。[①] 所以,在学习生活中,学习自由的实现离不开对制度性的保障和支持。在某种意义上,学校既是一种富于挑战性的学习环境,同时也是一种宽容、接纳和安全的学习环境,这里有助于促进学习者有意义学习发生,让学习者及时体验成功学习。这种基于对学生学习权利充分尊重的学习自由,包含了在专业、课程等方面选择权利的学习自由,和教学自由一起构成学习共同体应然的课程制度规范和教学伦理秩序。

一 构建"大专业平台",延迟选择专业

我国新中国建立前,通识教育作为一种教育实践,在高校得到了普遍认可与实施。如蔡元培曾主张贯通文理两科的界限,梅贻琦担任清华大学校长时也提出要以"以通识为本,兼识为末",要求学生对自然、社会、人文都要有广泛的综合知识;东大校长郭秉文竭力提倡通才与专才结合;西南联大强调基础知识的学习,有助于学生打下深厚的基础。"19世纪20年代的北大、30年代的清华、40年代的西南联大,集中反映了当时的办学成就,造就了一批学贯中西的学术大师和中国社会的栋梁之材"[②]。新中国成立后,受苏联教育模式的影响,我国高校采取的是高度专才的教育形式,随着市场经济的建立和发展,专才教育模式的弊端显露,通识教育理念开始在高校再次传播,学生的可持续发展的前提再一次定位于宽厚的知识基础。20世纪80年代以来,我国教育部屡次压缩高校的专业数,明确提出要培养"厚基础、宽口径、适应性强的应用型人才"。"从1984年开始的专

---

① 王锐生:《哲学理解的个性—个体主体性》,《江西社会科学》1991年第2期,第59页。
② 沈杰:《学术自由主义大学的精神内核》,《高教观察》2006年第4期,第51页。

业修订到1998年的专业调整，本科专业从最多时的1200多种压缩到249种"[1]。不少高校也都进行了改革，拓宽了专业面，将相关专业合并，注重学科之间的交叉和渗透，为日后搭建"大专业平台"的方案付诸实施提供了一定的基础。

社会需求作为学校专业形成的重要外部调节机制，对于专业发展有着重要影响。西方发达国家高校"之所以能放开系科专业的选择，原因在于他们具备了社会调节机制，通过对不同行业经济待遇的调节，使社会需要的所谓'冷门'专业，有很高的待遇，使学生的专业志趣和社会需求之间大体保持总量平衡。所以，在专业选择上，与其说是学生的志趣，不如说是通过个人志趣所表达的社会需求"[2]。我国社会目前还不具备这种社会调节机制，高等教育资源也相对匮乏，为搭建"大专业平台"增添了阻碍。高校必须在足够充裕的教育资源支撑下，建立起满足学生专业选择需要的教学资源配置机制和良性运行机制，如师资配置、课程配置、教学过程的组织与安排，等等。在外部调节机制无法配合、内部教育资源无法满足的情况下，一味地强调给予所有学生一次或者多次转专业机会是不现实的。而且，即使转专业制度的门槛有所降低，学生仍然要为自己在学期间的专业选择付出一定的经济代价，从完成专业教学计划获得的最低毕业总学分的角度看，专业再选择多少会带来所修课程的冗余。因此，搭建大专业平台、调整专业设置，进而提高学校的配置能力是实现学生专业选择自由和学习自由的必由之路。

（一）建设大专业平台制度的前提假设

我国高校的"大专业平台制度"在我国部分研究型大学的实施，并不是毫无根据的，而是基于一定的假设，即：①部分学生在大学入

---

[1] 胡惠伟：《中国高校选课制及其改革研究》，湖南农业大学硕士论文，2007，第39页。
[2] 袁德宁：《积极探索符合国情校情的学分制管理制度》，《中国高等教育》2000年第21期，第35~36页。

学前进行专业选择时，带有一定的盲目性和从众性；②学生可能经过一段时间的学习后，逐步了解和发现自己的学习兴趣、个体学习能力差异，并对专业特点和职业目标开始有比较深入的认识和比较，能够比较理智地选择符合自身需求的专业就读；③在我国的研究型大学，学生延迟其专业选择不会给当前高校现有的专业结构带来致命性冲击，在生源上实现的是一种良性的互动。

（二）专业设置的调整

在对大专业平台建设和专业设置调整进行构想之前，需要先追根溯源地探讨一下高等教育的专业是如何设计出来的？高校在其中发挥着怎样的作用？在大多数国家，高校具有一定的课程设置权，所以专业设计既是教育行政管理的教育规划问题，也是高校管理的计划问题。根据专业知识体系结构的描述性"向日葵的脸盘"模式①，每一个专业都有一个科学的知识体系（a scientific knowledge base），专业的科学知识体系最终是在高校得到系统化、结构化、合法化，并传授给学生，继而满足开放社会实践系统的职业需求和职业实践，这里知识的系统化是指形成各种各类课程，知识的结构化是指各类课程组合成专业课程体系，知识的合法化是指课程体系及其内容得到政府和社会认可。由上可见，专业的科学知识体系主要是在高校中发展起来的，教育行政部门在专业设计上的规范主要是总结和推广高校在专业设计上的成功经验，较之教育行政部门的初步规划，高校的专业设计体现着高校具体的人才培养计划，在内容和范畴上往往更为广阔、全面和丰富。因此，实现学生的专业选择自由首先要保证高校的自主权。

---

① 即向日葵中心部分代表了关于这一专业的核心知识，周围的叶片代表了这一专业的相关知识。当然，叶片的数量随着专业不同会有多有少。关于这一专业的知识落在一个科学（学科）领域，通常由这一科学（学科）领域内的总体知识加上几个分支学科的知识所构成。资料来源：赵康：《论高等教育中的专业设计》，《教育研究》2000年第10期，第22页。

以高校的专业设置权力为例，高校不应仅局限于现有专业目录中的专业，而应该允许高校根据市场需求设置新的专业。只有开放专业设置，高校才能进一步赋予学生选择课程、甚至自组专业的权利，促进课程组合的多样化，以满足多元的市场需求和学生的个性需求。美国的个人专业（Individual Major）制度最典型地反映了美国高校专业的柔性特征。在专业设置机制中，政府的作用不应该"表现为提供权威的专业目录清单，而是要严格专业设置和评估的标准，督促高校合理、科学地设置专业"①。如本书第四章所述，我国已经开始在部分研究型大学中开放了部分专业设置权。

通过对高校专业设计实证领域的进一步观察可以发现，现实生活中高校的专业设计并不仅仅考虑关于这一专业和为这一专业的知识，而是蕴涵着培养学生全面素质和能力（甚至包括转专业的素质和能力）的考虑。因此，我国高校学生选择专业自由的实现，应该是一个从专业设计到课程管理的综合性工程。如果国家可以赋予研究型大学更多的专业设置权力，使得研究型大学在进行大专业平台建设之前或者在完善大专业平台的同时，在权力许可的范围内根据社会和学生需求更好地完善专业设置，这对学生学习自由的实现，是非常有意义的。

（三）大专业平台的培养模式分析

纵观世界高等教育学科和专业的改革，"有两种趋势越来越明显：一是学科之间横向相互交叉、渗透，向综合化方向发展，专业与专业之间的界线逐渐淡化；二是学科建设的内涵向纵向加深基础研究"②。所以，搭建大专业平台是有效实现学生的专业选择和提高高校教育服务满意度的保障。目前实施的"按大类招生培养"制度可

---

① 刘小强、王锋：《关于60年来我国专业制度的反思》，《高等工程教育研究》2010年第1期，第59页。
② 王恒安：《高校按"大类招生培养"研究》，汕头大学硕士论文，2007，第6页。

以概括为四种类型:"第一种是不分专业,在院系内按大类招生培养;第二种是在一级学科内按大类招生培养;第三种是跨学科相近专业按大类招生培养,第四种是不分院系也不分专业的大类招生培养"①。以上四种类型的制度,其共同点是学生入学学习一至两年后,再确定具体的专业方向。按大类招生培养有利于提高人才培养质量,优化基础课平台,建设通识课程群,充分利用高等学校多学科资源,提高办学效益和学生的综合素质。笔者认为,在当前本科教育体制难以有根本性变化的情况下,教育行政部门应该允许研究型大学尽可能发挥其学科群优势,按大类招生,以大专业平台的模式放宽学生转专业的限制,赋予学生较多的选择自由。

二 调整大学课程结构,达到合理比例

专业的本质是知识和能力的组合,具体表现在课程的组合上。因此,增加专业的种类和数目就是要增加这种课程组合的方式,从而使这种课程组合能够适应市场的多元需求和学生的个性需求。无论高校选择什么样的办法达到学生自主选择专业的目的,都要对现有的课程进行结构调整,加强通识教育和大学基础课程的建设,改变学生一进大学就立即开始学习专业课程的状况。课程建设是实现学生自主选择专业的基础,没有这样的基础,任何自由选择专业的制度安排在实践中都会遇到困难。其中,选修课的丰富程度是衡量课程结构灵活与否的重要标准。从我国大学课程的形式结构来看,必修课和选修课的比例需要进一步调整,目前我国大学的选修课比例普遍偏低,使得课程结构缺乏灵活性。20世纪50年代至80年代我国高校基本上没有选修课。80年代后情况虽然逐渐有改善,但大多数高校的选修课比例仍然在30%以内。尤其是自由选修课的比例,很多高校连5%都达不到。

---

① 王恒安:《高校按"大类招生培养"研究》,汕头大学硕士论文,2007,第5页。

在我国最好的研究型大学，选修课的比例也没有超过40%。比之美国很多高校50%或者更高的选修课比例，相差甚远。选修课不足造成的最大缺憾是阻碍了学习自由的实现，影响了人才的全面发展和个性完善。

在当前我国高校中，"专业知识体系的系统化和结构化一般是按照由简到繁，由易到难的认知规律，一个专业的课程按照被教授的先后顺序展开，可以分解成四大模块：一般基础课程、专业基础课程、专业课程和学生科研课程"①。高校一般使用学分工具作为课程设置的主要计划控制手段。"一个专业课程的设置用总学时数和总学分数来进行总量控制。然后在四大模块间进行比例配置并在每个模块的课程（项目）间进行再配置，视具体情况反复衡量以达成动态平衡。"②根据发达国家的成功经验，在前三大课程模块，即基础课程、专业基础课程、专业课程中，都应设有选修课程。教育行政部门对选修课的数量配置最低量应该有统一的制度规定，并且对选修课和必修课的比例有一定的规定，学生课程选择的自由才可以得到基本的保障。如在本书第五章访谈中提到，台湾的大学在台湾少子化、生源减少影响下，在充分考虑教学成本的基础上，选修课的数量有收缩的趋势，但其选修课比例仍然能够占到总课程的50%左右，台湾教育行政部门对选修课的重视和对选修课最低量规定是一个重要的原因。

当然，课程资源的广泛性需要较高的成本。我们的大学在进行教学管理改革的时候，"必须在成本和所追求的效益之间达到一定的平衡"③。笔者认为，在当前我国本科课程教学改革的大背景下，研究型大学应该发挥其较好的物质基础、师资条件和学生素质条件，尝试调整课程比例结构，加大选修课比例，尝试达到40%～50%的选修课比例，赋予学生较多的课程选择自由。

---

① 赵康：《论高等教育中的专业设计》，《教育研究》2000年第10期，第26页。
② 赵康：《论高等教育中的专业设计》，《教育研究》2000年第10期，第26页。
③ 王伟廉：《高等学校课程研究导论》，广东高等教育出版社，2008，第172页。

三 完善选课制和学分制，实现充分选择

（一）从"国家维"到"学生维"

有学者分析，"高等教育的四种文化模式基于高等教育的基本四维：大学维、国家维、社会组织维和个人维……大学活动一直在受这四种思考模式的左右，这构成了大学活动的四种基本价值取向。"[①] 当前，我国高校管理和教学改革的指导思路已经明显从"国家维"转向"学生维"，学分制和选课制所提倡的"个人维"体现了中国高等教育开始重视学习者，重视向人的全面发展道路上的迈进。不断完善和调整选课制和学分制，既是大学生享有学习自由实现重要保障，也是努力实现高等教育资源利用最大化的重要保障。

纵观20世纪50年代以来中国大学课程体系的发展，我们可以清楚地看到在课程决定权方面经历的"国家→大学→学生"的发展路线。学分制和选课制的每一次变革都受到政府的政策、大学的办学理念以及教师和学生对制度的认同等因素的制约，在本质上体现了国家高等教育政策、大学自主权、教师教学自由权和学生学习自由权之间的博弈。国家试图掌控大学的人才培养目标和规格，大学校方、教师和学生则从学术自由的立场上与之博弈，使得作为载体的学分制和选课制在"规范"与"弹性"之间左右摇摆；教师和学生对自由的表达主要通过"教学方式选择"、"课程选择"、"学业评价"等方面得以体现。从历史上的几次改革看，"总学分数、学分分配以及课程选择是每一次改革变动幅度最大的地方，改革是不断突破学院内与学院外、校内与校外、国内与国外等之间的二元思维方式，确保基准，赋予学生选择自由，实现教育资源利用的最大化"[②]。在这个过程中，

---

① 王洪才：《大众高等教育论》，广东教育出版社，2004，第181页。
② 丁建洋：《日本大学学分制变迁：外部博弈与内部调适》，《阆江学报》2009年第1期，第77页。

学生在学习内容（课程体系）方面的参与权利正在逐步扩大，这种学生学习自由的不断扩大正是高校对市场经济条件下社会变化的一种适应。

由此可见，我国高校学分制和选课制的发展是一个漫长的历史进程，大学生学习选择自由度的增加也是一个渐进的过程，过去三十多年的学分制和选课制实践只是为这一进程打下了思想基础，做好了舆论准备，仍然需要经过一个长期的调整过程才会建立稳定的学分制和选课制。在这个过程中，在世界发达国家研究型大学普遍重视和加强本科教育的趋势下，我国的研究型大学应该率先进入改革和尝试的领域，不光是因为研究型大学拥有较雄厚的物质基础与教学资源，也不只是因为研究型大学囊括了我国一大半的高分生源，而是因为，研究型大学在很大程度上代表了中国高等教育价值取向的理想追求。

其实，选课制和学分制也并不能决定高等教育的规模、质量，"即使在市场经济条件下学分制也只是高等教育的或然选择"[①]。那么，人们为什么依然对学分制和选课制孜孜以求，学生们为何如此看重课程选择的自由呢？因为，"学分制是对传统教育观念的挑战和革命……观念的转变总是一个渐进的过程，但无论怎样说，中国的高等教育已经开始走进了'学习自由'的时代"[②]，从其价值取向的角度来看，学分制体现的是一种以学习自由为核心的大学教育理念。当人们探讨学分制的"学习自由"理念，"憧憬的是教育者和受教育者的权利更受尊重，旨在'人的自由和全面发展'，学习自由代表着高等教育目的论的更高境界"[③]，代表了高等教育价值取向的理想追求。

[①] 杨燕：《对高校实施学分制的再思考》，《黑龙江高教研究》2004 年第 3 期，第 34 页。
[②] 韩磊磊、源国伟：《中国高校学分制 30 年——大学教学制度改革讨论述评》，《高教探索》2008 年第 4 期，第 65 页。
[③] 韩磊磊、源国伟：《中国高校学分制 30 年——大学教学制度改革讨论述评》，《高教探索》2008 年第 4 期，第 65 页。

第七章　提升我国研究型大学本科阶段学生学习自由的路径

课程选择自由的价值就在于它对学习自由的追求，对更好的高等教育服务的追求。正如有学者所说，"我们相信就在下一个30年里，中国大学的学子会骄傲地说：我们处在一个学习自由的时代。"①

（二）完善学分制和选课制的思路

1. 实施"到位"的学分制是我国研究型大学未来的发展方向

这里采用"到位的"学分制说法，而不用"完全学分制"或者"彻底学分制"是参考王伟廉教授的观点，选择性是学分制的重要属性，但是并非唯一属性。"到位"是指"它是否能全面支持一所大学根据社会需要、文化科学技术发展需要以及学生个体发展的要求而进行的任何形式的、以人才培养模式为核心的教学改革。能够全面支持这些教学改革的学分制，就是我们所需要的学分制，是"到位"的学分制。也可以在这个意义上（仅仅是在这个意义上）说是"完全的"、"彻底的"学分制；否则就是不完全的、不彻底的，或者完全性差的、彻底性差的②。

学分制和选课制作为一种效率高、计量方法明确、容易推广的教学管理制度，它从学生学习的角度出发设计，打破了专业的界限，成为计量学习成果的一般普遍等价物，它忽略了所有专业、课程的差别，抽象出了一种可跨专业、跨课程类型、跨时间段、跨空间的等价计量单位。"到位"的学分制能够充分发挥学分制的特点和优势，应该成为研究型大学提高本科生教学质量、充分利用高校资源的重要制度。目前我国的学分制存在着各种不同模式，我国绝大部分研究型大学还没有统一学分计量方法，这也是学分制适应不同制度文化环境和高校资源能力的实践表现方式。但"到位的"学分制才是实现学生学习自由度最大化的制度保证。一般来说，一所大学能否实现"到

---

① 韩磊磊、源国伟：《中国高校学分制30年——大学教学制度改革讨论述评》，《高教探索》2008年第4期，第67页。
② 王伟廉：《高等学校课程研究导论》，广东高等教育出版社，2008，第165页。

位的"学分制主要取决于四个方面：①该大学的学术自由理念深入人心，大学拥有一定的大学自治权力；②该大学拥有一套较为完整的课程咨询系统，能指导学生作出明智的选择；③该大学拥有一群比较优秀的学生，他们具备学习选择的能力和较为强烈的责任感。④该大学选课系统、学籍管理、质量监控和学生评教系统等方面的技术支持具有较高的水平。

2. 不断的尝试和微调是我国研究型大学完善学分制的主要路径

寻找合理的知识结构和人的自由发展之间的和谐统一绝非易事，统一也许在一定时期能够达到一种相对理想的状态，但是长远看来仍需不断调整，在二者无法协调统一却又努力追寻的过程中，学分制和选课制的改革获得了自身的意义。所以，选课制和学分制的完善不是一个一劳永逸的"事件"，而是由多个"事件"构成的、不断改革和完善的"过程"，因此，选课制模式也是不断发展变化的。大学在学分制的实施中可以不断进行微调和尝试。1995年世界银行发表的《中国高等教育改革》中曾提出建议，"继续完善现有的学分制，在具体指导下让学生有更多的选择余地，其中包括不再只是给学生一个课程表，而是告诉学生各门课程的情况，本门课传授何种类型的知识以及对他们的未来有何影响，以便由学生自己作出选择；不再将课程分成必修和选修，而是根据学科主题和层次将课程编组，使学生按组选课时具有一定的自由度；对于核心课程，不论是公共课还是专业课，应更多地根据学生的不同水平或他们的不同兴趣的能力分组授课。"① 再如，我国有条件的研究型大学可以尝试在一部分选修课程中推行"二级记分制"。美国的布朗大学一直以来采用自由选修制的学分制，其成功的一个重要原因是，该校的所有课程都采用"通过或不通过"二级记分制，"这样可以消除学生的后顾之忧，使他们可

———————
① 世界银行：《中国高等教育改革》，中国财政经济出版社，1998，第105页。

以大胆地选修不同领域的课程或尝试新领域的课程,而无需冒降低平均分绩点之险"①。无论各个大学如何尝试和微调,大学人才培养的质量才是衡量尝试效果的依据,而不仅仅是在形式上移植或借鉴某种模式。

第三节 推动大学和师生的观念转变

学习自由作为学术自由的重要组成部分,它既是一种思想,也是一种价值目标。无论是作为思想还是价值目标,学习自由不但需要通过制度的方式在现实中践行,而且还需要各种教育要素在其理念导引下相互连接构成系统的教育形态。所以,在观念上,需要推动"学校是教育服务的提供者"观念的形成,使校方从注重控制转变为注重保障学生的学习自由;推动教师形成"教师是学生学习的促进者"的观念,使得教师在教学自由和学习自由之间寻求适当的平衡点;帮助学生形成"学生是学习内容的选择者的观念",提高学生的学习选择和责任意识,为学习自由提供思想和认识上的基础。

一 大学是教育服务的"提供者"

学习的自由并非意味着学习者可以为所欲为,一旦学习者自由选定了教育方式、教育场所,自由就受到了一定的限制。例如,大学生一旦选择了正式的学校教育,他就必须服从就读大学的管理规定,根据预先安排的教学进程上课。这种限制的正当性既是来源于对学习者选择理性的信任,也来源于教育资源最大化利用的要求,

---

① 德雷克·博克:《回归大学之道:对美国大学本科教育的反思与展望》,华东师范大学出版社,2008,第156页。

更是来源于保障其他学生的学习自由、教师的教学自由等相关权利的要求。学校对学生的管理是必然的，但是管理的观念需要从传统的"进行管理控制"转变为"提供教育服务"。学校作为"教育服务的提供者"的角色定位重新明确了学校管理和学习自由二者之间的关系。依照美国的经验，"市场机制主导下的美国自由主义经济与高等教育的多元社会参与之间具有高度的相关性，形成了美国高等教育中的市场运作机制，即针对不同的社会需求，提供多样的'教育服务'和'知识产品'，这种交换和竞争的机制为高等教育的发展提供了无穷的动力"①，大学"教育服务者"的角色定位，有利于大学更快、更好地适应学生的需求并满足学生的学习自由。正如曾任哈佛校长的埃利奥特在其就职演讲中所说的"大学必须从其为之存在的民众的需要出发去适应种种重要变化"②，因此，大学必须做到"明智的变化——根据需求、实施和理想所做的变化③"，高校在教育服务市场中提供教育服务，并努力满足服务的对象——在读的大学生及其所代表的社会公众的需求。

"随着市场力量对高等教育的介入，大学与学生之间的关系越来越倾向于卖方与消费者的关系，消费者至上的市场理念成为影响大学与学生、教师与学生关系的核心话语"④，"在市场模式中，消费者的愿望通过各种方式得到表达和调整，从而起着决定作用"⑤。因此，根据企业界"组织依存于顾客"的共识，学生是高等学校生存和发展的基础。高等学校只有以学生为关注焦点，尽量满足学生对高等教

---

① 和震：《美国大学自治制度的形成与发展》，北京师范大学出版社，2008，第216页。
② Richard Hofstadter and Wilson Smith (eds.), *American Higher Education : A Documentary History*, Vol. 2. Chicago : The University of Chicago Press, 1961, p.602.
③ 〔美〕亚伯拉罕·弗莱克斯纳：《现代大学论》，徐辉等译，浙江教育出版社，2001，第3页。
④ 许杰：《政府分权与大学自主》，广东高等教育出版社，2008，第166页。
⑤ 〔美〕伯顿·克拉克：《高等教育新论》，王承绪等译，浙江教育出版社，2002，第95页。

育的个性化需求，并努力超越学生的期望，最大限度地提高学生满意度，才能在激烈的市场竞争中立于不败之地。高校的基本产出是高等教育服务，学生是教育服务的消费主体。如果高校提供的教育服务不能符合或满足学习者的需求，那么，高校提供的教育服务就近似于无效劳动，教育服务的质量也就无从谈起。

约翰·布鲁贝克说过："作为高等教育的消费者，学生要求在确定课程和教师的任命、晋升、解雇方面拥有一定程度的发言权，这一要求不是没有道理的。学生在学术方面可提供具有重要意义的输入，这一点已得到事实验证"①。作为高校最主要和最直接的"顾客"，学生对教育服务满意与否，影响着他们对学校的感情和对外的宣传，甚至影响着他们是否愿意继续在此求学；用人单位对于其所接纳的毕业生的满意程度影响着他们今后对毕业生的选聘和对学校的看法；政府和社会对学校人才培养质量的满意程度决定着政府和社会对学校的投入和支持。所以，高校要做好教育服务的设计和开放，这是将顾客的要求转换为教育服务的特性或规范的过程。高校教育服务设计和开发的核心部分就是专业与课程的设计、开发，它是教育服务质量特性形成的基础。因此，明确服务型学校的角色定位，完善专业和课程的设计开发，是保障学生学习自由度和满意度的重要途径。

二 教师是学生学习的"促进者"

(一) 教师教学自由与学生学习自由的关系

1. 在法理上，教学自由优于学习自由

根据德国行政法理论，"教学自由原则保障学术上之教学者的自

---

① 〔美〕约翰·S. 布鲁贝克：《高等教育哲学》，王承绪译，浙江教育出版社，2001，第42页。

我决定教学之内容、方法、形式、时间,以及上课之地点等,而不受其他第三者之影响"①。那么,学生与作为教学关系的另一方主体,对教师的教学内容、方法、形式等的决定是否有"参与权"呢?有学者提出:"大学教师是课程进行的主人,大学教师本于宪法所保障的教学自由,对所开设的课程负有学术上的责任。大学生积极参与课程讨论及表达意见的权利局限于'教学供应'的范围"②。由此可见,学生的学习自由必须立足于现存的学习和教育资源的基础上,学习自由不得逾越宪法保障教学自由的范围,因为教师的教学自由是基于专门知识的权利,尊重教学自由就是尊重教师的专门知识。相对于学生的学习自由,教师的教学自由具有一定的"优先权",但并不意味着为满足教师的利益而必须放弃学生的学习自由与意见表达权。完全排除学生以适当方式提出问题或参与可能性的教学,属于不当教学。

2. 教师教学与学生学习的自由度成正比关系

德国大学对于"学习自由"(Lernfreiheit)和"教学自由"(Lehrfreiheit)的关系早就进行了有益的解释。"前者与学生有关,包括:选择学什么(选修课程)的自由,决定什么时间学和怎样学的自由,以及形成自己思想的自由。后者与教授有关,包括:选择授课科目的自由,选择研究项目的自由,得出自己关于真理结论的自由。学习自由和教学自由共同构成了学术自由的完整内涵,同时,没有学习自由,教学自由也是不充分的。"③

在教学过程中,教师的教学自由与学生的学习自由具有较强的一致性,具体表现为:教师通过教学自由形成课程内容与教学方法,并自由地表达学术见解;学生基于学习自由积极参与课堂,并可以对教学内容和教师观点自由发表见解。正如台湾学者董保城所言,"籍有

---

① 董保城:《教育法与学术自由(初版)》,台北:月旦出版社,1997,第205页。
② 董保城:《教育法与学术自由(初版)》,台北:月旦出版社,1997,第205~206页。
③ 许建领:《大学参与性教学》,中国海洋大学出版社,2006,第159页。

第七章 提升我国研究型大学本科阶段学生学习自由的路径

由教学自由之保障，使教师得传播其学术上研究之成果，学生亦因之而获得专业知识之充实；而透过学习自由之保障，学生得积极参与课堂活动，教师亦于教学中得到检证或激发研究灵感与动力，师生间彼此产生教学与求知之良性互动关系，所谓教学相长，意即在此"[1]。更何况，教学自由与学习自由之间没有明显的冲突和矛盾。教学自由赋予教师对教学内容、教学方法上的决定权，学习自由赋予学生参与教学内容的评价以及对教师教学方法的批评权。而且，大学的科学研究需要活跃的思维、无畏的意志和充沛的精力，正如洪堡所说"教师的事业有赖于学生的参加，否则就难以有所成就。……教师虽训练有素，但也因此易于失之偏颇和缺少活力，而学生固然不甚成熟，但较少成见，勇于探索，教师要实现其目标，就必须结合这两者"[2]。

就二者关系而言，对教师教学自由设置的边界主要是："不使学生困于偏见"[3]。因此，学生的年龄直接影响教学自由的边界。当教师面对的是已经成年、知识经验较为丰富、获得信息的途径较多、分析问题能力比较强的研究型大学的学生，教师的教学自由度就比较大。因为这样的学生已经具备对教师的观点进行分析批判的能力，不会轻易把教师的观点作最后的结论。这样，在教师享有较多的教学自由的同时也会给予学生更多的学习自由。总之，教学自由是教师的权利，它包括选择授课科目的自由，选择研究项目的自由、得出自己关于真理结论的自由、选择教学内容与方法的自由。学习自由是学生的权利，它包括选择学什么的自由、决定什么时间学的自由、怎样学的自由、形成自己思想的自由。教师的教学自由与学生的学习自由是互为边界的，但又能够共同提升。

---

[1] 周光礼：《学习自由的法学透视》，《高等工程教育研究》2005年第5期，第27页。
[2] 刘宝存：《洪堡大学理念述评》，《清华大学教育研究》2002年第1期，第65页。
[3] 刘宝存：《洪堡大学理念述评》，《清华大学教育研究》2002年第1期，第28页。

(二)"促进型"教师的角色转变

由上面的论述可以看出,学习自由和教学自由有着非常紧密的联系,学习自由的实现需要有"教学自由"的教师的正确引导,罗杰斯称教师为学生学习的"促进者"。在罗杰斯看来,促进者这一角色主要体现在四个方面:一是帮助学生澄清自己想要学习什么;二是帮助学生发现他们所学东西的个人意义;三是帮助学生安排适宜的学习活动与材料;四是维持着某种滋育学习过程的心理气氛"①。教师作为学习的"促进者"这一角色,应该引导学生发现学习兴趣所在,树立学习的目标,自由选择学习内容。一个促进型教师会把学生的自由看作是学习过程中最为重要的事情,不断研究学生的需要,给个性不同的学生以充分表现特殊才能的均等机会和平等权利,尊重学生心灵世界的独特性,不断改进自身教学。只有当教师的注意力更多地集中到学生的学习而不只是自己的教学,让学生成为学习过程的主体时,教学才更能体现它的有效指导性和促进性。

尤其是在信息发达、学科繁杂的今日,要求教师在知识占有方面必然"多于、优于、先于"大学生,已然成为空想。教师无论如何努力,也不可能时时、处处"多于、优于、先于"他的每个学生。如果一位教师为了使自己符合那种神化后的光辉形象,以某方面知识之"多、优、先"而陷入自我神化,试图永远充当"知识权威"和"学科代言人",仅仅去灌输某些确定的理论或几组有限的概念,一直扮演驾驭大学生认识模式的规训者和阻抑学生自由的角色,他反而会异化成一个"反教育者"。所以,教师需要弱化自己的权威地位和代言人身份,变成大学生学习和研究问题的合作者,变成师生之间讨论和合作的主持人。只有这样才能扩大学生质疑、探讨和建构的空

---

① 曹树真:《论罗杰斯的师生观》,《外国教育研究》2000年第12期,第1~6页。

间,激发大学生的创造热情和动力,变师生之间单向的信息交流为双向的互动式交流,在教学相长的过程中更多地体现对学生学习自由权利的尊重。

"促进型教师"的角色转变相当不易,因为很多教师已经习惯于自己的主角位置,同时学生在学习上对教师也会有习惯性的依赖。促进型教师"必须停止总是替学生完成各种各样的学习任务:组织学习内容、提出问题、回答问题、解决难题和作出总结等,回避这种'总是',逐渐地减少做这些事情,直到这些事情是例外而不是惯例"[1]。促进型教师的实现过程是一个教师不断探索的过程,没有确定的程序,"需要作出更多的教学设计和学习示范,需要给学生创造更多的互相学习、共同学习的机会,需要专心于设计和实施各种活动来创造和维持有助于学习的氛围,对于学生的评价不是简单的给定分数和等级,而需要作出更多的反馈工作"[2]。

三 学生是学习内容的"选择者"

研究型大学处于一个国家(地区)和一个时代高等教育系统中的塔尖部分,其本科教育的目的,"并不在于为社会培养出更多的具有一定专业技能的一般人才,而是以国家和社会的需要为导向,培养具有国际视野、社会责任感和终身学习能力的创新型人才"[3]。1998年发布的博耶报告认为,研究型大学的本科教育应该"将研究性学习定为标准……研究型大学的学习应是由导师指导的、建立在发现基础上的过程,本科生应从知识的接受者转为探究者,每门课程都应给

---

[1] 陈贵:《研究型大学人才培养的学习自由理念及实现策略研究》,中南大学硕士论文,2007,第39页。
[2] 陈贵:《研究型大学人才培养的学习自由理念及实现策略研究》,中南大学硕士论文,2007,第39页。
[3] 刘念才、周玲:《面向创新型国家的研究型大学建设研究》,中国人民大学出版社,2007,第6页。

学生提供通过探索获得成功的机会"①。美国科学基金会的调查表明，"研究型大学的本科毕业生中，有56%的人日后获得了博士学位。2000年度，斯坦福大学当年毕业的本科生中继续攻读研究生的比例高达74%，加州理工学院的这一比例为52%，哈佛大学为31%，耶鲁大学为29%，加州大学伯克利分校为33%，密歇根大学为34%"②，因此，研究型大学本科阶段的教育不但要传授学生知识技能，还要培养学生持续深造和发展的意识和能力，比如，学习能力、选择能力、责任意识。

对学生而言，学习自由是社会和学校赋予的权利，但在行使这一自由权利时，学生也应履行相应的责任和义务。学生学习的主观责任"主要包括学习价值观、学习需求、对学习选择承担后果、学习行为以及学习制度的自觉遵守等"③。例如，学生在课程选择的时候不能只是重视眼前的需要，或仅仅选择相对容易获得学分的课程，必须综合考量自己的长远发展以及社会经济发展对人才培养的要求。大学生只有具备了这样选择意识和能力，并主动地追求在学业中的自由，他的成长才会渐渐由他人塑形转为自我塑形。否则就像哲学家彼得斯所说："自由使做有价值事情的机会最大，但是成人和儿童经常选择不佳，并且当他们接着选择时，会越来越糟糕，这再明显不过了。父母和教师经常处于两难选择中，是让儿童自己决定呢，还是坚持成年人决定，儿童所决定的几乎都是违反他们的最佳利益的，成年人则很显然有利于儿童的利益"④。

---

① 〔美〕博耶本科教育委员会：《彻底变革大学本科教育：美国研究型大学的蓝图》，《全球教育展望》2001年第3期，第68页。
② 赵文华、程莹：《我国研究型大学本科教育质量的思考》，《现代大学教育》2002年第6期，第20页。
③ 马廷奇、张应强：《学习自由的实现及其制度建构——兼论创新人才的培养》，《教育研究》2011年第8期，第53页。
④ 〔英〕彼得斯：《伦理学与教育》，邬冬星译，浙江教育出版社，2000，第103页。

第七章 提升我国研究型大学本科阶段学生学习自由的路径

虽然大学生多是已经成年人,但是依然存在能力大小的问题。因此,在自由的教学管理环境具有可能性的情况下,另一个问题更值得关注,那就是学生本身的学习能力和选择能力,这个能力并非仅仅代表学习方法,而更多指的是大学生作为一个"成年"的学习者在学习中所具有的选择意识、选择能力和自我控制能力。在本书第五章的调查中,我们可以发现我国研究型大学的不少学生对自己在这几个方面的能力缺乏足够的信心和积极培养的意识。众所周知,选择是指主体自主地在多样的事物或状态中作出的选定,而不是"服从"。只有主体自主地选定才具有认识论意义上的主观能动性特征①。选择包含有一般性选择和创造性选择,创造性选择是自主选择的高级境界,在学习自由的实践中,学生的学习自由选择应该定位为进行适合自身的创造性选择。学生在大学学习经历中的种种选择过程,最终的目标是要使大学生确立"自主选择意识、正确的选择标准以及果断及时做出选择的意志"②,而这种选择能力的不断增强,也从内在成就了学生在大学期间以及终身学习的自由状态和自由能力。大学生需要具备自我控制和选择的能力,才会正确使用学习自由,才不会把学习的自由变成混日子的自由而学无所成。

本章小结

本书第一章、第二章、第三章已经从理论层面和历史发展进程方面较为充分地分析了学习自由的含义、构成要素、必要性与可行性等等。第四章、第五章和第六章从实践层面分析和总结了研究型大学学生学习自由的现状。本章是正文的最后一章,是在上文诸章分析基础

---

① 陈宁军:《论学生选择能力的培养》,《中国教育学刊》1999年第6期,第20页。
② 这里采用了陈宁军的部分观点,陈宁军:《论学生选择能力的培养》,《中国教育学刊》1999年第6期,第20~21页。

上得到结论，提出提升我国研究型大学本科阶段学生学习自由的路径。

总结起来，大学生的学习自由需要从法律、制度和观念三个方面着手进行保障。本章提出三个方面的策略：一是，规范高校与学生的法律关系，包括：扬弃和改造特别权力关系理论，适用法律保留原则，参考共同福利理念，避免学习自由权利的泛化。二是，革新大学的课程与教学管理制度，包括：构建大专业平台，实现延迟选择；调整课程结构，达到合理比例；完善选课制和学分制，实现充分选择。三是，推动大学和师生的观念转变，这些新观念包括：大学是教育服务的提供者，教师是学生学习的促进者，学生是学习内容的选择者。

结　语

  大学生的学习自由是大学学术自由的重要组成部分，在法理层面上，也是大学生学习权权利束中的一项重要权利。大学生的学习自由包括大学生在选择所学专业、学习内容、学习方式、学习时间和授课教师方面的自由，其中，选择课程的自由是居于核心地位的。学术自由和学习自由的理念在世界范围内多个国家的大学产生了广泛而深刻的影响，作为对学习自由理念的认同和实践，很多国家已经通过国家教育立法、高等教育体制的改革、高校内部的教学管理制度改革等方式在高等教育领域对大学生的学习自由给予了实体性的保障。

  改革开放三十多年以来，由于我国社会转型和社会发展对高等教育和人才培养的迫切需求，以及高校在国际教育交流中的不断学习与尝试，使得我国现代高等教育的发展速度惊人。特别是我国的研究型大学，在几十年到一百多年不等的办学历史中，第一方面大学逐渐在学科、专业、课程建设等方面形成了各具特色的教育资源能量积累，为保障大学生的学习自由提供了良好的物质基础；第二方面，大学逐步实施了学分制、选课制、弹性学制、辅修制、双学位制、按大类招生制度、转专业制度等管理改革，为实现大学生学习自由打下了较为坚实的制度基础；第三方面，大学在逐步进行完善依法治校、加强大学立法、规范教育法律关系、建立大学生权利救济机制的工作，这些为赋予大学生学习自由打下了法律层面的一定基础。因此，在我国的研究型大学，本科阶段的学生已经具备行使较为充分的学习自由的基本条件。

研究发现，我国研究型大学本科阶段学生实现学习自由的阻碍因素有四个方面：一是，高校与大学生的法律关系不明确，这影响了学生的学习自由作为一种权利在法律和法理学上获得支撑和救济；二是，现有的高校招生和录取制度使得大学生过早地确定专业且改变专业比较困难，这是阻碍学生学习自由的一个重要因素；三是，大学的课程资源仍然不够丰富，距离学习自由所要求的、较为丰富课程量还有一定距离，且选修课的比例明显偏低；四是，大学生本身在学习选择能力、责任意识和获得学术指导上都有所欠缺。

本文在现状分析、调查访谈和比较研究的基础上，认为可以从如下三个方面改善我国研究型大学本科阶段学生学习自由的路径。一是，规范高校与学生的法律关系，具体的思路包括：扬弃和改造特别权力关系理论，适用法律保留原则，参考共同福利理念，避免学习自由权利的泛化。二是，改革大学的课程与教学管理制度，具体举措包括：构建大专业平台，实现延迟选择；调整课程结构，达到合理比例；完善选课制和学分制，实现充分选择。三是，推动大学和师生的观念转变，树立和广泛传播如下观念：大学是教育服务的提供者、教师是学生学习促进者、学生是学习内容的选择者。

本研究的主要创新之处在于两个方面。一是，从研究的内容来看，大学生学习自由是基于两个方面：一方面学习自由是大学的学术自由的既有含义，另一方面，学习自由是在受教育权和学习权理论的基础上发展出来的一项学生权利，是学生学习权的重要组成部分。本课题对大学生学习自由的研究，不同于以往以中小学择校问题为主要研究对象的学习自由研究，补充了以往在学术自由中比较少提及的学生学术自由层面的内容，进一步延伸和拓展了教育法学领域的受教育权和学习权理论。二是，从研究的角度来看，本书采用的主要是教育学的视角，辅以法理学和管理学的视角，综合审视高校学生学习自由的法律意义、学生学习自由的实践现状和管理制度保障等内容，研究还包含了对学习自由实践情况进行的调查和访谈。而以往类似主题的研究多是两种类型，一是以学习自由的法理研究为主，二是提出学习自由的实践问题并探讨具体的方案。本课题对于学生学习自由的研究既关注"应然"的解释和"实然"的呈现，对其"所以然"也有论述，阐述比较完整。

本课题的主要不足之处和待深化之处在于，一方面，对学习自由的限度和边界研究不够透彻和深入。学生学习自由的边界和学校的管理权以及教师的教学自由的边界联系紧密，涉及高等教育的多个方面，界定清楚难度较大。但是，这个边界界定得不够清晰，会使得学习自由容易受侵犯，所以对于学习自由的限度和边界的进一步研究是本课题的下一步努力方向。另一方面，本课题调查和访谈的样本有一定的局限。由于种种原因，此次调查和访谈主要集中于国内的三所研究型大学和台湾的一所研究型大学，样本的代表性有限，无法充分反映我国各地区、各层次研究型大学的情况，只能作为我国研究型大学学生学习自由现状的参考资料。所以，更大规模的调研和访谈是下一步研究的重要内容。

总之，从一定意义上讲，这些年来我国高校的改革，正是努力改一元选择为多元自由的过程，这里一元与多元的差别，正是"学习自由"有无或程度大小的差别。以高等教育改革的核心——课程改革为例，无论是调整专业目录、拓宽专业面，还是推行学分制、选课制，无论是拓宽基础、淡化专业，还是设置文理交叉的通识课程，都是为了让学习兴趣、专业倾向、学习能力、学习风格不同的学生拥有更多的选择，从而获得各自最大的发展，适应社会和个人多样化的需求。尽管改革进展的艰难，超乎人们的想象，传统力量的惯性，也不是轻易可以克服的。但是，我们依然要说，"自由"不一直是我们所强调的最高教育精神之一吗？我们需要学习的自由！

参考文献

中文著作类

[1] 〔德〕E·博登海默:《法理学——法律哲学与法律方法》,邓正来译,中国政法大学出版社,1998。

[2] 〔德〕哈贝马斯:《公共领域的结构转型》,曹卫东等译,学林出版社,1999。

[3] 〔法〕夏尔·德巴什:《行政科学》,葛智强等译,上海译文出版社,1999。

[4] 〔美〕阿尔温·托夫勒:《权力的转移》,刘红等译,中共中央党校出版社,1991。

[5] 〔美〕理查德·D.范斯科德等:《美国教育基础——社会展望》,北京师范大学外国教育研究所译,教育科学出版社,1984。

[6] 〔英〕德·朗特里:《西方教育词典》,上海译文出版社,1988。

[7] 陈桂生:《"教育学视角"辨析》,华东师范大学出版社,1999。

[8] 陈桂生:《教育原理》,华东师范大学出版社,1993。

[9] 劳凯声:《变革社会中的教育权与受教育权》,《教育法学基本问题研究》,教育科学出版社,2003。

[10] 黄崴:《教育法学》,高等教育出版社北京分社,2007。

[11] 褚宏启:《学校法律问题分析》,法律出版社,1998。

[12] 郝维谦、李连宁:《各国教育法制比较研究》,人民教育出版社,1993。

[13] 劳凯声：《教育法论》，江苏教育科学出版社，1993。

[14] 劳凯声：《中国教育法制评论（一）》，教育科学出版社，2002。

[15] 劳凯声：《中国教育法制评论（二）》，教育科学出版社，2003。

[16] 劳凯声：《中国教育法制评论（三）》，教育科学出版社，2004。

[17] 劳凯声：《中国教育法制评论（四）》，教育科学出版社，2006。

[18] 胡建淼：《行政法学》，法律出版社，1998。

[19] 顾明远：《教育大辞典》，上海教育出版社，1998。

[20] 瞿葆奎：《社会科学争鸣大系 教育学卷》，上海人民出版社，1991。

[21] 劳凯声、郑新蓉等：《规矩方圆——教育管理与法律》，中国铁道出版社，1997。

[22] 方福前：《公共选择理论》，中国人民大学出版社，2000。

[23] 秦梦群：《美国教育法与判例》，北京大学出版社，2006。

[24] 姚云：《美国高等教育法治研究》，山西高等教育出版社，2005。

[25] 姚云：《美国教育法治的制度与精神》，教育科学出版社，2007。

[26] 张维平、马立武：《美国教育法研究》，中国法制出版社，2005。

[27] 贺国庆：《德国和美国大学发达史》，人民教育出版社，1998。

[28] 陈学飞：《中国高等教育研究50年》，教育科学出版社，1999。

[29] 褚宏启：《中国教育管理评论（第3卷）》，教育科学出版社，2005。

[30] 鲁洁：《教育社会学》，人民教育出版社，1994。

[31] 罗豪才：《行政法学》，中国政法大学出版社，1996。

[32] 毛寿龙等：《西方政府的治道变革》，中国人民大学出版社，1998。

[33] 杨德广：《高等教育管理学》，上海教育出版社，2006。

[34]〔美〕科瓦尔斯基：《教育管理案例研究（第4版）》，高等教育出版社北京分社，2006。

[35] 沈宗灵：《法理学》，高等教育出版社，1994。

[36] 沈宗灵：《现代西方法理学》，北京大学出版社，1992。

[37] 石佑启：《论公共行政与行政法学范式转换》，北京大学出版社，2003。

[38] 杨成铭：《受教育权的促进和保护》，中国法制出版社，2004。

[39] 苏力等：《规则与发展——第三部门的法律环境》，浙江人民出版社，1999。

[40] 王绍光：《多元与统一——第三部门国际比较研究》，浙江人民出版社，1999。

[41]〔法〕阿罗：《社会选择与个人价值》，崔之元译，四川人民出版社，1984。

[42]〔意〕布鲁诺：《莱奥尼吉林》，《自由与法律》，吉林人民出版社，2004。

[43] 王英杰：《美国高等教育的发展与改革》，人民教育出版社，2001。

[44] 陈列：《市场经济与高等教育——一个世界性的课题》，人民教育出版社，2002。

[45] 应松年：《行政法学新论》，中国方正出版社，1999。

[46] 筑波大学教育学研究会编《现代教育学基础》，钟启泉译，上海教育出版社，1986。

[47]〔英〕杰夫·惠迪等：《教育中的放权与择校——学校、政府与市场》，马忠虎译，教育科学出版社，2003。

[48] 陈学飞：《美国高等教育发展史》，四川大学出版社，1989。

[49] 周南照、杨典求：《简明国际教育百科全书（教育管理）》，教

育科学出版社，1992。

[50] 周光礼：《教育与法律：中国教育关系的变革》，社会科学文献出版社，2005。

[51] 〔美〕约翰·S. 布鲁贝克：《高等教育哲学》，王承绪等译，浙江教育出版社，1998。

[52] 周志宏：《学术自由与高等教育法制》，台北：高等教育文化事业有限公司，2002。

[53] 联合国教科文组织国际教育发展委员会：《学会生存——教育世界的今天和明天》，教育科学出版社，1996。

[54] 董保城：《教育法与学术自由（初版）》，台北：月旦出版社股份有限公司，1997。

[55] 刘念才、周玲：《面向创新型国家的研究型大学建设研究》，中国人民大学出版社。

[56] 〔日〕兼子仁：《教育权理论》，劲草书房，昭和51年。

[57] 威廉·维尔斯曼：《教育研究方法导论》，袁振国主译，教育科学出版社，1997。

[58] 张恒山：《义务先定论》，山东人民出版社，1999。

[59] 〔英〕罗素：《自由之路（上）》，许峰等译，文化艺术出版社，1998。

[60] 约翰·布鲁贝克：《高等教育哲学》，浙江教育出版社，2001。

[61] 顾明远：《教育大辞典（3）》，新疆人民出版社，2002。

[62] 朱九思、姚启和：《高等教育辞典》，湖北教育出版社，1993。

[63] 张振刚：《中国研究型大学知识创新的战略研究》，高等教育出版社，2003。

[64] 许育典：《宪法》，台北：元照出版公司，2006。

[65] 倪洪涛：《大学生学习权及其救济研究》，法律出版社，2010。

[66] 石中英：《教育哲学导论》，北京师范大学出版社，2002。

[67] 冯增俊：《现代研究生教育研究》，广东高等教育出版社，1993。

[68] 彼得斯：《伦理学与教育》，邬冬星译，浙江教育出版，2000。

[69] 〔意〕奥莱利欧·佩切依：《人类的素质》，中国展望出版社，1988。

[70] 郑文：《当代美国教育问题透视》，中山大学出版社，2002。

[71] 〔美〕德雷克·博克：《回归大学之道——对美国大学本科教育的反思与展望》，华东师范大学出版社，2008。

[72] 松井范惇：《自由教育在美国》，广东教育出版社，2009。

[73] 〔英〕弗里德利希·冯·哈耶克：《自由秩序原理（上）》，邓正来译，生活·读书·新知三联书店，1997。

[74] 陈学飞：《美国高等教育发展史》，四川大学出版社，1989。

[75] 〔美〕唐纳德·肯尼迪：《学术责任》，阎凤桥译，新华出版社，2002。

[76] 〔德〕雅斯贝尔斯：《大学之理念》，邱立波译，上海人民出版社，2007。

[77] 〔德〕雅斯贝尔斯：《什么是教育》，邹进译，三联书店，1991。

[78] 〔英〕弗里德利希·冯·哈耶克：《自由秩序原理（上）》，邓正来译，生活·读书·新知三联书店，1997。

[79] 曾惠燕：《高校学生的权利与义务》，中国社会科学出版社，2006。

[80] 蔡振荣：《行政法理论与基本人权之保障》，台北：台湾五南图书出版公司，1999。

[81] 周志宏、薛化元：《国民教育权的理论与实际》，台北：稻鄉出版社，1995。

[82] 陈建翔、王松涛：《新教育：为学习服务》，教育科学出版社，2002。

[83] 黄福涛：《欧洲高等教育近代化》，厦门大学出版社，1998。

[84] 阿什比：《科技发达时代的大学教育》，滕大春、滕大生译，人民教育出版社，1983。

[85] 王廷芳：《美国高等教育史》，福建教育出版社，1995。

[86] 许建领：《大学参与性教学》，中国海洋大学出版社，2006。

[87] 郭德红：《美国大学课程思想的历史演进》，中央编译出版社，2007。

[88] 〔意〕安琪楼·夸特罗其：《法国1968：终结的开始》，生活·读书·新知三联书店，2001。

[89] 孙培青：《中国教育史（修订版）》，华东师范大学出版社，2006。

[90] 陈省身：《九十初度说数学》，上海科学技术出版社，2001。

[91] 王炳照、郭家齐、刘德华等：《简明中国教育史》，北京师范大学出版社，2003。

[92] 黄楠森：《人学原理》，广西人民出版社，2000。

[93] 刘念才、周玲：《面向创新型国家的研究型大学建设研究》，中国人民大学出版社，2007。

[94] 韩延明：《大学教育现代化》，山东教育出版社，1999。

[95] 《马克思恩格斯选集（第3卷）》，人民出版社，1972。

[96] 李方：《教育管理技术基础》，高等教育出版社，1999。

[97] 金耀基：《大学理念》，生活·读书·新知三联书店，2001。

[98] 〔美〕亚瑟·科恩：《美国高等教育通史》，李子江译，北京大学出版社，2010。

[99] 和震：《美国大学自治制度的形成与发展》，北京师范大学出版社，2008。

[100] 〔美〕亚伯拉罕·弗莱克斯纳：《现代大学论》，徐辉等译，浙江教育出版社，2001。

[101] 王定华:《透视美国教育——20位旅美留美博士的体验与思考》,北京大学出版社,2008。

[102] 王伟廉:《高等学校课程研究导论》,广东高等教育出版社,2002。

[103] 王英杰:《美国高等教育的发展与改革》,人民教育出版社,2001。

[104] 高有华:《大学课程基本问题研究》,江苏大学出版社,2010。

[105] 张晓京:《美国高校学生事务管理——基于八所大学的个案研究》,中国传媒大学出版社,2010。

[106] 教育部思想政治工作司组:《走进美国高校学生事务管理》,中国人民大学出版社,2011。

[107] 〔美〕克拉克:《大学的持续变革:创业型大学新案例和新概念》,王承绪译,人民教育出版社,2008。

[108] 王洪才:《大众高等教育论》,广东教育出版社,2004。

[109] 世界银行:《中国高等教育改革》,中国财政经济出版社,1998。

[110] 《全球教育发展的历史轨迹:国际教育大会60年建议书1934~1996》,赵中建译,教育科学出版社,1999。

[111] 许杰:《政府分权与大学自主》,广东高等教育出版社,2008。

英文著作类

[1] Black's Law Dictionary (six edition), Minn. West Publishing Co., 1990.

[2] Dale·R, *Education and Capitalist State, Culture and Economic Reproduction in Education*, London: RoutLedge, 1982.

[3] Douglas Hodgson, *The Human Right to Education*, Dartmouth

Publishing Company Limited, 1998.

[4] Halsey·A·H (ed.), *Education Culture Economy Society*, Oxford, New York, Oxford University Press, 1977.

[5] Elchanan Cohn and Geraint Johnes, *Recent Developments in the Economics of Education*, Edoward Elgar Publishing, 1991.

[6] Kinter·M., Remmlein, *The Law of Local Public School Administration*, McGraw-Hill Book Company, Inc., New York, Toronto London, 1953.

[7] Tulasiewicz·W., Strowbridge·G. (Ed.), *Education and the Law-International Perspectives*, Routledge 11 New Fetter Lane, London and New York, 1994.

[8] Brubacher and Willis Rudy, *Higher Education in Transition*, *A History of American Colleges and Universities*, 1636–1976, N.Y., Harper & Row, Publishers, 1976.

[9] Richard Hofstadter and Wilson Smith, *American Higher Education*, *A Documentary History*, Vol. I, the University of Chicago Press, 1968.

[10] F. Rudolph, *American College and University*, New York: Random House, 1962.

[11] John S. Brubacher and Willis Rudy, *Higher Education in Transition*, New York: Harper & Brothers Publishers, 1958.

[12] John Daniel, Nigel Hartle, *Academic Freedom*, World University Service, 1995.

[13] Elizabeth A. Jones, "Is a Core Curriculum Best for Everybody?" in *80 New Directions for Higher Education*, 1992.

[14] Elisha Babad, "Students' Course Selection: Differential Consideration for First and Last Course", *Research in Higher Education*, 2001 (4).

[15] Elizabeth A. Jones, "Is a Core Curriculum Best for Everybody?"

in 80 *New Directions for Higher Education*, 1992.

[16] Neohelieon, "The Humboldtian Idea of a university", *The Bond Between Philosophy and the Humanities in the Making of The Modern university*, 2001 (2).

[17] Melvin I. Urofsky, "Reforms and Response: The Yale Report of 1828", *History of Education Quarterly* 1995 (1).

[18] Richard Hofstadter & Wilson Smith, *American Higher Education*, The University of Chicago Press, 1961.

[19] David Fellman, *Academic Freedom*, Philip P. Wienered, *Dictionary of the History of Ideas*, Vol. 1, Charles Scribncr's Sons, 1973.

[20] Pintrich P R, The role of goal orientation in self-regulated learning, in Boekaerts, M. et al. (ed.), *Handbook of self-regulation*, Academic Press, 2000.

[21] Richard Hofstadter and Wilson Smith, (eds.) *American Higher Education: A Documentary History*, Vol. 2, Chicago: The University of Chicago Press, 1961.

文章类

[1] 陈向明：《美国哈佛大学本科课程体系的四次改革浪潮》，《比较教育研究》1997年第3期。

[2] 陈宁军：《简论受教育者的教育选择》，《宁波大学学报（教育科学版）》2001年第4期。

[3] 劳凯声：《社会转型与教育的重新定位》，《教育研究》2002年第2期。

[4] 蒋少荣：《论我国公民受教育权的法律关系与法律保护》，《教育理论与实践》1998年第5期。

[5] 尹力:《试析受教育权利》,《教育研究》2001年第5期。

[6] 周光礼:《学习自由的法学透视》,《高等工程教育研究》2005年第5期。

[7] 卢晓东:《中美大学本科专业设置比较》,《比较教育研究》2001年第2期。

[8] 褚宏启:《论学校在行政法律关系中的地位》,《教育理论与实践》2000年第3期。

[9] 褚宏启:《浅谈学校权利的有限性》,《教学与管理》1999年第1期。

[10] 褚宏启:《学校在行政法律关系中的地位论》,《教育理论与实践》2000年第3期。

[11] 曲钦岳:《跨世纪人才培养与大学教育改革》,《中国高教研究》1994年第5期。

[12] 杨成铭:《论欧洲人权机构对受教育权的保护》,《北京理工大学学报(社会科学版)》2003年第2期。

[13] 尹力:《试论学校与学生的法律关系》,《北京师范大学学报(人文社会科学版)》2002年第2期。

[14] 黄葳:《学校法人的一般性与特殊性》,《教育理论与实践》2003年第1期。

[15] 金顶兵:《美国七所世界一流大学本科生专业选择的比较分析》,《北京大学教育评论》2006年第7期。

[16] 郭为禄:《试论高等教育契约关系与教育消费选择权》,《华东师范大学学报(哲学社会科学版)》2005年第3期。

[17] 章林:《现代学生教育选择权的法理学探讨》,《中国教育管理评论(第三卷)》,2005。

[18] 刘冬梅:《试论高等学校的法律地位》,《教育评论》1998年第1期。

[19] 秦惠民：《现代社会的基本教育权形态分析》，《中国人民大学学报》1998年第5期。

[20] 申素平：《试论高等学校法人地位问题》，《高等师范教育研究》1997年第4期。

[21] 谭晓玉：《当前国外教育法制的发展趋势、成功经验及其借鉴》，《教育发展研究》2001年第6期。

[22] 姜国平：《论大学生的教育选择权及其实现状况——兼谈我国学分制的改革》，《内蒙古师范大学学报（教育科学版）》2005年第5期。

[23] 谭晓玉：《我国教育法学研究的回顾与反思》，《教育研究》1995年第8期。

[24] 杨临宏：《特别权力关系理论研究》，《法学论坛》2001年第4期。

[25] 赵颂平、张荣祥、张素勤：《大学生选择权的现实状况及实现途径》，《辽宁教育研究》2004年第8期。

[26] 沈银花、陈毅广：《对大学生转专业的"另类"思考》，《煤炭高等教育》2003年第5期。

[27] 韩磊磊、源国伟：《中国高校学分制30年——大学教学制度改革讨论述评》，《高教探索》2008年第4期。

[28] 刘宝存、李慧清：《2005年卡内基高等学校分类法述评》，《比较教育研究》2006年第12期。

[29] 吴刚、陈兰芳、游宗君：《新世纪应具有的人才培养方案价值观》，《现代教育科学》2003年第2期。

[30] 石中英：《论学生的学习自由》，《教育研究与实验》2002年第4期。

[31] 王玉华：《也谈学习自由》，《重庆三峡学院学报》2004年第1期。

[32] 张宝昆：《人的因素对大学发展的影响》，《外国教育动态》1988年第1期。

[33] 刘慧娟、肖珍教：《当前高校本科新生转专业的意向调查与分析》，《中国高教研究》2006年第6期。

[34] 刘少雪、刘念才：《我国普通高校的分类标准与分类管理》，《高等教育研究》2005年第7期。

[35] 潘懋元：《大众化阶段的精英教育》，《高等教育研究》2003年第6期。

[36] 武书连：《2003中国大学评价》，《科学学与科学技术管理》2003年第2期。

[37] 杨林、刘念才：《中国研究型大学的分类与定位研究》，《高等教育研究》2008年第11期。

[38] 徐小洲：《博克的学术自由与大学自治观》，《浙江大学学报（人文社科版）》2002年第6期。

[39] 陈列：《关于西方学术自由的历史演进》，《世界历史》1994年第6期。

[40] 熊卫华、冯向东：《哈佛选课制中的理念冲突：知识结构的合理性与人的自由发展》2002年第6期。

[41] 陈敏：《中外高校招生制度比较研究》，《教育发展研究》2004年第12期。

[42] 赵雄辉：《论大学生的选择权》，《辽宁教育研究》2007年第1期。

[43] 王让新：《略论学生在高等教育教学过程中的自主权》，《高等工程教育研究》2003年第1期。

[44] 万秀兰：《谈谈大学生"学习自由"》，《湖北大学学报（哲社版）》1998年第1期。

[45] 刘贤红：《哈佛大学课程选修制的发展及其借鉴》，《黑龙江高

教研究》1998年第6期。

[46] 王伟廉:《对"高校实行彻底学分制"提法的辨析》,《教育研究》1995年第1期。

[47] 马怀德:《公务法人问题研究》,《中国法学》2000年第4期。

[48] 周彬:《论学校与学生之间的法律关系》,《教学与管理》2001年第10期。

[49] 方正淑、李协京译,崔相录校《日本文部省1988年度教育白皮书:我国的文教政策》,《外国教育资料》1989年第5期。

[50] 张宝昆:《人的因素对大学发展的影响——德、美、日三国大学发展与高等教育思想家》,《比较教育研究》1988年第1期。

[51] 陈洪捷:《什么是洪堡的大学思想?》,《中国大学教学》2003年第6期。

[52] 李子容:《英国高校"教"与"学"的新发展》,《全球教育展望》2002年第5期。

[53] 〔美〕博耶本科教育委员会:《彻底变革大学本科教育:美国研究型大学的蓝图》,《全球教育展望》2001年第3期。

[54] 黄明东、冯惠敏:《学术自由制度构建与建设高等教育强国比较研究》,《中国高教研究》2010年第8期。

[55] 郑文:《20世纪90年代以来英国大学教学改革初探》,《国际高等教育研究》2004年第1期。

[56] 黄爱华、别敦荣:《论学习自由与弹性教学管理》,《高教探索》2001年第4期。

[57] 黄伟达:《我国高校本科生转专业动因调查研究》,《高教发展与评估》2005年第3期。

[58] 唐红妹:《试论大学生转专业的教学管理》,《山西财经大学学报》2009年第4期。

[59] 方惠圻:《对高校转专业现状的思考》,《天津师范大学学报

（社科版）》2007 年第 3 期。

[60] 胡文亚、任初明：《学生享有课程选择权的条件》，《江西教育科研》2003 年第 1 期。

[61] 张继华：《论高校课程改革及发展趋势》，《中国高等教育》2000 年第 3 期。

[62] 杨建群、张明：《关于高等学校实行学分制的实证探讨——以浙江大学为例》，《高等农业教育》2005 年第 12 期。

[63] 黄全愈：《哈佛为何把"状元"拒之门外》，《焦点》2003 年第 10 期。

[64] 胡晓路、成有信：《发达国家招生制度的比较》，《高等教育研究》1983 年第 4 期。

[65] 刘念才、程莹、刘少雪：《美国学科专业设置与借鉴》，《世界教育信息》2003 年第 2 期。

[66] 曹海艳、罗尧成、孙绍荣：《中美高等教育学科专业设置的比较研究及启示》，《高教研究与评估》2010 年第 8 期。

[67] 苗玉凤、田东平：《美国学分制的发展历程及其成因分析》，《现代教育科学》2005 年第 2 期。

[68] 杨进：《国外学分制模式之比较与我国的教学管理改革》，《职业技术教育（教科版）》2002 年第 4 期。

[69] 黎志华：《欧洲学分转换系统的发展及其启示》，《大学教育科学》2007 年第 2 期。

[70] 高斌：《从"共同福利"看高校与学生法律关系的二元模式》，《辽宁教育研究》2007 年第 11 期。

[71] 王锐生：《哲学理解的个性—个体主体性》，《江西社会科学》1991 年第 2 期。

[72] 沈杰：《学术自由主义大学的精神内核》，《高教观察》2006 年第 4 期。

[73] 袁德宁：《积极探索符合国情校情的学分制管理制度》，《中国高等教育》2000年第21期。

[74] 刘小强、王锋：《关于60年来我国专业制度的反思》，《高等工程教育研究》2010年第1期。

[75] 赵康：《论高等教育中的专业设计》，《教育研究》2000年第10期。

[76] 丁建洋：《日本大学学分制变迁：外部博弈与内部调适》，《阅江学报》2009年第1期。

[77] 陈恩伦：《论学习权》，博士学位论文，西南师范大学，2003。

[78] 翟丽静：《个人教育选择问题研究》，博士学位论文，华中师范大学，2004。

[79] 马印普：《大学生学习自由权利保障研究》，硕士学位论文，西南大学，2008。

[80] 吕颖：《我国大学生管理中的法律问题研究》，硕士学位论文，华东师范大学，2005。

[81] 程红艳：《儿童在学校中的自由》，博士学位论文，华东师范大学，2004。

[82] 仲建维：《沉重的主体——学校教育中学生权利之研究》，博士学位论文，华东师范大学，2006。

[83] 杨咏梅：《从管治到善治——基于治理理论的高校学生管理模式创新研究》，博士学位论文，华东师范大学，2006。

[84] 范履冰：《受教育权法律救济制度研究》，博士学位论文，西南师范大学，2006。

[85] 高晓清：《自由，大学理念的回归与重构》，博士学位论文，华东师范大学，200387。

[86] 蔡春：《在权力与权利之间》，博士学位论文，华南师范大学，2004。

[87] 刘青：《中国高校学分制改革与发展对策》，硕士学位论文，南京理工大学，2005。

[88] 熊卫华：《学分制及其在中国高校的实践》，博士学位论文，华中科技大学，2003。

[89] 王远伟：《个人高等教育选择的影响因素分析》，硕士学位论文，华中师范大学，2005。

[90] 王雁：《创业型大学：美国研究型大学模式变革的研究》，博士学位论文，浙江大学，2006。

[91] 罗春伟：《学术自由权的法理阐释》，硕士学位论文，苏州大学，2008。

[92] 朱孟强：《我国高等学校与大学法律关系研究》，博士学位论文，华中科技大学，2006。

[93] 王恒安：《高校按"大类招生培养"研究》，硕士学位论文，汕头大学，2007。

[94] 鲍传友：《关于我国高校学分制实践过程中存在的问题研究》，硕士学位论文，辽宁师范大学，2003。

[95] 陈卓：《大学生学习自由的研究》，硕士学位论文，中南大学，2003。

教学管理文件及其他

[1] 北京理工大学本科生转专业实施细则。

[2] 东南大学学生转系、转专业实施细则。

[3] 中国人民大学本科学生转专业实施办法。

[4] 华东师范大学本科生转专业实施细则。

[5] 上海交通大学2002级本科学生自主选择专业实施办法。

[6] 复旦大学本科生转专业实施细则。

[7] 同济大学本科生学籍管理规定。

[8] 华东理工大学关于本科学生"双向选择"转专业的实施细则。

[9] California Polyteehnie State University: Proeessfor Change of Major. http://www.ealpoly.edu/、aeadprog/eurrieulum/ehange_major.htn.

[10] Deelaring & Changing majors. http://web.uneg.edu/ady/major/.

[11] The University of Arizona: Change of Majoror College.

[12] From: http://catalog.arizona.edu/2002—Q3/Polieies/chngemai.htnl.

[13] Virginia Teeh: Change of Major Proeesses.

[14] http://www.eareer.vt.edu/seriPts/GTM2001/student/Transfer, asp? Program=4512.

[15] Core Program, Harvard University, Manual for Teach-ing Fellows in the Core Program (1994—95), Cambridge, MA, U.S. 1994.

[16] CUE Book, Harvard University, Cambridge, MA, U.S. 1994.

[17] Faculty of Arts & Sciences, Harvard University, 1994 - 95.

[18] Courses of Instruction, Cambridge, MA, U.S. 1994.

[19] Harvard University, "Introduction to the Core Curriculum: a Guide for Freshmen", Cambridge, MA, U.S. 1994.

[20] Unicersity of Toronto, Faculty of Arts & Science, Calendar 2008 - 2009.

附　录

附录1　大学生学习自由状况的调查问卷

同学你好！本次调查是为了配合学校的一项学术研究课题而进行，纯属学术之用。不需要署名，希望你在填写时不需要有任何顾虑。除了专门注明的题目，其他全部是单选题，请根据自己的实际情况，如实、独立的选择最符合实际情况的选项。感谢您的支持和配合！

1. 你所在的年级是____？

    A. 大二　　　　　　B. 大三

2. 你主修的专业为____？

    A. 经济类　　　　　B. 文学类　　　　　C. 管理类

3. 你的学习成绩在班级中处在哪个水平？____

    A. 前面30%　　　　B. 中间40%

    C. 后面30%　　　　D. 情况不明

4. 你平均每天（除了上课和社会实践之外）可供支配的自由学习时间有____？

    A. 功课和活动多，几乎没有自由学习时间

    B. 一至两个小时

    C. 两至三个小时

    D. 三个小时以上

5. 您入学时的专业是如何选定的？____

A. 个人兴趣爱好　　　B. 就业前景良好

　　C. 听从父母建议　　　D. 服从调剂

6. 您现在认为选择专业的标准应是____？

　　A. 专业发展前途　　　B. 个人兴趣与特长

　　C. 经济收入　　　　　D. 社会地位

7. 您是否喜欢在读的专业？____

　　A. 喜欢　　　　　　　B. 比较喜欢

　　C. 一般　　　　　　　D. 比较厌倦

　　E. 非常厌倦

8. 您是否曾经或者正在计划转换专业____？

　　A. 未有转专业的意向（请接第9题）

　　B. 有转专业的意向，但并未有进一步的计划（请接第10题）

　　C. 有转专业计划和尝试，但未能实现（请接第11题）

　　D. 有转专业计划和尝试，并已实现（请接第12题）

9. 没有转专业意向的原因是____？（下面请接第13题）

　　A. 喜欢现专业

　　B. 转专业困难，所以不考虑

　　C. 不知道可以转专业

10. 有转专业的意向，但并未有进一步的计划的原因是____？（下面请接第13题）

　　A. 学校的转专业制度条件苛刻

　　B. 通过学习，喜欢上现读专业

　　C. 通过学习，可以接受现读专业

　　D. 其他原因

11. 有转专业计划和尝试，但未能实现的原因是____？（下面请接第13题）

　　A. 学校的转专业制度要求条件偏高

B. 学校的转专业制度有时间限制，错过了时机

C. 其他原因和限制

12. 你可以成功实现转专业的原因是____？

    A. 有某方面的特长或者获奖

    B. 学习成绩优秀

    C. 学校的转专业制度宽松合理

13. 双学位（双专业）制度对你实现学习自由的作用？____

    A. 丰富我的专业选择，帮我学到了想学的专业

    B. 丰富了我的专业选择，但是能选择的专业较为有限

    C. 丰富了我的专业选择，但是学业过于沉重

    D. 未产生什么作用

14. 您是否喜欢大学的学习？____

    A. 喜欢   B. 比较

    C. 一般，还可以   D. 比较不喜欢

    E. 不喜欢

15. 按大类招生制度对你实现学习自由的作用？____

    A. 有极大帮助   B. 有较大作用

    C. 有一定的积极意义   D. 没有作用

16. 你对学校开设的选修课（通选课）课程是否满意？____

    A. 满意（请接第18题）

    B. 比较满意（请接第18题）

    C. 一般（请接第17题）

    D. 比较不满意（请接第17题）

    E. 不满意（请接第17题）

17. 对学校的选修课（通选课）不够满意的原因是____？（多选题）

    A. 可供选择的课程较少   B. 提供选修课的师资水平有限

C. 授课质量偏低　　　　　　D. 学校的选课系统不完善

18. 你认为你所学专业的必修课程与选修课程的比例如何____？

   A. 必修课较多，选修课较少

   B. 必修课略微偏多、选修课偏少

   C. 现有比例合理

   D. 选修课偏多，必修课偏少

19. 你认为大学的选修课和必修课的合理比例应该是____？

   A. 小于3∶7　　　B. 大约3∶7　　　C. 大约4∶6

   D. 大约5∶5　　　E. 大约6∶4

20. 你选修课的选择标准是____？

   A. 个人兴趣爱好　　　　B. 有助于提高自身综合素质

   C. 有助于就业　　　　　D. 容易拿到学分

21. 你选修课的出勤率如何？____

   A. 基本全勤　　　　　　B. 有缺课，较少

   C. 缺课较多　　　　　　D. 极少上课

22. 你怎样看待学生有选择上课与否的权利？____

   A. 学生没有选择上课与否的权利

   B. 学生有此权利，不上课的前提是课程设置不好或教师的授课缺乏吸引力

   C. 学生有此权利，不上课的前提是要有自己的合理学习安排，这是个人学习自由

23. 大学生进行课程学习时应该有选择教师的权利吗？____

   A. 无权利，教师应由学院指定

   B. 无权利，那样学生可能会避重就轻选择容易拿学分的教师

   C. 有权利，但是学校师资有限，不一定能提供

   D. 有权利，因为这是学生的学习自由权的体现

24. 你学习中的主要困难是什么？＿＿＿＿（多选题）

    A. 不喜欢所学专业

    B. 自我控制力差，不会安排自己的学习

    C. 缺乏学习兴趣

    D. 缺乏实践能力

25. 你认为自己学习自由处于哪一种状态？＿＿＿＿

    A. 有充足的学习自由　　　B. 有一定的自由权

    C. 基本上没有自由权　　　D. 说不清楚

附录2　大学生学习自由状况的访谈提纲

您好！本次访谈是为了配合一项学术研究课题而进行，纯属学术之用。不需要署名，希望你在填写时不需要有任何顾虑。请根据自己的实际情况，如实、独立地回答。非常感谢！

1. 据您所知，您所在的学校（学院）学生对就读专业不满意的占多大比例？

2. 您认为研究型大学的学生进入高校后是否应该具有一次或者多次转专业的自由？请陈述原因。

3. 您认为中国的研究型大学实施较为自由的转专业制度的未来趋势如何？

4. 您觉得双学位（双学位）制度对于实现学生的学习自由有多大帮助？

5. 您所在学校的选修（通选）类课程丰富程度和选课系统的完善程度如何？

6. 您认为研究型大学的选修课和必修课的合理比例是怎样？未来的趋势如何？

7. 有人认为，大学生进行课程学习的时候应该有选择教师的权利。您同意吗？为什么？

8. 有人说大学生有选择是否上课的自由权利。您同意这种观点吗？为什么？

9. 您觉得高校和学生之间是否教育服务提供者和需求者之间的契约关系？为什么？

10. 您觉得大学生的学习自由应该体现在哪些方面？

致　谢

在本书即将付梓之际，回首过去几年的学习和工作，心中充满感恩。感谢我的博士导师卢晓中教授给予我的巨大支持，卢老师"导我于狭路，示我以通途"，帮助我将混乱的思路一次次理清，提出很多很有价值的修改意见，并欣然为本书写序。感谢我的硕士导师黄崴教授，感谢黄老师十几年来一如既往对我学习、生活和工作的指导和帮助，师恩如海，衔草难报。

此外，由衷感谢在本书撰写期间给予我指导和宝贵建议的胡中锋教授、王建军教授、赵敏教授、戴建林教授、李盛兵教授、陈伟教授、周丽华教授、郑文教授。感谢我的同门杨婕、蔡灿新、汤晓蒙、宋春燕、苗素莲、张旺、匡唯、覃海深、张伟坤、欧小军等人对我的关心和帮助。感谢我的领导和同事彭未名教授、杨韶刚教授、贺江群老师在本书的资料收集和撰写中对我的热忱帮助。还有帮助我开展调研和访谈的我的诸位朋友、学生和同事，在此一并致谢。另外，还要感谢社会科学文献出版社的许秀江编辑在本书的编辑和修改中给我的良好建议。

感谢帮助过我的诸位，陪伴我完成本书。

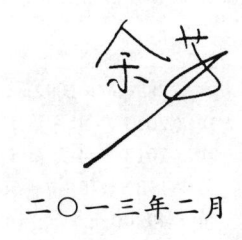

二〇一三年二月

图书在版编目(CIP)数据

学习自由与选择：我国研究型大学本科阶段学生的学习自由研究/余芳著. —北京：社会科学文献出版社，2013.4
ISBN 978-7-5097-4173-3

Ⅰ.①学… Ⅱ.①余… Ⅲ.①大学生-学习动机-研究-中国 Ⅳ.①G442

中国版本图书馆 CIP 数据核字（2012）第 315183 号

学习自由与选择
——我国研究型大学本科阶段学生的学习自由研究

著　　者 / 余　芳

出 版 人 / 谢寿光
出 版 者 / 社会科学文献出版社
地　　址 / 北京市西城区北三环中路甲 29 号院 3 号楼华龙大厦
邮政编码 / 100029

责任部门 / 经济与管理出版中心（010）59367226　　责任编辑 / 许秀江
电子信箱 / caijingbu@ssap.cn　　　　　　　　　　责任校对 / 刘宇轩
项目统筹 / 恽　薇　　　　　　　　　　　　　　　责任印制 / 岳　阳
经　　销 / 社会科学文献出版社市场营销中心（010）59367081　59367089
读者服务 / 读者服务中心（010）59367028

印　　装 / 三河市尚艺印装有限公司
开　　本 / 787mm×1092mm　1/16　　　　　　　　印　张 / 16.75
版　　次 / 2013 年 4 月第 1 版　　　　　　　　　字　数 / 225 千字
印　　次 / 2013 年 4 月第 1 次印刷
书　　号 / ISBN 978-7-5097-4173-3
定　　价 / 49.00 元

本书如有破损、缺页、装订错误，请与本社读者服务中心联系更换
△ 版权所有 翻印必究